新 独検合格 単語プラス熟語 1800

在間 進 ／ 亀ヶ谷昌秀
共著

Ikubundo

この書籍の音声は，下記の郁文堂のホームページよりダウンロードすることができます。
https://www.ikubundo.com/related/109

音声
1-02　本文中のこのマークは音声収録箇所を示しています。数字は頭出しの番号です。

CD は別売となります（本体価格 2,000 円 / 送料別）。
ご希望の場合は，下記郁文堂営業部までご注文をいただけますよう，お願いいたします。

【郁文堂営業部】
Mail: info@ikubundo.com
Tel: 03-3814-5571　Fax: 03-3814-5576
お問い合わせフォーム：https://www.ikubundo.com/contact

カバー装丁：みなみのなおこ

はじめに

● 本書『新・独検合格　単語＋熟語1800』は、発刊以来絶大な好評を得てまいりました『独検合格1800』を、さらに使いやすくした「最強」の独検対策単語集です。

● 外国語をマスターするためには、文法と単語の学習が不可欠と言われます。しかし、ひょっとすると、実際上は、**単語の方が文法よりも重要**かも知れません。文法は、語句と語句のつながりの規則ですが、単語の意味がわかると、語句と語句のつながりも、おのずと分かってくるものです。また、独検のような出題形式の場合、単語の意味を知っているだけでも解答できるものも多くあります。

● だからと言って、ただやみくもに「単語を暗記しなさい！」と言われても、いやになるだけですね。しかし、**明確な目標地点が設定され、自分がどの達成段階にいるかがいつもはっきり確認できる**ならば、ただ単なる「単語の暗記」も、一転やりがいのあるものになりますね。

● もう一点は音声です。文字で覚えた単語に**音声が伴うと、暗記の確かさが増す**のです。一定の時間内に解答しなければならない独検のような場合、この点はとても大きいと思います。

● 本書は、このような考えに基づき、どうしたらみなさんが**やりがいをもちながら、確実な単語力を身につける**ことができるのだろうかと真剣に考え作成したものなのです。後はみなさんが強い意志をもって頑張ってくれることを期待するだけです。「独検合格」を目指して頑張ってください！

著　者

本書の構成

- はじめに ……………………………………………………………… 3
- 本書の使い方 ………………………………………………………… 6
- 本書で使われる記号・略号 ………………………………………… 8

〔第1章〕

超基礎(5級):5級を受けるなら、これだけは覚えよう！… 9
- 超基礎・名詞 ……………………………………………………… 10
- 超基礎・動詞 ……………………………………………………… 18
- 超基礎・その他 …………………………………………………… 24

4級:いよいよ4級にチャレンジ！ ………………………… 37
- 4級・名詞 ………………………………………………………… 38
- 4級・動詞 ………………………………………………………… 60
- 4級・その他 ……………………………………………………… 78

3級:ここを制覇すれば3級もコワくない！ …………… 107
- 3級・名詞 ………………………………………………………… 108
- 3級・動詞 ………………………………………………………… 124
- 3級・その他 ……………………………………………………… 150

差が出る熟語:熟語も覚えてさらにパワーアップ！ …… 179

〔第2章〕

テーマ別:視点を変えて効率的に覚えよう！ …………… 191
- 1. セットで覚える単語 …………………………………………… 192
- 2. ペアで覚える単語 ……………………………………………… 202
- 3. 会話表現 ………………………………………………………… 204
- 4. 発音問題に出る単語 …………………………………………… 212
- 5. 同音異義語など ………………………………………………… 217
- 6. 格変化など ……………………………………………………… 220

〔第3章〕
2級レベル： さらなる飛躍のために！ ……………… 223
　1．機能動詞表現 ……………………………………………… 224
　2．熟語表現 …………………………………………………… 226
　3．からだの名称を比ゆ的に用いた慣用表現 ……………… 230
　4．動物名を比ゆ的に用いた慣用表現 ……………………… 240

主な動詞変化表 ………………………………………………… 244
INDEX …………………………………………………………… 252
数詞 ……………………………………………………………… 266

付録
　コラム1：何語覚えればいいのか ……………………………… 17
　コラム2：ドイツ語の数（すう） ……………………………… 36
　コラム3：言語の経済性 ………………………………………… 106
　コラム4：著者の修業時代（在間編） ………………………… 178
　コラム5：単語学習の鉄則（亀ヶ谷編） ……………………… 190
　コラム6：時間の言い方 ………………………………………… 222

「新正書法」について

本書は、DUDEN Die deutsche Rechtschreibung（2006年）に基づき、最新の正書法を取り入れ、作成した。

本書の**使い方**へ

本書の使い方

〔第1章〕
超基礎（5級） Adresse、Hotel、Musik のように英語とそっくりな単語や Arbeit、Karte のように日本語の中で日常よく耳にする単語が沢山あります。**とにかくまず、これだけは覚えよう！**

4級 名詞は der Vater、die Mutter、das Kind のように冠詞とセットで覚えることが大切です。動詞、その他は例文の形で覚えましょう。動詞は ich fahre、du fährst、er fährt のように現在人称変化させてみましょう。**いよいよ4級にチャレンジ！**

3級 名詞は複数形もしっかり意識して覚えるようにしましょう。動詞は gehen（現在形）、ging（過去形）、gegangen（過去分詞形）のように三基本形も覚えましょう。「主な動詞変化表」を活用してください。**ここを制覇すれば3級もコワくない！**

差が出る熟語 ここでは ab und zu、auf Deutsch、auf einmal のように試験によくでる熟語、日常よく使う熟語が沢山あげられています。差が出るのは熟語です。これまでの語彙学習の達成度が問われます。**熟語も覚えてさらにパワーアップ！**

〔第2章〕
テーマ別 名詞、動詞、その他の単語をテーマ別の形で学んでいきます。定冠詞 der、des、dem、den や人称代名詞 ich、mir、mich などの変化表もここでしっかり確認して覚えるようにしましょう。**視点を変えて効率的に覚えよう！**

〔第3章〕
2級レベル　言語の豊かさは単に語彙を増やすことだけではなく基礎語彙の応用表現を学ぶことです。ここにあげられている「機能動詞表現」「からだの名称を比ゆ的に用いた慣用表現」などをしっかり覚えましょう。**さらなる飛躍のために！**

＜さらにヤル気をひき出すポイント！＞

本書では、みなさんのヤル気をさらに引き出すため以下のような工夫をほどこしました。

● **ナビゲーター**
あなたの位置を示します。自分がどのレベルで何に取り組んでいるのかを常に意識することができます。

● **インジケーター**
あなたの達成度を示します。目に見える形で、そのカテゴリーにおける自分の達成度を把握することができます。

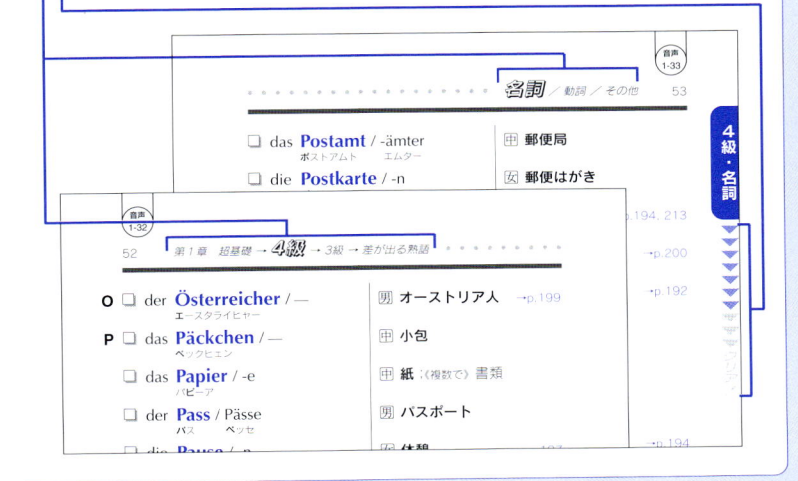

本書で使われる記号・略号

男=男性名詞	接=接続詞
女=女性名詞	【従属】=従属の接続詞
中=中性名詞	【並列】=並列の接続詞
複=複数名詞	【相関的】=相関的接続詞
助=助動詞	前=前置詞
形=形容詞	
副=副詞	《弱変化》=男性弱変化名詞
【疑問】=疑問副詞	《形容詞変化》=形容詞変化の名詞
冠=冠詞	
【定】=定冠詞	$\cdots^4$=4格
【不定】=不定冠詞	j^3=人の3格
【所有】=所有冠詞	j^4=人の4格
【否定】=否定冠詞	et^4=物の4格
【指示】=指示冠詞	$sich^4$=4格の再帰代名詞
【疑問】=疑問冠詞	
代=代名詞	
【人称】=人称代名詞	
【関係】=関係代名詞	
【疑問】=疑問代名詞	

第1章

超基礎（5級）

5級を受けるなら、これだけは覚えよう！

超基礎・名　詞 → p.10
超基礎・動　詞 → p.18
超基礎・その他 → p.24

第1章 **超基礎** → 4級 → 3級 → 差が出る熟語

A
- die **Adresse** / -n　　女 住所，あて名
  アドレッセ　複数形語尾
- der **Alkohol**　　男 アルコール　→p.195
  アルコホール
- die **Antwort** / -en　　女 答え
  アントヴォルト
- der **Apfel** / Äpfel　　男 リンゴ　→p.196
  アップフェル　エップフェル
- die **Arbeit** / -en　　女 仕事
  アルバイト
- das **Auto** / -s　　中 自動車　→p.198
  アオト

B
- der **Bäcker** / —　　男 パン屋　→p.193
  ベッカー
- der **Bahnhof** / -höfe　　男 駅　→p.199
  バーンホーフ　ヘーフェ
- die **Banane** / -n　　女 バナナ　→p.196
  バナーネ
- die **Bank** / Bänke　　女 ベンチ　→p.217
  バンク　ベンケ
- die **Bank** / -en　　女 銀行　→p.217
  バンク
- der **Baum** / Bäume　　男 木　→p.196
  バオム　ボイメ
- der **Berg** / -e　　男 山　→p.197
  ベルク
- das **Bett** / -en　　中 ベッド　→p.194
  ベット
- die **Bibliothek** / -en　　女 図書館　→p.212
  ビブリオテーク
- das **Bier**　　中 ビール　→p.195
  ビーア
- das **Bild** / -er　　中 絵
  ビルト

名詞 / 動詞 / その他

	der **Brief** / -e ブリーフ	男 手紙	
	die **Brille** / -n ブリレ	女 めがね	
	das **Brot** / -e ブロート	中 パン	→p.196
	der **Bruder** / Brüder ブルーダー　ブリューダー	男 兄, 弟, 兄弟	→p.193
	das **Buch** / Bücher ブーフ　ビューヒャー	中 本	
	das **Büro** / -s ビューロー	中 事務所, オフィス	
	der **Bus** / Busse ブス　ブッセ	男 バス	→p.198
	die **Butter** ブッター	女 バター	→p.196
C	das **Café** / -s カフェー	中 喫茶店	
	der **Computer** / — コンピューター	男 コンピュータ	→p.194
D	die **Dame** / -n ダーメ	女 ご婦人	
	der **Dienstag** ディーンスターク	男 火曜日	→p.200
	der **Donnerstag** ドンナースターク	男 木曜日	→p.200
E	das **Ei** / -er アイ	中 卵	→p.196
	das **Ende** エンデ	中 終わり	
	das **Essen** / — エッセン	中 食事	→p.196
F	die **Familie** / -n ファミーリエ	女 家族	→p.193, 213

超基礎・名詞

F	☐ das **Fenster** / — フェンスター	中 窓	→p.195
	☐ der **Fisch** / -e フィッシュ	男 魚	→p.196
	☐ das **Foto** / -s フォート	中 写真	
	☐ die **Frage** / -n フラーゲ	女 質問，(解決すべき) 問題	
	☐ der **Freitag** フライターク	男 金曜日	→p.200
	☐ der **Freund** / -e フロイント	男 友人	
	☐ die **Freundin** / -dinnen フロインディン	女 女友達	
	☐ der **Fuß** / Füße フース　フューセ	男 (くるぶしから足先の部分) 足 →p.192	
	☐ der **Fußball** フースバル	男 サッカー	
G	☐ der **Garten** / Gärten ガルテン　ゲルテン	男 庭	→p.195
	☐ der **Gast** / Gäste ガスト　ゲステ	男 客	
	☐ das **Geld** ゲルト	中 金 (かね)	
	☐ das **Gemüse** / — ゲミューゼ	中 野菜	→p.196, 214
	☐ das **Glas** / Gläser グラース　グレーザー	中 グラス	→p.195
	☐ das **Gold** ゴルト	中 金	
	☐ der **Gott** / Götter ゴット　ゲッター	男 神	
	☐ das **Gras** / Gräser グラース　グレーザー	中 草	→p.196

名詞 / 動詞 / その他

☐ die **Gruppe** / -n グルッペ	囡 グループ	
H ☐ die **Hand** / Hände ハント　ヘンデ	囡 手	→p.192
☐ das **Haus** / Häuser ハオス　ホイザー	中 家	→p.195
☐ das **Hotel** / -s ホテル	中 ホテル	
☐ der **Hund** / -e フント	男 犬	→p.196
☐ der **Hunger** フンガー	男 空腹	
☐ der **Hut** / Hüte フート　ヒューテ	男 帽子	→p.192
I ☐ der **Ingenieur** / -e インジェニエーア	男 技師，エンジニア →p.193	
K ☐ der **Kaffee** カフェ	男 コーヒー	→p.195
☐ die **Kamera** / -s カメラ〈カーメラ〉	囡 カメラ	
☐ die **Karte** / -n カルテ	囡 カード，はがき，入場券	
☐ das **Kino** / -s キーノ	中 映画館	
☐ die **Klasse** / -n クラッセ	囡 クラス	
☐ das **Klavier** / -e クラヴィーア	中 ピアノ	
☐ das **Konzert** / -e コンツェルト	中 コンサート	
L ☐ der **Lehrer** / — レーラー	男 教師	→p.194
☐ die **Liebe** リーベ	囡 愛，恋	

M	☐ das **Mädchen** / — メートヒェン		中 女の子，少女	
	☐ der **Markt** / Märkte マルクト　メルクテ		男 市場	
	☐ die **Mathematik** マテマティーク		女 数学	→p.197
	☐ die **Medizin** メディツィーン		女 医学	→p.212
	☐ die **Milch** ミルヒ		女 ミルク	→p.195
	☐ der **Mittwoch** ミットヴォッホ		男 水曜日	→p.200
	☐ der **Montag** モーンターク		男 月曜日	→p.200
	☐ die **Musik** ムズィーク		女 音楽	
	☐ die **Mutter** / Mütter ムッター　ミュッター		女 母	→p.193, 217
N	☐ der **Name** / -n ナーメ		男 名前 《弱変化》	
P	☐ der **Park** / -s パルク		男 公園	
	☐ die **Party** / -s パールティ（パーティ）		女 パーティー	
	☐ der **Platz** / Plätze プラッツ　プレッツェ		男 広場；席	
	☐ die **Polizei** ポリツァイ		女 警察	→p.212
	☐ die **Post** ポスト		女 郵便；郵便局	
R	☐ das **Radio** / -s ラーディオ		中 ラジオ	→p.194
	☐ das **Restaurant** / -s レストラーン		中 レストラン	→p.212

	☐ die **Rose** / -n ローゼ	囡 バラ	→p.196
S	☐ der **Samstag** ザムスターク	男 土曜日（ドイツ西部・南部， オーストリア，スイスで）	→p.200
	☐ die **Schule** / -n シューレ	囡 学校	→p.198
	☐ die **Schwester** / -n シュヴェスター	囡 姉, 妹, 姉妹	→p.193
	☐ das **Sofa** / -s ゾーファ	中 ソファー	→p.194
	☐ der **Sonnabend** ゾンアーベント	男 土曜日 （ドイツ北部・中部で）	→p.200
	☐ der **Sonntag** ゾンターク	男 日曜日	→p.200
	☐ der **Sport** シュポルト	男 スポーツ
	☐ die **Sprache** / -n シュプラーヘ	囡 言語, ことば
	☐ die **Suppe** / -n ズッペ	囡 スープ	→p.196
T	☐ das **Taxi** / -s タクスィ	中 タクシー	→p.198
	☐ der **Tee** テー	男 茶	→p.195
	☐ das **Telefon** / -e テレフォーン（テーレフォーン）	中 電話機, 電話
	☐ das **Tennis** / — テニス	中 テニス
	☐ die **Toilette** / -n トアレッテ	囡 トイレ	→p.195, 213
	☐ die **Tomate** / -n トマーテ	囡 トマト	→p.196
U	☐ die **Uhr** / -en ウーア	囡 時計 ;《数字と》…時

U	☐ die **Universität** / -en ウニヴェルズィテート	女	大学	→p.198, 212
V	☐ der **Vater** / Väter ファーター　フェーター	男	父	→p.193
W	☐ der **Wein** ヴァイン	男	ワイン	→p.195
	☐ die **Welt** ヴェルト	女	世界，世間	
	☐ das **Wetter** ヴェッター	中	天候	→p.197
	☐ der **Wind** / -e ヴィント	男	風	→p.197
Z	☐ die **Zeit** / -en ツァイト	女	時間，暇；時代	
	☐ das **Zimmer** / — ツィンマー	中	部屋	→p.195
	☐ der **Zug** / Züge ツーク　ツューゲ	男	列車	→p.199

コラム 1

何語覚えればいいのか

　「独和辞典」には、1万語のものから15万語に及ぶ大辞典まで各種あります。しかし、みなさんは、どの位の単語数ならば覚えられると、または覚えようと思いますか。私（在間）も約1万語の辞典（「キャンパス独和辞典」郁文堂）、約2万語の辞典（「エクセル独和辞典」郁文堂）、約4万語の辞典（「アルファ独和辞典」三修社）、約5万5千語の辞典（「アクセス独和辞典」三修社）などを手がけておりますが、その経験で言えば、私自身の語彙力も決して大きいものではなく、1万語を少々越える位ではないかと思っています（こんなことを書くとみなさんにバカにされるかな）。

　ある統計によりますと、基本単語1000語によって日常的テキストの約80パーセントが、2000語によって約90パーセントが、4000語によって95パーセントが8000語によって約97ないし98パーセントがカバーされるという結果が出ています。すなわち、みなさんがまず1000語を覚えれば、読むテキストの10語のうちの9語が知っている単語ということになるのです。基礎単語の学習書が数多く作られる背景には、このような事情があるのです。

　みなさんがこの語彙集を手にすることになったのも何かの縁です。この語彙集を、だまされたつもりで、一度とにかく理屈なしでマスターしてみませんか。きっと「ドイツ語検定試験」にも目に見える効果があらわれるはずです。しっかり頑張ってください。

超基礎・名詞　▼▼▼▼▼▼▼▼▼▼クリア！

A	☐ **arbeiten** アルバイテン	働く
B	☐ **bekommen** ベコンメン	〔…⁴を〕もらう，受け取る
	☐ **bestellen** ベシュテレン	〔…⁴を〕注文する
	☐ **besuchen** ベズーヘン	〔…⁴を〕訪問する
	☐ **bezahlen** ベツァーレン	〔…⁴の代金などを〕払う
	☐ **bleiben** ブライベン	〔…に〕とどまる
	☐ **brauchen** ブラオヘン	〔…⁴を〕必要とする
	☐ **bringen** ブリンゲン	〔…⁴を…へ〕運ぶ，持って行く
E	☐ **essen** エッセン	〔…⁴を〕食べる
F	☐ **fahren** ファーレン	(車など) 乗り物で行く
	☐ **fragen** フラーゲン	〔…⁴に〕質問する，たずねる
G	☐ **geben** ゲーベン	〔…³に…⁴を〕与える 《 es gibt j⁴・et⁴ の形で 》〔…⁴が〕存在する，ある，いる
	☐ **gehen** ゲーエン	〔…へ〕行く
	☐ **glauben** グラオベン	〔…⁴と〕思う 《 an j⁴・et⁴ 》〔…⁴の存在を〕信じる
H	☐ **haben** ハーベン	〔…⁴を〕持っている

☐ Er **arbeitet** fleißig.	彼は熱心に**働く**
☐ Er **bekommt** Geld.	彼はお金を**もらう**
☐ Er **bestellt** ein Glas Bier.	彼はビールを一杯**注文する**
☐ Sie **besucht** ihre Mutter.	彼女は母を**訪問する**
☐ Ich **bezahle** das Taxi.	私はタクシー代を**払う**
☐ Ich **bleibe** zu Hause.	私は家に**とどまる**
☐ Er **braucht** Geld.	彼はお金が**必要だ**
☐ Sie **bringt** den Brief zur Post.	彼女は手紙を郵便局へ**持って行く**
☐ Ich **esse** gern Gemüse.	私は好んで野菜を**食べる**
☐ Er **fährt** nach München.	彼はミュンヒェンへ**行く**
☐ Er **fragt** mich nach der Zeit.	彼は私に時刻を**たずねる**
☐ Er **gibt** dem Kind Geld.	彼は子供に金を**与える**
☐ Was **gibt** es Neues?	何か新しいことは**ありますか**
☐ Wohin **gehen** Sie?	あなたはどちらへ**行きますか**
☐ Ich **glaube**, dass sie bald kommt.	私は彼女がじきに来ると**思う**
☐ Wir **glauben** an Gott.	私たちは神を**信じている**
☐ Er **hat** drei Autos.	彼は自動車を3台**持っている**

	☐ **heißen** ハイセン	〔…という〕名前である
	☐ **helfen** ヘルフェン	〔…³ に〕手助けをする
	☐ **hören** ヘーレン	〔…⁴ を〕聞く
K	☐ **kaufen** カオフェン	〔…⁴ を〕買う
	☐ **kennen** ケンネン	〔…⁴ を〕知っている，面識がある
	☐ **kochen** コッヘン	料理する
	☐ **kommen** コンメン	来る
L	☐ **lachen** ラッヘン	笑う
	☐ **leben** レーベン	生きている
	☐ **lernen** レルネン	〔…⁴ を〕学ぶ，習う
	☐ **lesen** レーゼン	〔…⁴ を〕読む
	☐ **lieben** リーベン	〔…⁴ を〕愛する
P	☐ **parken** パルケン	〔…⁴ を〕駐車する
R	☐ **rauchen** ラオヘン	タバコを吸う
	☐ **regnen** レーグネン	《 es regnet の形で》雨が降る
S	☐ **sagen** ザーゲン	〔…⁴ を〕言う
	☐ **schlafen** シュラーフェン	眠る

☐	Wie **heißen** Sie?	お名前は何といいますか
☐	Kann ich Ihnen **helfen**?	何か**お手伝い**できますか
☐	Ich **höre** Musik.	私は音楽を**聞く**
☐	Er **kauft** eine Uhr.	彼は時計を**買う**
☐	**Kennen** Sie Frau Müller?	ミュラーさんと**面識があり**ますか
☐	Sie **kocht** gern.	彼女は**料理**が好きだ
☐	Er **kommt** oft zu mir.	彼はしばしば私のところに**来る**
☐	Er **lacht** laut.	彼は大声で**笑う**
☐	Sein Vater **lebt** noch.	彼の父はまだ**生きている**
☐	Sie **lernt** Klavier.	彼女はピアノを**習う**
☐	Er **liest** die Zeitung.	彼は新聞を**読む**
☐	Ich **liebe** sie.	私は彼女を**愛している**
☐	Er **parkt** den Wagen.	彼は車を**駐車する**
☐	Er **raucht** viel.	彼はたくさん**タバコを吸う**
☐	Es **regnet** stark.	激しく**雨が降る**
☐	Er **sagt** kein Wort.	彼は一言も**言わない**
☐	Er **schläft** fest.	彼はぐっすり**眠っている**

S	**schwimmen** シュヴィンメン	泳ぐ	
	sehen ゼーエン	〔…⁴ を〕見る	
	sein ザイン	〔…で〕ある；〔…に〕いる	
	singen ズィンゲン	歌う	
	spielen シュピーレン	遊ぶ；〔スポーツなど⁴ を〕する	
	sprechen シュプレッヒェン	話す	
	studieren シュトゥディーレン	大学で学ぶ	→p.213
T	**telefonieren** テレフォニーレン	電話で話をする	→p.213
	trinken トリンケン	〔…⁴ を〕飲む	
U	**unterrichten** ウンターリヒテン	〔…⁴ を〕教える	
V	**vergessen** フェアゲッセン	〔…⁴ を〕忘れる	→p.214
	verstehen フェアシュテーエン	〔…⁴ を〕理解する	
W	**warten** ヴァルテン	《auf j⁴・et⁴》〔…⁴ を〕待つ	
	weinen ヴァイネン	泣く	
	werden ヴェーアデン	〔…に〕なる	
	wohnen ヴォーネン	〔…に〕住んでいる	
Z	**zahlen** ツァーレン	〔…⁴ を〕支払う	

☐ Er **schwimmt** gut.	彼は上手に**泳ぐ**
☐ **Sehen** Sie den Film?	あなたはその映画を**見ますか**
☐ Er **ist** in Berlin.	彼はベルリンに**いる**
☐ Er **singt** gut.	彼は上手に**歌う**
☐ Sie **spielen** Fußball.	彼らはサッカーを**する**
☐ Er **spricht** laut.	彼は大きな声で**話す**
☐ Er **studiert** in Berlin.	彼はベルリン**大学で学ぶ**
☐ Ich **telefoniere** mit ihr.	私は彼女と**電話で話をする**
☐ Er **trinkt** einen Kaffee.	彼はコーヒーを一杯**飲む**
☐ Er **unterrichtet** Englisch.	彼は英語を**教えている**
☐ Ich **vergesse** schnell.	私はすぐに**忘れる**
☐ Das **verstehe** ich nicht.	それを私は**理解できない**
☐ Ich **warte** auf den Bus.	私はバスを**待っている**
☐ Er **weint** wie ein Kind.	彼は子供のように**泣く**
☐ Er **wird** Lehrer.	彼は教師に**なる**
☐ Sie **wohnt** in Berlin.	彼女はベルリンに**住んでいる**
☐ Er **zahlt** 80 Euro.	彼は80ユーロを**支払う**

A ☐	**alt** アルト	形 年とった; 古い	→p.202
☐	**arm** アルム	形 貧しい	→p.202
☐	**auch** アオホ	副 …もまた	
B ☐	**bald** バルト	副 まもなく	
☐	**billig** ビリヒ	形 (値段が) 安い	→p.202
☐	**bitte** ビッテ	副 どうぞ	
D ☐	**da** ダー	副 そこに	
☐	**das** ダス	冠 【定】その (単数中性1・4格)	→p.220
☐	**dem** デム	冠 【定】(単数男性・中性3格)	→p.220
☐	**den** デン	冠 【定】(単数男性4格; 複数3格)	→p.220
☐	**der** デア	冠 【定】その (単数男性1格, 女性2・3格; 複数2格)	→p.220
☐	**des** デス	冠 【定】(単数男性2, 中性2格)	→p.220
☐	**dich** ディッヒ	代 【人称】君を	→p.220
☐	**dick** ディック	形 厚い; 太った	→p.202
☐	**die** ディ[ー]	冠 【定】その (単数女性1・4格; 複数1・4格)	→p.220
☐	**dir** ディーア	代 【人称】君に	→p.220

名詞／動詞／*その他*

- ☐ Sie ist zwanzig Jahre **alt**. 彼女は20**歳**だ
- ☐ Mein Wagen ist schon sehr **alt**. 私の車はもうとても**古い**
- ☐ Er ist sehr **arm**. 彼はとても**貧しい**
- ☐ Er spielt **auch** Tennis. 彼**も**テニスをする
- ☐ Er wird **bald** kommen. 彼は**まもなく**来るでしょう
- ☐ Gemüse ist jetzt sehr **billig**. 野菜がいま非常に**安い**
- ☐ **Bitte** setzen Sie sich！ **どうぞ**お座りください
- ☐ **Da** wohnt mein Lehrer. **そこに**私の先生が住んでいる
- ☐ **Das** Buch ist langweilig. **その**本は退屈だ
- ☐ Ich danke **dem** Lehrer. 私は**その**先生に感謝する
- ☐ Ich bringe **den** Koffer zum Bahnhof. 私は**その**トランクを駅へ持って行く
- ☐ **Der** Mann ist sehr reich. **その**男はとても金持ちだ
- ☐ Die Farbe **des** Autos ist rot. **その**車の色は赤だ
- ☐ Ich liebe **dich**. 私は**君を**愛している
- ☐ Schokolade macht **dick**. チョコレートは**太る**
- ☐ **Die** Flasche ist leer. **その**びんはからだ
- ☐ Das Kleid passt **dir** gut. このワンピースは**君に**ぴったりだ

超基礎・その他

☐	**dort** ドルト	副 あそこに	
☐	**du** ドゥー	代【人称】君は（が）	→p.220
☐	**dumm** ドゥム	形 ばかな	→p.202
☐	**dunkel** ドゥンケル	形 暗い	→p.202
☐	**dünn** デュン	形 薄い，やせた	→p.202
E ☐	**ein** アイン	冠【不定】ある，一つ（一人）の（単数男性1，中性1・4格）	→p.220
☐	**eine** アイネ	冠【不定】ある，一つ（一人）の（単数女性1・4格）	→p.220
☐	**einem** アイネム	冠【不定】（単数男性3，中性3格）	→p.220
☐	**einen** アイネン	冠【不定】（単数男性4格）	→p.220
☐	**einer** アイナー	冠【不定】（単数女性2・3格）	→p.220
☐	**eines** アイネス	冠【不定】（単数男性2，中性2格）	→p.220
☐	**einfach** アインファハ	形 簡単な	→p.202
☐	**er** エーア	代【人称】彼は（が）	→p.220
☐	**es** エス	代【人称】それは（が），それを	→p.220
☐	**euch** オイヒ	代【人称】君たちに，君たちを	→p.220
F ☐	**falsch** ファルシュ	形 まちがった	→p.202
☐	**faul** ファオル	形 怠惰な；腐った	→p.202

名詞／動詞／*その他*

- **Dort** steht ein Haus.　　あそこに家が一軒立っている
- Wie heißt **du**?　　君は何という名前ですか
- Er ist nicht **dumm**.　　彼は**ばか**ではない
- Im Winter wird es früh **dunkel**.　　冬は早く**暗くなる**
- Sie will noch **dünner** werden.
　　　　　　　　　　彼女はもっと**やせたがっている**
- Sie kauft **ein** Buch.　　彼女は**1冊の**本を買う
- Sie hat **eine** Rose.　　彼女は**一本の**バラを持っている
- Er sitzt in **einem** Sessel.　　彼は安楽いすに座っている
- Er kauft **einen** Computer.　　彼はコンピュータを買う
- Er ist der Sohn **einer** Lehrerin.　彼は**ある**女教師の息子だ
- Sie ist die Tochter **eines** Arztes.　彼女は**ある**医者の娘だ
- Das ist gar nicht so **einfach**.
　　　　　　　　　　それは決してそう**簡単では**ない
- **Er** ist Lehrer.　　**彼は**教師だ
- Wo ist das Buch? — **Es** liegt auf dem Tisch.
　　その本はどこにありますか — **それは**机の上にあります
- Ich besuche **euch**.　　私は**君たちを**訪問する
- Das versteht er **falsch**.
　　　　　　　　そのことを彼は**まちがって**理解している
- Der Apfel ist **faul**.　　そのリンゴは**腐っている**

☐ **fleißig** フライスィヒ	形	勤勉な	→p.202
☐ **freundlich** フロイントリヒ	形	親切な	
☐ **frisch** フリッシュ	形	新鮮な	
G ☐ **ganz** ガンツ	副	まったく，完全に	
☐ **genau** ゲナオ	形	正確な	
☐ **genug** ゲヌーク	副	十分に	
☐ **gern** ゲルン	副	好んで	
☐ **gesund** ゲズント	形	健康な	→p.203
☐ **gleich** グライヒ	形	同じ	
☐ **glücklich** グリュックリヒ	形	幸福な	
☐ **groß** グロース	形	大きい	→p.202
☐ **gut** グート	形	よい	→p.202
H ☐ **heiß** ハイス	形	熱い；暑い	→p.203
☐ **heute** ホイテ	副	今日	
☐ **hier** ヒーア	副	ここに	
☐ **hoch** ホーホ	形	(高さが) 高い	→p.203
I ☐ **ich** イッヒ	代	【人称】私は（が）	→p.220

☐ Sie ist **fleißig**.	彼女は**勤勉**だ
☐ Er ist **freundlich**.	彼は**親切**だ
☐ Dieses Gemüse ist **frisch**.	この野菜は**新鮮**だ
☐ Das ist **ganz** unmöglich.	それは**まったく**不可能だ
☐ Meine Uhr geht **genau**.	私の時計は**正確**だ
☐ Er hat **genug** Geld.	彼はお金を**十分**に持っている
☐ Er spielt **gern** Fußball.	彼はサッカーをするのが**好きだ**
☐ Er ist **gesund**.	彼は**健康**だ
☐ Wir wohnen im **gleichen** Haus.	私たちは**同じ**家に住んでいる
☐ Sie ist **glücklich**.	彼女は**幸せ**だ
☐ Sein Haus ist **groß**.	彼の家は**大きい**
☐ Sie spielt **gut** Klavier.	彼女はピアノが**上手だ**
☐ Es ist heute sehr **heiß**.	きょうは非常に**暑い**
☐ **Heute** ist Sonntag.	**今日は**日曜だ
☐ **Hier** bin ich !	**ここに**います
☐ Der Berg ist **hoch**.	その山は**高い**
☐ **Ich** werde Lehrer.	**私は**教師になる

☐ **ihm** イーム	代	【人称】彼に	→p.220
☐ **ihn** イーン	代	【人称】彼を	→p.220
☐ **Ihnen** イーネン	代	【人称】あなたに；あなた方に	→p.220
☐ **ihnen** イーネン	代	彼ら（彼女ら，それら）に	→p.220
☐ **ihr** イーア	代	【人称】君たちは（が），彼女に	→p.220
☐ **immer** インマー	副	いつも	
J ☐ **ja** ヤー	副	はい	
☐ **jetzt** イェッツト	副	今	
☐ **jung** ユング	形	若い	→p.202
K ☐ **kalt** カルト	形	冷たい 寒い	→p.203
☐ **klein** クライン	形	小さい	→p.202
☐ **klug** クルーク	形	りこうな，頭がよい	→p.202
☐ **krank** クランク	形	病気の	→p.203
L ☐ **langsam** ラングザーム	形	（速度が）遅い，ゆっくりした 副 そろそろ	→p.202
☐ **laut** ラオト	形	（声・音が）大きい，やかましい	→p.203
☐ **ledig** レーディヒ	形	独身の	→p.203

名詞／動詞／*その他*

- Was schenken Sie **ihm** zum Geburtstag? あなたは**彼の**誕生日に何を贈りますか
- Ich kenne **ihn**. 私は**彼を**知っている
- Wie geht es **Ihnen**? お元気ですか
- Ich danke **ihnen**. 私は**彼らに**感謝する
- Wohin geht **ihr**? **君たちは**どこへ行くの
- Sie ist **immer** zu Hause. 彼女は**いつも**家にいる
- Kommen Sie mit? — **Ja**. 一緒に来ますか — **はい**
- Ich lerne **jetzt** Deutsch. 私は**今**ドイツ語を学んでいる
- Er ist noch **jung**. 彼はまだ**若い**
- Die Suppe wird **kalt**. スープが**冷める**
- Heute ist es **kalt**. 今日は**寒い**
- Ich wohne in einer **kleinen** Stadt. 私は**小さな**町に住んでいる
- Er ist sehr **klug**. 彼はとても**りこうだ**
- Sie ist **krank**. 彼女は**病気だ**
- Bitte sprechen Sie **langsam**! **ゆっくり**話してください
- Die Straße ist sehr **laut**. その通りはとても**やかましい**
- Ich bin noch **ledig**. 私はまだ**独身だ**

超基礎・その他

	leicht ライヒト	形 軽い	→p.203
		やさしい	
	leise ライゼ	形 (声・音が) 小さい, 静かな	→p.203
	link リンク	形 左の, 左側の	→p.203
M	**mehr** メーア	形 (viel の比較級) より多くの	
	mich ミッヒ	代 【人称】私を	→p.220
	mir ミーア	代 【人称】私に	→p.220
	morgen モルゲン	副 あす	
	morgens モルゲンス	副 朝に	
	müde ミューデ	形 疲れた	→p.203
N	**nein** ナイン	副 いいえ	
	nett ネット	形 親切な, 感じのよい	
	neu ノイ	形 新しい	→p.202
	nicht ニヒト	副 …ない	
	noch ノホ	副 まだ	
O	**oft** オフト	副 しばしば	
R	**recht** レヒト	副 右の	→p.203

- Er ist sehr **leicht**. 彼は体重がとても**軽い**
- Das ist eine **leichte** Arbeit. それは**簡単な**仕事だ
- Sie spricht **leise**. 彼女は**小さな**声で話す
- Das Haus liegt **linker** Hand. その家は**左側に**ある
- Wir brauchen **mehr** Geld. 私たちは**もっと**お金が必要だ
- Liebst du **mich** noch? **私を**まだ愛してるの
- Gib **mir** das Messer! **私に**ナイフを渡しなさい
- **Morgen** ist Montag. **あす**は月曜日だ
- Ich gehe **morgens** oft spazieren. 私は**朝に**しばしば散歩をする
- Ich bin **müde**. 私は**疲れて**いる
- Möchtest du noch etwas Kaffee? — **Nein**, danke. もう少しコーヒーは — **いいえ**，ありがとう
- Er ist sehr **nett**. 彼は非常に**親切だ**
- Wir ziehen in ein **neues** Haus. 私たちは**新しい**家へ引っ越す
- Ich rauche **nicht**. 私はタバコを吸わ**ない**
- Er geht **noch** zur Schule. 彼は**まだ**学校に通っている
- Ich sehe ihn **oft**. 私は**しばしば**彼を見かける
- Das Haus liegt **rechter** Hand. その家は**右側に**ある

☐ **richtig** リヒティヒ	形 正しい	→p.202
S ☐ **satt** ザット	形 満腹の	→p.203
☐ **schlecht** シュレヒト	形 悪い	→p.202
☐ **schnell** シュネル	形 (速度が) 速い	→p.202
☐ **schon** ショーン	副 もう, すでに	
☐ **schön** シェーン	形 美しい	
☐ **sehr** ゼーア	副 非常に, とても	
☐ **Sie** ズィー	代 【人称】**あなたは(が)**, あなたを あなた方は(が), あなた方を	→p.220
☐ **sie** ズィー	代 【人称】**彼女は(が)**, 彼女を, 彼らは(が) 彼女らは(が), それらは(が); 彼ら(彼女ら, それら)を	
☐ **stark** シュタルク	形 強い	→p.203　→p.220
T ☐ **teuer** トイアー	形 (値段が) 高い	→p.202
U ☐ **uns** ウンス	代 【人称】**私たちに**, 私たちを	→p.220
V ☐ **viel** フィール	形 多くの, たくさんの	→p.203
W ☐ **warm** ヴァルム	形 暖かい; 温かい	→p.203
☐ **wichtig** ヴィヒティヒ	形 重要な	
☐ **wir** ヴィーア	代 【人称】**私たちは(が)**	→p.220
☐ **wirklich** ヴィルクリヒ	副 本当に	

☐ (Sehr) **Richtig**!		その通り
☐ Ich bin **satt**.		私は**満腹**だ
☐ Heute ist **schlechtes** Wetter.		きょうは天気が**悪い**
☐ Er läuft **schnell**.		彼は**速く**走る
☐ Willst du **schon** gehen?		君は**もう**行くのかい
☐ Sie ist **schön**.		彼女は**美しい**
☐ Ich bin **sehr** müde.		私は**とても**疲れている
☐ Wie heißen **Sie**?		**あなたは**何というお名前ですか
☐ **Sie** ist Studentin.		**彼女は**大学生だ
☐ Er ist groß und **stark**.		彼は大きくて**強い**
☐ Die Uhr ist sehr **teuer**.		この時計は非常に**高価**だ
☐ Der Vater liebt **uns**.		父は**私たちを**愛している
☐ Er hat **viel** Arbeit.		彼は仕事が**たくさん**ある
☐ Der Kaffee ist noch **warm**.		コーヒーはまだ**温かい**
☐ Das ist nicht so **wichtig**.		それはそんなに**重要**ではない
☐ **Wir** haben keine Zeit.		**私たちは**時間がない
☐ **Wirklich**?		本当ですか

超基礎・その他

クリア！

コラム2

ドイツ語の数（すう）

　ドイツ語の名詞と日本語の名詞の大きな相違のひとつは、単語・複数という数（すう）の問題です。
日本語の名詞を用いる場合、物事の数に気を遣う必要はないのですが、ドイツ語の名詞を用いる場合は、かならず物事の数を考慮に入れなければなりません。一つのものを指す場合には単数形を、複数のものを指す場合には複数形を使うわけです。
　では、「彼女はブロンドの髪をしている」という場合、みなさんは次のどちらの文を使いますか。

　　a. Sie hat blondes Haar.
　　　　ブロンデス　ハール
　　b. Sie hat blonde Haare.
　　　　ブロンデ　ハーレ

文法的にはどちらでもかまわないのですが、人の毛髪を、ひとかたまりのものとして捉える場合には a 文のように単数形を、髪の毛一本一本の集合体として捉える場合には、b 文のように複数形を用いるのです。要するに、単数形を用いるか複数形を用いるかは、名詞の指す対象物を話者（すなわち私たちが）が一体的なものと捉えるか、あるいは個々の集合と捉えるかに基づいているわけです。
　「どう表現されるかは対象物を人間がどう捉えるかに基づく」── 言語の使用の根底にはやはり人間の、現実界との関わりが認められるのです。

第1章

4級

いよいよ4級にチャレンジ！

4級・名　詞 → p.38
4級・動　詞 → p.60
4級・その他 → p.78

A

☐ der **Abend** / -e アーベント	男 晩，夕方	→p.201
☐ das **Abendbrot** アーベントブロート	中 夕食	→p.201
☐ das **Abendessen** アーベントエッセン	中 夕食	→p.201
☐ die **Abfahrt** アップファールト	女 出発	→p.199
☐ die **Allee** / -n アレー	女 並木通り	→p.198, 212
☐ (das) **Amerika** アメーリカ	中 アメリカ	→p.199
☐ der **Amerikaner** / — アメリカーナー	男 アメリカ人	→p.199, 213
☐ die **Ampel** / -n アンペル	女 信号機	→p.198
☐ der **Anfang** アンファング	男 始まり	
☐ der/die **Angestellte** アンゲシュテルテ	男 サラリーマン《形容詞変化》	→p.193
☐ die **Angst** / Ängste アングスト　エングステ	女 不安，恐れ	
☐ die **Ankunft** アンクンフト	女 到着	→p.199
☐ der **Anruf** / -e アンルーフ	男 電話	
☐ der **Anwalt** / -wälte アンヴァルト　ヴェルテ	男 弁護士	→p.194
☐ der **Anzug** / -züge アンツーク　ツューゲ	男 スーツ	→p.192
☐ die **Apotheke** / -n アポテーケ	女 薬局	→p.212
☐ der **Apparat** / -e アパラート	男 器械；電話機	→p.212

名詞 / 動詞 / その他

- ☐ der **April** アプリル — 男 4月 →p.200, 216
- ☐ der **Arbeiter** / — アルバイター — 男 労働者
- ☐ der **Architekt** / -en アルヒテクト — 男 建築家《弱変化》 →p.194
- ☐ der **Arm** / -e アルム — 男 腕 →p.192
- ☐ der **Arzt** / Ärzte アールツト エーアツテ — 男 医師 →p.194
- ☐ der **Aschenbecher** / — アッシェンベッヒャー — 男 灰皿 →p.195
- ☐ das **Auge** / -n アオゲ — 中 目 →p.192
- ☐ der **August** アオグスト — 男 8月 →p.200, 216
- ☐ der **Ausflug** / -flüge アオスフルーク フリューゲ — 男 遠足, ハイキング
- ☐ der **Ausgang** / -gänge アオスガング ゲンゲ — 男 出口
- ☐ die **Aussprache** / -n アオスシュプラーヘ — 女 発音
- ☐ die **Autobahn** / -en アオトバーン — 女 アウトバーン →p.198
- ☐ der **Autor** / -en アオトア — 男 作家 →p.194

B
- ☐ der **Bach** / Bäche バッハ — 男 小川 →p.197
- ☐ das **Bad** / Bäder バート ベーダー — 中 浴室 →p.195
- ☐ der **Bahnsteig** / -e バーンシュタイク — 男 プラットホーム →p.199
- ☐ der **Beamte** / -n ベアムテ — 男 公務員《形容詞変化》 →p.193

B	☐ das **Bein** / -e バイン	中	足，脚 →p.192 （くるぶしから足先の部分はFuß）
	☐ das **Beispiel** / -e バイシュピール	中	例，手本
	☐ der・die **Bekannte** ベカンテ	男女	知人《形容詞変化》
	☐ der **Beruf** / -e ベルーフ	男	職業 →p.193, 214
	☐ die **Birne** / -n ビルネ	女	洋ナシ →p.196
	☐ der **Bleistift** / -e ブライシュティフト	男	鉛筆
	☐ die **Blume** / -n ブルーメ	女	花 →p.196
C	☐ der **CD-Player** / — ツェーデープレーヤー	男	CDプレーヤー →p.194
	☐ der **Cent** / -[s] ツェント / セント	男	セント（100分の1ユーロ）
	☐ der **Chef** / -s シェフ	男	（部・課などの）**長**，上司
	☐ die **Chemie** ヒェミー	女	化学 →p.197
D	☐ der・die **Deutsche** ドイチェ	男女	ドイツ人《形容詞変化》 →p.199
	☐ (das) **Deutschland** ドイチュラント	中	ドイツ →p.199
	☐ der **Dezember** デツェンバー	男	12月 →p.200, 216
	☐ der **Donner** / — ドンナー	男	雷 →p.197
	☐ das **Doppelzimmer** / — ドッペルツィマー	中	（ホテルの）二人部屋
	☐ das **Dorf** / Dörfer ドルフ　デルファー	中	村 →p.198

名詞 / 動詞 / その他

☐ die **Dusche** / -n ドゥッシェ	女 シャワー	→p.195
☐ das **Dutzend** / -e ドゥッツェント	中 ダース	→p.200
☐ der **D-Zug** / -Züge デーツーク ツューゲ	男 急行列車	→p.199
E ☐ die **Ecke** / -n エッケ	女（部屋などの）**隅**，角	
☐ der **Eilzug** / -züge アイルツーク ツューゲ	男 準急列車	→p.199
☐ das **Einzelzimmer** / — アインツェルツィマー	中（ホテルの）**一人部屋**	
☐ die **Eltern** エルターン	複 両親	→p.193
☐ (das) **England** エングラント	中 イギリス	→p.199
☐ der **Engländer** / — エングレンダー	男 イギリス人	→p.199
☐ der **Enkel** / — エンケル	男 孫	→p.193
☐ die **Erkältung** / -en エアケルトゥング	女 風邪	
☐ der・die **Erwachsene** エアヴァクセネ	男女 成人《形容詞変化》	
☐ der **Euro** / -[s] オイロ	男 ユーロ（ヨーロッパの通貨単位）	
F ☐ die **Fabrik** / -en ファブリーク	女 工場	
☐ der **Fahrer** / — ファーラー	男 運転手	
☐ die **Fahrkarte** / -n ファールカルテ	女 切符	→p.199
☐ der **Fahrplan** / -pläne ファールプラン プレーネ	男 時刻表	→p.199

F	☐ das	**Fahrrad** / -räder ファールラート　レーダー	中 自転車	→p.198
	☐ der	**Februar** フェーブルアール	男 2月	→p.200, 216
	☐ die	**Feier** / -n ファイアー	女 お祝いの催し，祝典	
	☐ das	**Feld** / -er フェルト	中 野原，畑	→p.197
	☐ der	**Fernseher** / — フェルンゼーヤー	男 テレビ	→p.194
	☐ das	**Feuer** フォイアー	中 火	
	☐ der	**Film** / -e フィルム	男 映画，(写真の) フイルム	
	☐ der	**Finger** / — フィンガー	男 指	→p.192
	☐ die	**Firma** / Firmen フィルマ　フィルメン	女 会社	
	☐ die	**Flasche** / -n フラッシェ	女 ビン	→p.195
	☐ der	**Flaschenöffner** / — フラッシェンエフナー	男 栓抜き	→p.195
	☐ das	**Fleisch** フライシュ	中 肉	→p.196
	☐ der	**Fleischer** / — フライシャー	男 肉屋	→p.193
	☐ das	**Flugzeug** / -e フルークツォイク	中 飛行機	→p.198
	☐ der	**Fluss** / Flüsse フルス　フリュッセ	男 川	→p.197
	☐ (das)	**Frankreich** フランクライヒ	中 フランス	→p.199
	☐ der	**Franzose** / -n フランツォーゼ	男 フランス人《弱変化》	→p.199

名詞 / 動詞 / その他

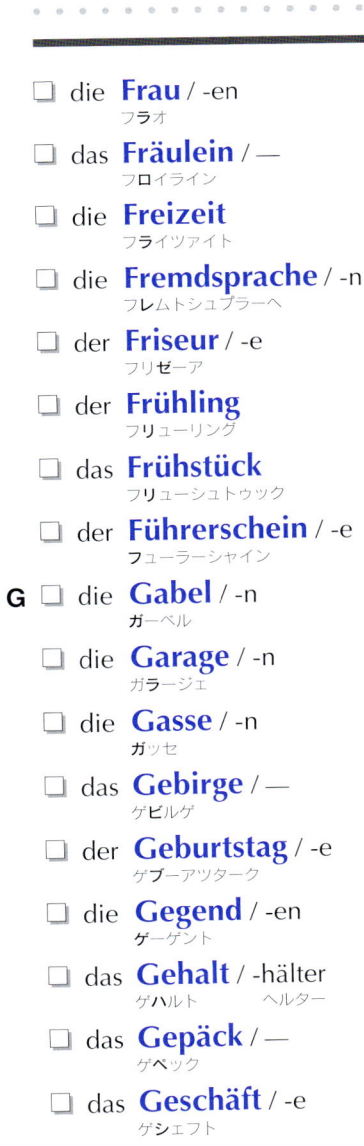

☐ die	**Frau** / -en フラオ	囡 女，妻，…夫人	→p.193
☐ das	**Fräulein** / — フロイライン	囲 未婚の女性（現在は未婚の女性にも Frau を用いる）	
☐ die	**Freizeit** フライツァイト	囡 余暇	
☐ die	**Fremdsprache** / -n フレムトシュプラーヘ	囡 外国語	→p.197
☐ der	**Friseur** / -e フリゼーア	男 理髪師	→p.193
☐ der	**Frühling** フリューリング	男 春	→p.201
☐ das	**Frühstück** フリューシュトゥック	囲 朝食	→p.201
☐ der	**Führerschein** / -e フューラーシャイン	男 運転免許証	
G ☐ die	**Gabel** / -n ガーベル	囡 フォーク	→p.195
☐ die	**Garage** / -n ガラージェ	囡 車庫	→p.195
☐ die	**Gasse** / -n ガッセ	囡 路地，横道	→p.198
☐ das	**Gebirge** / — ゲビルゲ	囲 山岳地帯	→p.197
☐ der	**Geburtstag** / -e ゲブーアツターク	男 誕生日	
☐ die	**Gegend** / -en ゲーゲント	囡 地域，地方	→p.198
☐ das	**Gehalt** / -hälter ゲハルト　ヘルター	囲 給料	→p.217
☐ das	**Gepäck** / — ゲペック	囲 （旅行用の）荷物	
☐ das	**Geschäft** / -e ゲシェフト	囲 店；商売	

G	☐ das **Geschenk** / -e ゲシェンク	中 贈り物		
	☐ die **Geschichte** / -n ゲシヒテ	女 物語；歴史	→p.197
	☐ das **Geschirr** / -e ゲシル	中 食器	→p.195
	☐ der **Geschmack** ゲシュマック	男 味，味覚	
	☐ die **Geschwister** ゲシュヴィスター	複 兄弟姉妹	→p.193
	☐ das **Gesicht** / -er ゲズィヒト	中 顔	→p.192
	☐ die **Gesundheit** ゲズントハイト	女 健康	
	☐ das **Getränk** / -e ゲトレンク	中 飲み物	→p.195
	☐ das **Gleis** / -e グライス	中 …番線	→p.199
	☐ das **Gramm** / — グラム	中 グラム	→p.200
	☐ die **Großmutter** / -mütter グロースムッター　　　ミュッター	女 祖母	→p.193
	☐ die **Großstadt** / -städte グロースシュタット　シュテテ	女 都市	→p.198
	☐ der **Großvater** / -väter グロースファーター　フェーター	男 祖父	→p.193
	☐ die **Grundschule** / -n グルントシューレ	女 基礎学校（4年制小学校） →p.198	
	☐ der **Gürtel** / — ギュルテル	男 ベルト	→p.192
	☐ das **Gymnasium** / Gymnasien ギュムナーズィウム　　ギュムナーズィエン	中 ギムナジウム	→p.198
H	☐ das **Haar** / -e ハール	中 髪	→p.192

☐ die **Hauptstadt** / -städte ハオプトシュタット　シュテテ	囡 首都	→p.198
☐ die **Hausaufgaben** ハオスアオフガーベン	覆 宿題	→p.197
☐ die **Hausfrau** / -en ハオスフラオ	囡 主婦	
☐ das **Heft** / -e ヘフト	田 ノート	
☐ die **Heizung** / -en ハイツング	囡 暖房	→p.194
☐ das **Hemd** / -en ヘムト	田 シャツ	→p.192
☐ der **Herbst** ヘルプスト	男 秋	→p.201
☐ die **Hilfe** / -n ヒルフェ	囡 助け，援助	
☐ der **Himmel** ヒンメル	男 空	→p.197
☐ die **Hochschule** / -n ホーホシューレ	囡 （単科）大学	→p.198
☐ die **Hochzeit** / -en ホホツァイト	囡 結婚式	
☐ das **Holz** ホルツ	田 （木材としての）木	→p.196
☐ die **Hose** / -n ホーゼ	囡 ズボン	→p.192
☐ die **Industrie** / Industrien インドゥストリー　インドゥストリーエン	囡 工業，産業	
☐ die **Information** / -en インフォルマツィオーン	囡 （駅などの）案内所； 《複数で》情報	→p.212
☐ die **Insel** / -n インゼル	囡 島	→p.197
☐ (das) **Italien** イターリエン	田 イタリア	→p.199, 213

4級・名詞

I	☐ der	**Italiener** / — イタリエーナー	男 イタリア人	→p.199
J	☐ die	**Jacke** / -n ヤッケ	女 上着	→p.192
	☐ das	**Jahr** / -e ヤール	中 年	→p.201
	☐ der	**Januar** ヤヌアール	男 1月	→p.200, 216
	☐ (das)	**Japan** ヤーパン	中 日本	→p.199
	☐ der	**Japaner** / — ヤパーナー	男 日本人	→p.199, 213
	☐ der	**Job** / -s ジョップ	男 アルバイト	
	☐ der	**Juli** ユーリ	男 7月	→p.200, 216
	☐ der	**Junge** / -n ユンゲ	男 男の子，少年《弱変化》	
	☐ der	**Juni** ユーニ	男 6月	→p.200, 216
K	☐ der	**Kamerad** / -en カメラート	男 仲間《弱変化》	
	☐ die	**Kartoffel** / -n カルトッフェル	女 じゃがいも	→p.196
	☐ der	**Käse** / — ケーゼ	男 チーズ	→p.196
	☐ der	**Kasten** / Kästen カステン　ケステン	男 箱，ケース	
	☐ die	**Katze** / -n カッツェ	女 猫	→p.196
	☐ das	**Kaufhaus** / -häuser カオフハオス　ホイザー	中 デパート	
	☐ der	**Kaufmann** / -leute カオフマン　ロイテ	男 商人	→p.193

名詞 / 動詞 / その他

- [ ] der **Keller** / —
  ケラー
  男 地下室

- [ ] der **Kellner** / —
  ケルナー
  男 ウエーター →p.193

- [ ] das **Kilogramm** / —
  キログラム
  中 キログラム →p.200

- [ ] der **Kilometer** / —
  キロメーター
  男 キロメートル →p.200

- [ ] das **Kind** / -er
  キント
  中 子供 →p.193

- [ ] der **Kindergarten** / -gärten
  キンダーガルテン　ゲルテン
  男 幼稚園 →p.198

- [ ] der **Kiosk** / -e
  キオスク
  男 売店，キオスク

- [ ] die **Kirche** / -n
  キルヒェ
  女 教会

- [ ] das **Kleid** / -er
  クライト
  中 ワンピース →p.192

- [ ] die **Kleidung** / -en
  クライドゥング
  女 衣服 →p.192

- [ ] das **Klima**
  クリーマ
  中 気候 →p.197

- [ ] der **Kohl**
  コール
  男 キャベツ →p.196, 219

- [ ] der **Kollege** / -n
  コレーゲ
  男 同僚 《弱変化》

- [ ] der **Kopf** / Köpfe
  コプフ　ケプフェ
  男 頭 →p.192

- [ ] die **Kopfschmerzen**
  コプフシュメルツェン
  複 頭痛

- [ ] der **Körper** / —
  ケルパー
  男 体 →p.192

- [ ] das **Krankenhaus** / -häuser
  クランケンハオス　ホイザー
  中 病院

K	☐ die	**Krankenschwester** / -n クランケンシュヴェスター	囡 看護婦	→p.194
	☐ die	**Krankheit** / -en クランクハイト	囡 病気	
	☐ die	**Krawatte** / -n クラヴァッテ	囡 ネクタイ	→p.192
	☐ die	**Kreuzung** / -en クロイツング	囡 交差点	→p.198
	☐ die	**Küche** / -n キュッヒェ	囡 台所	→p.195
	☐ der	**Kuchen** / — クーヘン	男 ケーキ	→p.196
	☐ der	**Kühlschrank** / -schränke キュールシュランク　シュレンケ	男 冷蔵庫	→p.194
	☐ der	**Kunde** / -n クンデ	男 客《弱変化》	
	☐ der	**Künstler** / — キュンストラー	男 芸術家	→p.194
L	☐ die	**Lampe** / -n ランペ	囡 電灯，ランプ	
	☐ das	**Land** / Länder ラント　　レンダー	囲 国	
	☐ das	**Leben** / — レーベン	囲 生命，人生，生活	
	☐ die	**Lehrerin** / -rinnen レーレリン　　リンネン	囡 女教師	→p.194
	☐ die	**Leute** ロイテ	複 人々	
	☐ das	**Licht** / -er リヒト	囲 光；明かり	
	☐ das	**Lied** / -er リート	囲 歌	
	☐ der	**Liter** / — リーター	男 リットル	→p.200

名詞 / 動詞 / その他

☐ die **Literatur** / -en リテラトゥーア	囡 文学	→p.197
☐ der **Löffel** / — レッフェル	男 スプーン	→p.195
☐ die **Luft** ルフト	囡 空気	
☐ die **Lust** ルスト	囡 …したい気持	
M ☐ der **Mai** マイ	男 5月	→p.200, 216
☐ der **Maler** / — マーラー	男 画家	→p.194
☐ der **Mann** / Männer マン　　メンナー	男 男，夫	→p.193
☐ der **Mantel** / Mäntel マンテル　　メンテル	男 コート	→p.192
☐ die **Mark** / — マルク	囡 （ドイツの旧通貨）マルク	
☐ der **Marktplatz** / -plätze マルクトプラッツ　　プレッツェ	男 （市の立つ）広場	
☐ der **März** メルツ	男 3月	→p.200, 216
☐ die **Maus** / Mäuse マオス　　モイゼ	囡 ねずみ	
☐ das **Meer** / -e メーア	中 海	→p.197
☐ die **Mensa** / -s メンザ	囡 学生食堂	→p.198
☐ der **Mensch** / -en メンシュ	男 人間《弱変化》	
☐ das **Menü** / -s メニュー	中 定食	
☐ das **Messer** / — メッサー	中 ナイフ	→p.195

M ☐ der	**Meter** / — メーター	男 メートル	→p.200
☐ die	**Miete** / -n ミーテ	女 家賃	
☐ das	**Mineralwasser** ミネラールヴァッサー	中 ミネラルウォーター	→p.195
☐ die	**Minute** / -n ミヌーテ	女 分	→p.201
☐ der	**Mittag** / -e ミッターク	男 昼	→p.201
☐ das	**Mittagessen** ミッタークエッセン	中 昼食	→p.201
☐ die	**Möbel** メーベル	複 家具	→p.194
☐ die	**Möhre** / -n メーレ	女 ニンジン	→p.196
☐ der	**Moment** / -e モメント	男 瞬間, ちょっとの間	→p.218
☐ der	**Mond** モーント	男 月	→p.197
☐ der	**Morgen** / — モルゲン	男 朝	→p.201
☐ das	**Motorrad** / -räder モートアラート　レーダー	中 オートバイ	→p.198
☐ der	**Mund** / Münde ムント　ミュンデ	男 口	→p.192
☐ die	**Münze** / -n ミュンツェ	女 コイン, 硬貨	
☐ das	**Museum** / Museen ムゼーウム　ムゼーエン	中 博物館, 美術館	→p.213
☐ der	**Musiker** / — ムーズィカー	男 音楽家	→p.194
N ☐ der	**Nachbar** / -n ナハバール	男 近所の人 《弱変化》	

☐ der **Nachmittag** / -e ナーハミッターク	男 午後	→p.201
☐ die **Nacht** / Nächte ナハト　　ネヒテ	女 夜	→p.201
☐ die **Nähe** ネーエ	女 近く	
☐ die **Nase** / -n ナーゼ	女 鼻	→p.192
☐ die **Natur** ナトゥーア	女 自然	→p.197, 213
☐ der **Norden** ノルデン	男 北	→p.201
☐ der **November** ノヴェンバー	男 11月	→p.200, 216
☐ die **Nudeln** ヌーデルン	複 ヌードル	→p.196
☐ der **Ober** / ― オーバー	男 ボーイ	→p.193
☐ das **Obst** オープスト	中 果物	→p.196
☐ das **Ohr** / -en オーア	中 耳	→p.192
☐ der **Oktober** オクトーバー	男 10月	→p.200, 216
☐ die **Oma** / -s オーマ	女 おばあちゃん（幼児語） →p.193
☐ der **Onkel** / ― オンケル	男 おじ	→p.193
☐ der **Opa** / -s オーパ	男 おじいちゃん（幼児語） →p.193
☐ der **Osten** オステン	男 東	→p.201
☐ (das) **Österreich** エースタライヒ	中 オーストリア	→p.199

O	☐ der **Österreicher** / — エーストライヒャー	男 オーストリア人	→p.199
P	☐ das **Päckchen** / — ペックヒェン	中 小包	
	☐ das **Papier** / -e パピーア	中 紙 ;《複数で》書類	
	☐ der **Pass** / Pässe パス　　ペッセ	男 パスポート	
	☐ die **Pause** / -n パオゼ	女 休憩	→p.197
	☐ die **Person** / -en ペルゾーン	女 （1人・2人と数える場合の）**人**	
	☐ die **Pfanne** / -n プファンネ	女 フライパン	→p.195
	☐ der **Pfarrer** / — プファラー	男 牧師	→p.193
	☐ der **Pfennig** / — プフェンニヒ	男 ペニヒ（100分の1マルク）	
	☐ das **Pferd** / -e プフェーアト	中 馬	→p.196
	☐ die **Pflanze** / -n プフランツェ	女 植物	→p.196
	☐ die **Pflicht** / -en プフリヒト	女 義務	
	☐ das **Pfund** / — プフント	中 ポンド	→p.200
	☐ der **Philosoph** / -en フィロゾーフ	男 哲学者《弱変化》	→p.194
	☐ die **Physik** フュズィーク	女 物理学	→p.197
	☐ der **Plan** / Pläne プラーン　プレーネ	男 計画	
	☐ der **Polizist** / -en ポリツィスト	男 警官《弱変化》	→p.193, 213

	das **Postamt** / -ämter ポストアムト　エムター	中 郵便局	
	die **Postkarte** / -n ポストカルテ	女 郵便はがき	
	der **Professor** / -en プロフェソア	男 教授	→p.194, 213
	das **Prozent** / — プロツェント	中 パーセント	→p.200
	der **Pullover** / — プローヴァー	男 セーター	→p.192
R	das **Rathaus** / -häuser ラートハオス　ホイザー	中 市役所	
	die **Rechnung** / -en レヒヌング	女 請求書	
	das **Recht** / -e レヒト	中 権利；法	
	das **Regal** / -e レガール	中 棚，本棚	→p.194
	der **Regen** レーゲン	男 雨	→p.197
	der **Regenschirm** / -e レーゲンシルム	男 雨傘	
	die **Reise** / -n ライゼ	女 旅行	
	die **Richtung** / -en リヒトゥング	女 方向	
	der **Rock** / Röcke ロック　レッケ	男 スカート	→p.192
S	der **Saft** ザフト	男 ジュース	→p.195
	der **Salat** / -e ザラート	男 サラダ	→p.196
	das **Salz** ザルツ	中 塩	→p.196

S	☐ der **Schalter** / — シャルター	男	スイッチ；(銀行などの)窓口
	☐ das **Schiff** / -e シフ	中	船 →p.198
	☐ der **Schlüssel** / — シュリュッセル	男	鍵
	☐ der **Schnee** シュネー	男	雪 →p.197
	☐ der **Schnellzug** / -züge シュネルツーク　　ツューゲ	男	急行列車 →p.199
	☐ das **Schnitzel** / — シュニッツェル	中	カツレツ →p.196
	☐ der **Schrank** / Schränke シュランク　　シュレンケ	男	戸棚 →p.194
	☐ die **Schrift** / -en シュリフト	女	文字
	☐ der **Schriftsteller** / — シュリフトシュテラー	男	作家 →p.194
	☐ der **Schuh** / -e シュー	男	靴 →p.192
	☐ die **Schulter** / -n シュルター	女	肩 →p.192
	☐ **die Schweiz** シュヴァイツ	女	スイス《定冠詞を必ず伴う》→p.199
	☐ der **Schweizer** / — シュヴァイツァー	男	スイス人 →p.199
	☐ das **Schwimmbad** / -bäder シュヴィムバート　　ベーダー	中	[スイミング] プール
	☐ der **See** / -n ゼー	男	湖 →p.197, 218
	☐ die **See** ゼー	女	海 →p.197, 218
	☐ die **Sekunde** / -n ゼクンデ	女	秒 →p.201

☐ das **Semester** / — ゼメスター	中 学期	→p.197
☐ der **September** ゼプテンバー	男 9月	→p.200, 216
☐ der **Sessel** / — ゼッセル	男 安楽椅子	→p.194
☐ der **Sohn** / Söhne ゾーン ゼーネ	男 息子	→p.193
☐ der **Sommer** ゾンマー	男 夏	→p.201
☐ die **Sonne** ゾンネ	女 太陽	→p.197
☐ der **Spaß** / Späße シュパース シュペーセ	男 冗談；楽しみ	
☐ der **Spaziergang** / -gänge シュパツィーアガング ゲンゲ	男 散歩	
☐ die **Speisekarte** / -n シュパイゼカルテ	女 メニュー	
☐ der **Spiegel** / — シュピーゲル	男 鏡	→p.194
☐ das **Spiel** / -e シュピール	中 遊び, (トランプなどの)ゲーム	
☐ die **Stadt** / Städte シュタット シュテテ	女 町, 都市	→p.198
☐ der **Stadtplan** / -pläne シュタットプラーン プレーネ	男 市街地図	
☐ der **Stein** / -e シュタイン	男 石	
☐ der **Stern** / -e シュテルン	男 星	→p.197
☐ die **Straße** / -n シュトラーセ	女 通り	→p.198
☐ die **Straßenbahn** / -en シュトラーセンバーン	女 路面電車	→p.198

S	☐ das	**Stück** / -e シュテュック	中 断片；…個；作品	
	☐ das	**Studentenheim** / -e シュトゥデンテンハイム	中 学生寮	→p.198
	☐ der	**Stuhl** / Stühle シュトゥール　シュテューレ	男 椅子	→p.194
	☐ die	**Stunde** / -n シュトゥンデ	女 時間	→p.201
	☐ der	**Sturm** / Stürme シュトゥルム　シュトゥルメ	男 嵐	→p.197
	☐ der	**Süden** ズューデン	男 南	→p.201
	☐ der	**Supermarkt** / -märkte ズーパーマルクト　　メルクテ	男 スーパーマーケット	
T	☐ der	**Tag** / -e ターク	男 日	→p.201
	☐ die	**Tante** / -n タンテ	女 おば	→p.193
	☐ die	**Tasche** / -n タッシェ	女 ポケット	
	☐ die	**Tasse** / -n タッセ	女 カップ	→p.195
	☐ der	**Teil** / -e タイル	男 部分	→p.218
	☐ die	**Telefonnummer** / -n テレフォーンヌマー	女 電話番号	
	☐ die	**Telefonzelle** / -n テレフォーンツェレ	女 電話ボックス	
	☐ der	**Teller** / — テラー	男 皿	→p.195
	☐ die	**Temperatur** / -en テンペラトゥーア	女 温度	→p.197
	☐ der	**Teppich** / -e テッピヒ	男 じゅうたん	→p.194

名詞 / 動詞 / その他

☐ das **Theater** / — テアーター	申 劇場	
☐ das **Tier** / -e ティーア	申 動物	→p.196
☐ der **Tisch** / -e ティッシュ	男 机	→p.194
☐ die **Tochter** / Töchter トホター　テヒター	女 娘	→p.193
☐ der **Topf** / Töpfe トプフ　テプフェ	男 深鍋	→p.195
☐ der **Tourist** / -en トゥリスト	男 観光客，ツーリスト 《弱変化》→p.213	
☐ die **Traube** / -n トラオベ	女 ブドウ	→p.196
☐ die **Treppe** / -n トレッペ	女 階段	→p.195
☐ die **Tür** / -en テューア	女 ドア	→p.195
☐ der **Turm** / Türme トゥルム　テュルメ	男 塔	
U　☐ die **U-Bahn** / -en ウーバーン	女 地下鉄	→p.198
☐ die **Übung** / -en ユーブング	女 練習，練習問題	
☐ die **Umgebung** / -en ウムゲーブング	女 周辺	→p.198, 214
☐ der **Unterricht** ウンターリヒト	男 授業	→p.197
☐ der **Urlaub** / -e ウーアラオプ	男 （勤務者の）**休暇**	
V　☐ die **Vase** / -n ヴァーゼ	女 花瓶	→p.194
☐ der **Verkehr** フェアケーア	男 交通	

V	der・die **Verwandte** フェアヴァンテ		男女 親戚 《形容詞変化》	→p.193
	der **Vogel** / Vögel フォーゲル　フェーゲル		男 鳥	→p.196
	der **Vorhang** / -hänge フォーアハング　ヘンゲ		男 カーテン	→p.194
	die **Vorlesung** / -en フォーアレーズング		女 （大学の）講義	→p.197
	der **Vormittag** / -e フォーアミッターク		男 午前	→p.201
	die **Vorstadt** / -städte フォーアシュタット　シュテテ		女 郊外	→p.198
W	der **Wagen** / — ヴァーゲン		男 自動車	→p.198
	der **Wald** / Wälder ヴァルト　ヴェルダー		男 森	→p.197
	die **Wand** / Wände ヴァント　ヴェンデ		女 壁	
	die **Wäsche** / -n ヴェッシェ		女 下着；洗濯物	
	die **Waschmaschine** / -n ヴァッシュマシーネ		女 洗濯機	→p.194
	das **Wasser** ヴァッサー		中 水	→p.195
	der **Weg** / -e ヴェーク		男 道	→p.198
	der **Westen** ヴェステン		男 西	→p.201
	das **Wiedersehen** ヴィーダーゼーエン		中 再会	
	die **Wiese** / -n ヴィーゼ		女 草地	→p.197
	der **Winter** ヴィンター		男 冬	→p.201

☐	die **Woche** / -n ヴォッヘ		囡 週	→p.201
☐	die **Wohnung** / -en ヴォーヌング		囡 住居	→p.195
☐	die **Wolke** / -n ヴォルケ		囡 雲	→p.197
☐	das **Wort** / Wörter ヴォルト　ヴェルター		中 単語	
☐	das **Wörterbuch** / - bücher ヴェルターブーフ　　ビューヒャー		中 辞書	
☐	der **Wunsch** / Wünsche ヴンシュ　　ヴュンシェ		男 願望	
☐	die **Wurst** / Würste ヴルスト　　ヴュルステ		囡 ソーセージ	→p.196
Z ☐	die **Zeitschrift** / -en ツァイトシュリフト		囡 雑誌	
☐	die **Zeitung** / -en ツァイトゥング		囡 新聞	
☐	der **Zentimeter** / — ツェンティメーター		男 センチメートル	→p.200
☐	die **Zigarette** / -n ツィガレッテ		囡 紙巻きたばこ	→p.213
☐	die **Zitrone** / -n ツィトローネ		囡 レモン	→p.196
☐	der **Zucker** ツッカー		男 砂糖	→p.196
☐	die **Zwiebel** / -n ツヴィーベル		囡 タマネギ	→p.196

A ☐	**ab|fahren** アップファーレン	（乗り物などが）**出発する**
☐	**ändern** エンダーン	〔…⁴ を〕**変える**；《 sich⁴ 》**変わる**
☐	**an|fangen** アンファンゲン	**始まる**
		《 mit et³ 》〔…³ を〕**始める**
☐	**angeln** アンゲルン	**釣りをする**
☐	**an|kommen** アンコメン	**到着する**
		《 auf j⁴・et⁴ 》〔…⁴ 〕**しだいである**
☐	**an|rufen** アンルーフェン	〔…⁴ に〕**電話する**
☐	**antworten** アントヴォルテン	《 auf et⁴ 》〔…⁴ に〕**答える**
☐	**atmen** アートメン	**呼吸する**，息をする
☐	**auf|machen** アオフマヘン	〔窓など⁴ を〕**開ける**；（店などが）**開く**
☐	**auf|stehen** アオフシュテーエン	**起きる**
☐	**aus|gehen** アオスゲーエン	**外出する**
☐	**aus|sehen** アオスゼーエン	〔…のように〕**見える**
☐	**aus|sprechen** アオスシュプレッヒェン	〔…⁴ を〕**発音する**
B ☐	**backen** バッケン	〔パン・ケーキなど⁴ を〕**焼く**
☐	**bauen** バオエン	〔…⁴ を〕**建てる**

- Der Zug **fährt** bald **ab**.　　列車はまもなく**出発する**
- Das Wetter **ändert** sich.　　天気が**変わる**
- Das Konzert **fängt** um 8 Uhr **an**.
　　コンサートは8時に**始まる**
- Wir **fangen** mit dem Essen **an**.　私たちは食事を**始める**
- Er **angelt** gern.　　彼は**釣り**が好きだ
- Der Zug **kommt** um 10 Uhr **an**.　列車は10時に**到着する**
- Es **kommt** auf dich **an**, ob wir morgen abreisen.
　　私たちがあす旅立つかどうかは君**しだいである**
- **Ruf** mich doch morgen **an**!　　あす**電話をください**
- **Antworte** mir auf meine Frage!　私の質問に**答えなさい**
- Er **atmet** tief.　　彼は深く**息をする**
- Das Geschäft **macht** um 9 Uhr **auf**.　店は9時に**開く**
- Er **steht** jeden Tag um 7 Uhr **auf**.　彼は毎日7時に**起きる**
- Ich **gehe** heute Abend **aus**.　　私は今晩**外出する**
- Sie **sieht** traurig **aus**.　　彼女は悲しそうに**見える**
- Wie **spricht** man dieses Wort **aus**?
　　この語はどう**発音しますか**
- Die Mutter **bäckt** Kuchen.　　母はケーキを**焼く**
- Er **baut** ein Haus.　　彼は家を**建てる**

☐ **beginnen** ベギンネン	〔…⁴を〕始める；始まる	→p.214
☐ **begrüßen** ベグリューセン	〔…⁴に〕あいさつをする	
☐ **benutzen** ベヌッツェン	〔…⁴を〕利用する，使用する	
☐ sich⁴ **beschäftigen** ベシェフティゲン	《mit et³》〔課題など³に〕取り組む； 〔…³の〕めんどうをみる	
☐ **besitzen** ベズィッツェン	〔…⁴を〕所有している	
D ☐ **dauern** ダオアーン	（時間が）かかる	
☐ **denken** デンケン	考える 《an j⁴・et⁴》〔…⁴のことを〕考える	
☐ **diskutieren** ディスクティーレン	討論する	
☐ **dürfen** デュルフェン	助〔…〕してもよい 《nicht などの否定詞と》〔…〕してはならない	
☐ **duschen** ドゥッシェン	シャワーを浴びる	
E ☐ **eilen** アイレン	急ぐ，急いで行く	
☐ **ein|kaufen** アインカオフェン	買い物をする	
☐ **ein|laden** アインラーデン	〔…⁴を〕招待する	
☐ **ein|nehmen** アインネーメン	〔薬⁴を〕服用する	
☐ **empfehlen** エンプフェーレン	〔…³に…⁴を〕勧める	

- ☐ Der Unterricht **beginnt** um 10 Uhr.
  授業は10時に**始まる**
- ☐ Er **begrüßt** uns höflich.
  彼は私たちにていねいに**あいさつをする**
- ☐ Ich **benutze** die U-Bahn.　私は地下鉄を**利用する**
- ☐ Sie **beschäftigt** sich mit den Kindern.
  彼女は子供たちの**めんどうをみる**
- ☐ Er **besitzt** viele Bücher.　彼はたくさんの本を**所有している**
- ☐ Wie lange **dauert** der Vortrag?
  講演はどれくらい**かかりますか**
- ☐ Wir müssen realistisch **denken**.
  私たちは現実的に**考えねばならない**
- ☐ Er **denkt** an die Kosten.　彼は費用のことを**考える**
- ☐ Darüber **diskutiere** ich mit ihm.
  それについて私は彼と**討論する**
- ☐ Du **darfst** mitkommen.　君は一緒に来**てもよい**
- ☐ Du **darfst** Tiere nicht quälen.
  君は動物をいじめ**てはならない**
- ☐ Er **duscht** kalt.　彼は冷たい**シャワーを浴びる**
- ☐ Er **eilte** zum Arzt.　彼は医者のところへ**急いで行った**
- ☐ Wir **kaufen** in der Stadt **ein**.　私たちは町で**買い物をする**
- ☐ Ich **lade** ihn zum Essen **ein**.　私は彼を食事に**招待する**
- ☐ **Nimm** dreimal täglich eine Tablette **ein**!
  毎日一錠三回**服用しなさい**
- ☐ Sie **empfiehlt** mir ein Buch. 彼女は私に一冊の本を**勧める**

4級・動詞

☐	**enden** エンデン	終わる
☐	sich⁴ **erholen** エアホーレン	休養する
☐	sich⁴ **erinnern** エアインナーン	《 an j⁴・et⁴ 》〔…⁴を〕**思い出す**
☐	**erklären** エアクレーレン	〔…⁴を〕説明する
☐	**erzählen** エアツェーレン	〔物語など⁴を〕語る，話して聞かせる
F ☐	**fallen** ファレン	落ちる
☐	**fangen** ファンゲン	〔…⁴を〕捕まえる
☐	**feiern** ファイアーン	〔…⁴を〕祝う
☐	**fern|sehen** フェルンゼーエン	テレビを見る
☐	**finden** フィンデン	〔…⁴を〕見つける
☐	**fliegen** フリーゲン	飛ぶ，飛行機で行く
☐	**fotografieren** フォトグラフィーレン	〔…⁴の〕写真を撮る
☐	sich⁴ **freuen** フロイエン	喜ぶ；《 auf et⁴ 》〔…⁴を〕楽しみに待つ
☐	**frühstücken** フリューシュテュッケン	朝食をとる
☐	sich⁴ **fühlen** フューレン	…と感じる
☐	**führen** フューレン	〔…⁴を〕連れて行く
G ☐	**gefallen** ゲファレン	〔…³の〕気に入る

名詞／**動詞**／その他　　65

- Der Vortrag **endet** um 19 Uhr.　　講演は19時に**終わる**
- Ich **erhole** mich an der See.　　私は海辺で**休養する**
- Er **erinnert** sich an seine Mutter.
　　　　　　　　　　　　　　彼は母のことを**思い出す**
- Ich will es dir **erklären**.　　君にそのことを**説明しよう**
- Er **erzählt** der Tochter ein Märchen.
　　　　　　　　　　　彼は娘にメルヘンを**話して聞かせる**
- Das Kind **fällt** ins Wasser.　　子供が水の中へ**落ちる**
- Meine Katze **fängt** keine Mäuse.
　　　　　　　　　　　　　私のねこはねずみを**捕まえ**ない
- Wir **feiern** seinen Geburtstag.私たちは彼の誕生日を**祝う**
- Sie **sehen** gerade **fern**.　　彼らはちょうど**テレビを見ている**
- Ich **finde** eine Uhr auf der Straße.
　　　　　　　　　　　　　　私は通りで時計を**見つける**
- Er **fliegt** nach Italien.　　彼はイタリアへ**飛行機で行く**
- Er **fotografiert** die Kinder.　　彼は子供たちの**写真を撮る**
- Sie **freuen** sich auf die Ferien.
　　　　　　　　　　　　　彼らは休みを**楽しみにしている**
- Ich **frühstücke** um 7 Uhr.　　私は7時に**朝食をとる**
- Er **fühlt** sich glücklich.　　彼は幸せだ**と感じる**
- Ich **führe** sie zum Arzt.　　私は彼女を医者に**連れて行く**
- Das Bild **gefällt** mir gut.　　私はその絵を**気に入っている**

☐ **gehören** ゲヘーレン	〔…³の〕ものである	→p.214
	《zu j³・et³》〔…³の〕一部〈一人〉である	
☐ **gelten** ゲルテン	有効である	
☐ **grüßen** グリューセン	〔…⁴に〕あいさつをする	
H ☐ **halten** ハルテン	〔…⁴を〕持っている	
	(汽車などが) 止まる	
	《j⁴・et⁴ für ...》〔…⁴を…と〕思う	
☐ **hängen** ヘンゲン	掛かっている；〔…⁴を〕掛ける	
☐ **heiraten** ハイラーテン	〔…⁴と〕結婚する	
☐ **hoffen** ホッフェン	〔…⁴を〕望む	
☐ **holen** ホーレン	〔…⁴を〕持って来る，連れて来る	
I ☐ sich⁴ **interessieren** インテレスィーレン	《für j⁴・et⁴》〔…⁴に〕興味をもつ	→p.213
K ☐ **klingen** クリンゲン	(鐘などが) 鳴る	
☐ **klopfen** クロプフェン	たたく	
☐ **können** ケンネン	助〔…〕できる	
	〔…〕かもしれない	
☐ **kosten** コステン	〔…⁴の〕値段である	

- Wem **gehören** die Schuhe da? そこの靴はだれの**もの**ですか
- Er **gehört** zu meinen Freunden. 彼は私の友人の**一人である**
- Die Fahrkarte **gilt** zwei Tage. この乗車券は２日間**有効である**
- Er **grüßt** mich höflich. 彼は私にていねいに**あいさつをする**
- Er **hält** ein Messer in der Hand. 彼はナイフを手に**持っている**
- Der Zug **hält** nicht an diesem Bahnhof. その列車はこの駅には**止まらない**
- Ich **halte** dich für meinen Freund. 私は君を友人と**思う**
- An der Wand **hängt** ein Bild. 壁に絵が**掛かっている**
- Sie **heiratet** ihn. 彼女は彼と**結婚する**
- Ich **hoffe**, dass alles gut geht. 私はすべてうまく行くことを**望む**
- Er **holt** mir einen Stuhl. 彼は私にいすを**持って来る**
- Er **interessiert** sich für Musik. 彼は音楽に**興味をもっている**
- Die Glocken **klingen**. 鐘が**鳴る**
- Sie **klopft** an die Tür. 彼女はドアを**たたく**
- Sie **kann** Spanisch sprechen. 彼女はスペイン語が**できる**
- Das **kann** noch lange dauern. それはまだ長く続く**かもしれない**
- Was **kostet** das? それは**おいくらですか**

	küssen キュッセン	〔…⁴に〕**キスをする**
L	**lassen** ラッセン	助 〔…〕**させる**
		〔…〕**のままにさせておく**
	laufen ラオフェン	**走る**
	legen レーゲン	〔…⁴を…に〕**横にして置く**
	lehren レーレン	〔…⁴を〕**教える**
	liegen リーゲン	（横にして）**置いてある，ある**
M	**machen** マッヘン	〔…⁴を〕**する，つくる**
	mieten ミーテン	〔…⁴を〕（お金を払って）**借りる**
	möchte メヒテ	助 〔…〕**したい**
	mögen メーゲン	助 〔…⁴を〕**好きだ**
		〔…〕**だろう**
	müssen ミュッセン	助 〔…〕**しなければならない**
		〔…〕**に違いない**
N	**nehmen** ネーメン	〔…⁴を〕**取る**
	nutzen ヌッツェン	《zu et³》〔…³の〕**役に立つ**
O	**öffnen** エフネン	〔…⁴を〕**開ける**

名詞／**動詞**／その他

- ☐ Er **küsst** seine Freundin.　　彼はガールフレンドに**キスする**
- ☐ Er **lässt** das Auto waschen.　　彼は自動車を洗わ**せる**
- ☐ **Lass** ihn doch schlafen !　　彼はそのまま眠ら**せておけ**
- ☐ Er **läuft** schnell.　　彼は速く**走る**
- ☐ Er **legt** ein Buch auf den Tisch.　　彼は本を机の上へ**置く**
- ☐ Er **lehrt** Deutsch.　　彼はドイツ語を**教える**
- ☐ Das Buch **liegt** auf dem Tisch.　　その本は机の上に**ある**
- ☐ Was **machst** du da ?　　君はそこで何を**してるの**
- ☐ Er **mietet** eine Wohnung.　　彼は住まいを**借りる**
- ☐ Ich **möchte** Wein trinken.　　私はワインが飲**みたい**
- ☐ Ich **mag** Anna.　　私はアンナが**好きだ**
- ☐ Er **mag** etwa achtzig Jahre alt sein.　彼はほぼ80歳**だろう**
- ☐ Du **musst** fleißiger arbeiten.　君はもっと熱心に働**かねばならない**
- ☐ Er **muss** bald kommen.　　彼はじきに来る**に違いない**
- ☐ Ich **nehme** ein Buch aus dem Regal.　私は本を本棚から**取る**
- ☐ Wozu soll das **nutzen** ?　　これは何の**役に立つのだろう**
- ☐ Er **öffnet** das Fenster.　　彼は窓を**開ける**

4級・動詞

		(店などが) 開く
P ☐	**packen** パッケン	〔…⁴を〕詰める
☐	**passen** パッセン	〔…³に〕ぴったり合う
		《zu j³・et³》〔…³に〕似合う
☐	**probieren** プロビーレン	〔…⁴を〕試す，試食〈試飲〉する
☐	**prüfen** プリューフェン	〔…⁴を〕試験する
☐	**putzen** プッツェン	〔…⁴を〕こすってきれいにする，みがく
R ☐	**rechnen** レヒネン	計算する
		《mit j³・et³》〔…³を〕当てにする
☐	**reden** レーデン	話す，話をする
☐	**reisen** ライゼン	旅行する
☐	**reservieren** レゼルヴィーレン	〔…⁴を〕予約する
☐	**rufen** ルーフェン	〔…⁴を〕呼ぶ
S ☐	**sammeln** ザンメルン	〔…⁴を〕集める
☐	**schenken** シェンケン	〔…³に…⁴を〕贈る
☐	**schicken** シッケン	〔…⁴を〕送る
☐	**schlagen** シュラーゲン	〔…⁴を〕殴る，たたく

名詞／**動詞**／その他

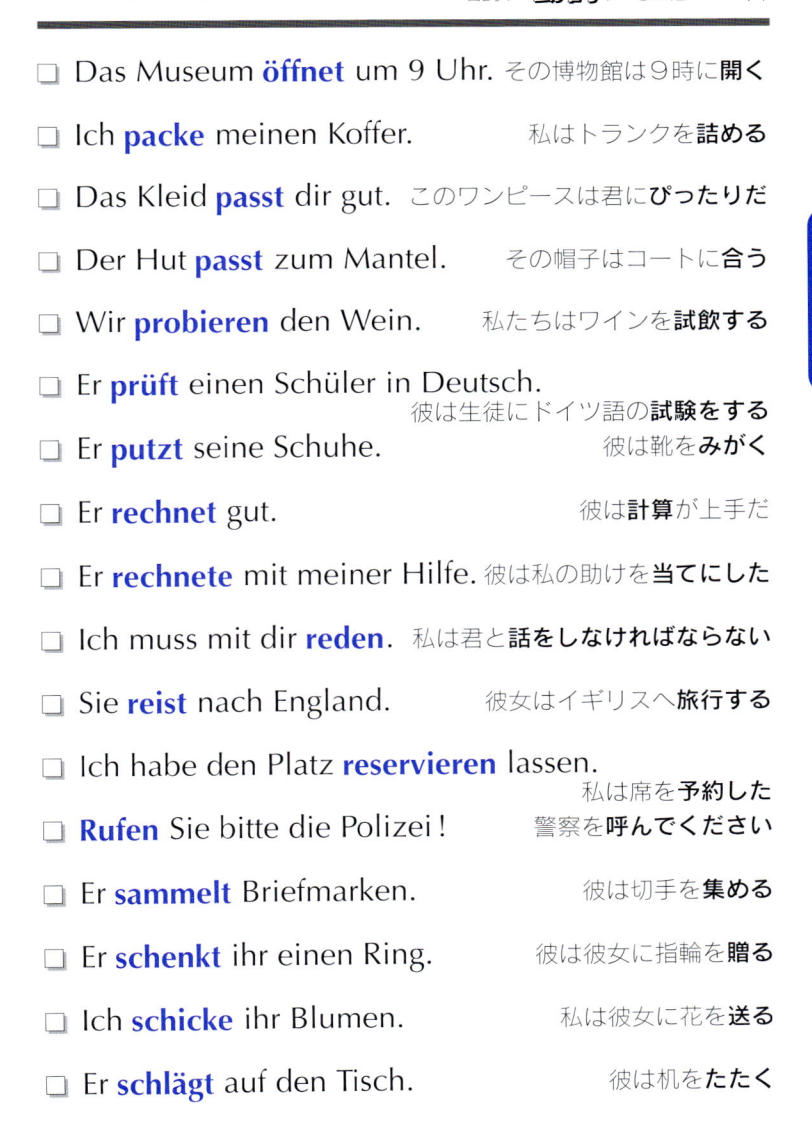

- ☐ Das Museum **öffnet** um 9 Uhr. その博物館は9時に**開く**
- ☐ Ich **packe** meinen Koffer. 私はトランクを**詰める**
- ☐ Das Kleid **passt** dir gut. このワンピースは君に**ぴったりだ**
- ☐ Der Hut **passt** zum Mantel. その帽子はコートに**合う**
- ☐ Wir **probieren** den Wein. 私たちはワインを**試飲する**
- ☐ Er **prüft** einen Schüler in Deutsch. 彼は生徒にドイツ語の**試験をする**
- ☐ Er **putzt** seine Schuhe. 彼は靴を**みがく**
- ☐ Er **rechnet** gut. 彼は**計算**が上手だ
- ☐ Er **rechnete** mit meiner Hilfe. 彼は私の助けを**当てにした**
- ☐ Ich muss mit dir **reden**. 私は君と**話をしなければならない**
- ☐ Sie **reist** nach England. 彼女はイギリスへ**旅行する**
- ☐ Ich habe den Platz **reservieren** lassen. 私は席を**予約した**
- ☐ **Rufen** Sie bitte die Polizei! 警察を**呼んでください**
- ☐ Er **sammelt** Briefmarken. 彼は切手を**集める**
- ☐ Er **schenkt** ihr einen Ring. 彼は彼女に指輪を**贈る**
- ☐ Ich **schicke** ihr Blumen. 私は彼女に花を**送る**
- ☐ Er **schlägt** auf den Tisch. 彼は机を**たたく**

4級・動詞

☐ **schmecken** シュメッケン	《j³＋形容詞》〔…³に…な〕味がする	
☐ **schneiden** シュナイデン	〔…⁴を〕切る	
☐ **schneien** シュナイエン	《es schneitの形で》雪が降る	
☐ **schreiben** シュライベン	〔…⁴を〕書く	
☐ **schweigen** シュヴァイゲン	沈黙する	
☐ sich⁴ **setzen** ゼッツェン	座る，腰掛ける	
☐ **sitzen** ズィッツェン	座っている	
☐ **sollen** ゾレン	励 〔…〕すべきだ，〔…〕して欲しい 〔…〕するように言われている 〔…と〕言われている	
☐ **spazieren gehen** シュパツィーレンゲーエン	散歩する	
☐ **stammen** シュタンメン	《aus et³》〔…³の〕出身である	
☐ **stehen** シュテーエン	立っている	
☐ **steigen** シュタイゲン	〔…に〕登る，乗る 〔…から〕降りる	
☐ **stellen** シュテレン	〔…⁴を…に〕立てて置く	
☐ **stimmen** シュティンメン	（事実に）合っている	

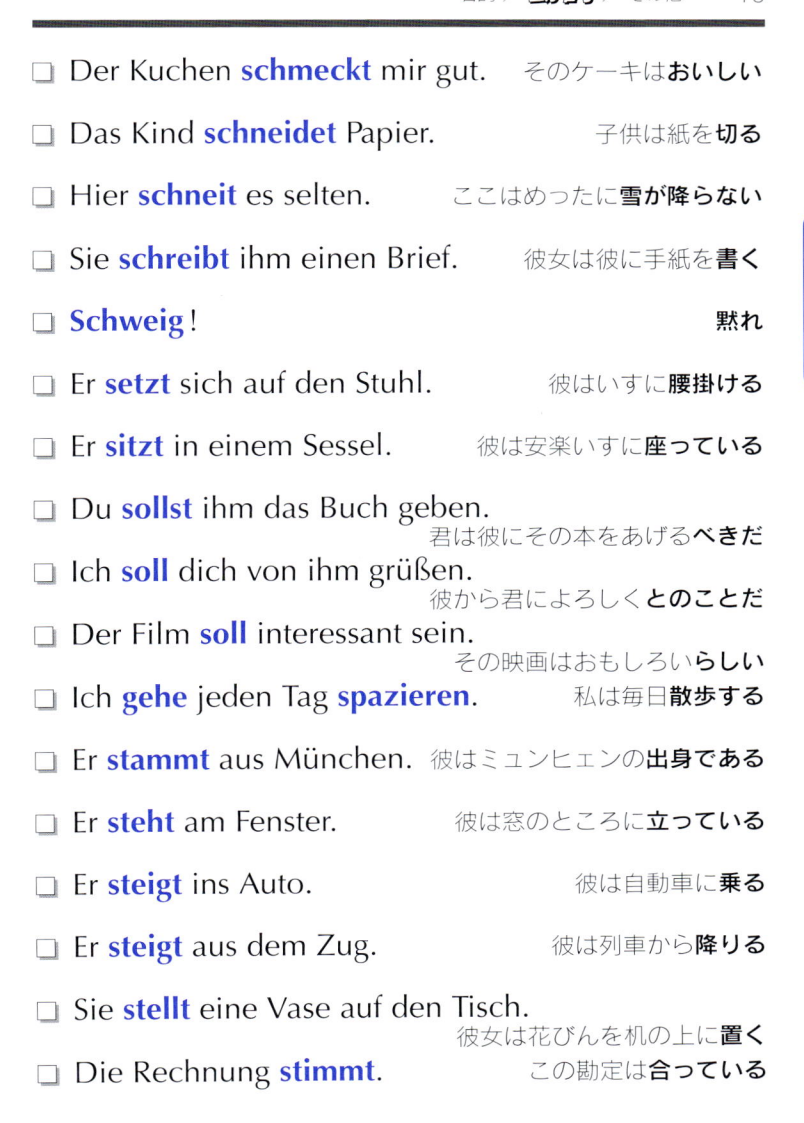

- ☐ Der Kuchen **schmeckt** mir gut.　　そのケーキは**おいしい**
- ☐ Das Kind **schneidet** Papier.　　子供は紙を**切る**
- ☐ Hier **schneit** es selten.　　ここはめったに**雪が降らない**
- ☐ Sie **schreibt** ihm einen Brief.　　彼女は彼に手紙を**書く**
- ☐ **Schweig**!　　**黙れ**
- ☐ Er **setzt** sich auf den Stuhl.　　彼はいすに**腰掛ける**
- ☐ Er **sitzt** in einem Sessel.　　彼は安楽いすに**座っている**
- ☐ Du **sollst** ihm das Buch geben.　　君は彼にその本をあげる**べきだ**
- ☐ Ich **soll** dich von ihm grüßen.　　彼から君によろしく**とのことだ**
- ☐ Der Film **soll** interessant sein.　　その映画はおもしろい**らしい**
- ☐ Ich **gehe** jeden Tag **spazieren**.　　私は毎日**散歩する**
- ☐ Er **stammt** aus München.　　彼はミュンヒェンの**出身である**
- ☐ Er **steht** am Fenster.　　彼は窓のところに**立っている**
- ☐ Er **steigt** ins Auto.　　彼は自動車に**乗る**
- ☐ Er **steigt** aus dem Zug.　　彼は列車から**降りる**
- ☐ Sie **stellt** eine Vase auf den Tisch.　　彼女は花びんを机の上に**置く**
- ☐ Die Rechnung **stimmt**.　　この勘定は**合っている**

4級・動詞

	suchen ズーヘン	〔…⁴を〕さがす
T	**tanzen** タンツェン	ダンスをする
	tragen トラーゲン	〔…⁴を〕運ぶ，持って行く
	trauen トラオエン	〔…³を〕信用する
	treffen トレッフェン	〔…⁴と〕会う
	sich⁴ **treffen**	《mit j³》〔…³と〕（約束して）会う
	treten トレーテン	〔…へ〕（歩を進めて）入る〈出る〉
	tun トゥーン	〔…⁴を〕する，行なう
U	**üben** ユーベン	〔…⁴の〕練習をする
	sich⁴ **unterhalten** ウンターハルテン	楽しく語り合う
V	**verbringen** フェアブリンゲン	〔…⁴を〕過ごす
	verkaufen フェアカオフェン	売る
	verpassen フェアパッセン	〔…⁴に〕乗り遅れる
W	**wachsen** ヴァクセン	育つ，成長する
	waschen ヴァッシェン	〔…⁴を〕洗う
	wechseln ヴェクセルン	〔…⁴を〕替える，両替する
	werfen ヴェルフェン	〔…⁴を〕投げる

名詞／**動詞**／その他

- ☐ Er **sucht** seine Brille. 　　彼は自分のメガネを**さがしている**
- ☐ Sie **tanzt** mit ihm. 　　彼女は彼と**ダンスをする**
- ☐ Er **trägt** das Gepäck zum Bahnhof.
　　　　　　　　　　　　　彼は荷物を駅へ**持って行く**
- ☐ Du kannst ihm **trauen**. 　　君は彼を**信用しても大丈夫だ**
- ☐ Ich **treffe** ihn morgen. 　　私はあす彼に**会う**
- ☐ Ich **treffe** mich morgen mit ihm. 　　私はあす彼と**会う**
- ☐ Er **tritt** ins Zimmer. 　　彼は部屋に**入る**
- ☐ Was **tust** du da? 　　そこで何を**してるの**
- ☐ Sie **übt** Klavier. 　　彼女はピアノの**練習をする**
- ☐ Er **unterhält** sich mit ihr. 　　彼は彼女と**楽しく語り合う**
- ☐ Er **verbringt** seinen Urlaub an der See.
　　　　　　　　　　　　　彼は休暇を海辺で**過ごす**
- ☐ Ich **verkaufe** ihm Eier. 　　私は彼に卵を**売る**
- ☐ Er **verpasst** einen Zug. 　　彼は列車に**乗り遅れる**
- ☐ Die Pflanze **wächst** schnell. 　　その植物は速く**成長する**
- ☐ Er **wäscht** sein Auto. 　　彼は車を**洗う**
- ☐ Können Sie mir 50 Euro **wechseln**?
　　　　　　　　　　　　　50ユーロを**両替してくれますか**
- ☐ Das Kind **wirft** einen Ball. 　　その子供はボールを**投げる**

4級・動詞

☐	**wissen** ヴィッセン	〔…⁴を〕知っている
☐	**wollen** ヴォレン	勔〔…〕するつもりである，〔…〕して欲しい 〔…と〕主張する
☐	sich⁴ **wundern** ヴンダーン	驚く，不思議に思う
☐	**wünschen** ヴュンシェン	〔…³に…⁴を〕願う，祈る
Z ☐	**zählen** ツェーレン	数を数える
☐	**zeigen** ツァイゲン	〔…³に…⁴を〕示す
☐	**ziehen** ツィーエン	〔…に〕引っ越す
☐	**zu|machen** ツーマヘン	〔…⁴を〕閉める

- ☐ Er **weiß** alles. 彼は何でも**知っている**
- ☐ Ich **will** nach Hause. 私は家に帰り**たい**
- ☐ Du **willst** krank sein? 君は自分が病気だ**と言うのか**
- ☐ Er **wunderte** sich, dass sie nicht nach Hause kam.
  彼は彼女が帰宅しなかったことを**不思議に思った**
- ☐ Ich **wünsche** dir alles Gute. 万事君の幸運を**祈る**
- ☐ Das Kind kann schon bis 20 **zählen**.
  その子供はもう20まで**数えられる**
- ☐ Er **zeigt** mir einen Brief. 彼は私に手紙を**示す**
- ☐ Ich **ziehe** in eine andere Stadt. 私は別の町へ**引っ越す**
- ☐ Er **machte** das Fenster **zu**. 彼は窓を**閉めた**

A □ **ab** 前 《3格支配》…から，…以降
アップ

□ **aber** 接 【並列】 しかし
アーバー

□ **abwesend** 形 不在の，欠席の →p.202
アップヴェーゼント

□ **ähnlich** 形 〔…³に〕似ている
エーンリヒ

□ **also** 副 したがって，だから
アルゾー

□ **amerikanisch** 形 アメリカ（人）の；アメリカ英語の
アメリカーニッシュ →p.199

□ **an** 前 《3格支配》…の側で
アン

前 《4格支配》…の側へ

□ **andere** 形 ほかの，別の
アンデレ

□ **anders** 副 違ったふうに，別のやり方で
アンダース

□ **[an]statt** 前 《2格支配》…の代わりに
アンシュタット

□ **anwesend** 形 居合わせている，出席している →p.202
アンヴェーゼント

□ **auf** 前 《3格支配》…の上で
アオフ

前 《4格支配》…の上へ

□ **aus** 前 《3格支配》…の中から
アオス

…の出身の

□ **außer** 前 《3格支配》…以外，…を除いて
アオサー

- **Ab** neun Uhr sind wir wieder zu Hause.
  9時**以降**私たちは再び家にいます
- Er ist groß, **aber** sie ist klein.
  彼は大きいが，**しかし**彼女は小さい
- Drei Schüler sind **abwesend**. ３人の生徒が**欠席している**
- Sie ist ihrer Mutter sehr **ähnlich**.
  彼女は母親によく**似ている**
- Es ist schon spät, **also** gehen wir nach Hause.
  もう遅い，**だから**家に帰ろう
- Er hat die **amerikanische** Staatsangehörigkeit.
  彼は**アメリカ**国籍だ
- **An** der Wand hängt ein Bild.　壁**に**絵が掛かっている
- Er hängt ein Bild **an** die Wand.　彼は絵を壁**へ**かける
- Gibt es noch **andere** Fragen?
  まだ**ほかの**質問がありますか
- Es geht nicht **anders**.　それは**ほかに**しようがない
- Er kam **anstatt** seiner Frau.　彼は奥さん**の代わりに**来た
- Sie ist bei der Feier **anwesend**.
  彼女は祭典に**出席している**
- **Auf** dem Tisch liegt ein Buch.　本は机**の上に**ある
- Er legt ein Buch **auf** den Tisch.　彼は本を机**の上へ**置く
- Er kommt **aus** dem Zimmer.　彼は部屋**の中から**出て来る
- Er kommt **aus** Köln.　彼はケルン**の出身だ**
- **Außer** dir habe ich keinen Freund.
  私は君**以外に**友人がいない

☐	**außerhalb** アオサーハルプ	前《2格支配》…の外に
B ☐	**bei** バイ	前《3格支配》…のそばに（で） …のところに（で）
☐	**beide** バイデ	形 両方の，両方とも
☐	**bekannt** ベカント	形 〔…³ に〕知られている；有名な
☐	**beliebt** ベリープト	形 好かれている，人気のある
☐	**bequem** ベクヴェーム	形 快適な，楽な
☐	**berühmt** ベリュームト	形 有名な
☐	**besonders** ベゾンダース	副 特に，とりわけ　　　→p.215
☐	**best** ベスト	形（gut の最上級）最も良い
☐	**bevor** ベフォーア	接【従属】…する前に
☐	**bis** ビス	前《4格支配》…まで
☐	**bis** ビス	接【従属】…するまで
☐	**bisschen** ビスヒェン	《ein bisschen の形で》少しの
☐	**blau** ブラオ	形 青い
☐	**blind** ブリント	形 盲目の
☐	**braun** ブラオン	形 茶色の；褐色の

名詞／動詞／*その他*

- Ich wohne **außerhalb** der Stadt. 私は郊**外**に住んでいる
- Sein Haus steht **bei** einer Kirche.
  彼の家は教会**のそば**にある
- Er wohnt **bei** seinen Eltern.
  彼は両親**のところ**に住んでいる
- **Beide** Schuhe sind kaputt. 靴は**両方とも**壊れている
- Sie ist mir **bekannt**. 彼女のことを私は**知っている**
- Sie ist bei allen Kollegen **beliebt**.
  彼女はすべての同僚に**好かれている**
- Machen Sie es sich **bequem**! **楽にしてください**
- Der Autor wird **berühmt**. その作者は**有名になる**
- Das Wetter ist heute **besonders** schön.
  今日は**特に**天気がよい
- Er ist mein **bester** Freund. 彼は私の**最良の**友人だ
- Komm noch einmal zu mir, **bevor** du abfährst.
  出発する**前に**もう一度私のところに来てくれ
- Ich warte **bis** drei Uhr. 私は３時**まで**待つ
- Sie wartete, **bis** er kam. 彼女は彼が来る**まで**待っていた
- Gib mir noch **ein bisschen** Suppe!
  もう**少し**スープをください
- Die Farbe des Kleides ist **blau**. ワンピースの色は**青**だ
- Er ist **blind**. 彼は**盲目**だ
- Sie hat **braunes** Haar. 彼女は**栗色**の髪をしている

☐ **breit** ブライト	形 幅の広い	→p.202
D ☐ **da** ダー	接 【従属】…だから	
☐ **damit** ダミット	接 【従属】…するために	
☐ **dann** ダン	副 それから，そのとき	
☐ **dass** ダス	接 【従属】…ということ	
☐ **dein** ダイン	冠 【所有】君の	→p.221
☐ **denn** デン	接 【並列】というのは，なぜならば	
☐ **deshalb** デスハルプ	副 だから，そのため	
☐ **deutsch** ドイチュ	形 ドイツ（人）の；ドイツ語の	→p.199
☐ **dieser** ディーザー	冠 【指示】この	
☐ **diesmal** ディースマール	副 今回は	
☐ **direkt** ディレクト	形 直接の，まっすぐ	
☐ **doch** ドホ	接 【並列】しかし，だが	
☐ **doppelt** ドッペルト	形 2倍の	
☐ **durch** ドゥルヒ	前 《4格支配》…を通って	
☐ **durstig** ドゥルスティヒ	形 のどが渇いた	→p.203
E ☐ **eigentlich** アイゲントリヒ	副 本当は	

- Er hat **breite** Schultern. 彼は肩**幅**が広い
- **Da** seine Frau krank war, konnte er nicht kommen.
  妻が病気だった**ので**彼は来ることができなかった
- Ich fahre an die See, **damit** ich mich erhole.
  私は休養する**ために**海へ行く
- Erst regnete es, **dann** schneite es.
  まず雨が降り，**それから**雪が降った
- Ich glaube, **dass** er krank ist. 私は彼が病気だ**と**思う
- Ist das **dein** Schlüssel? これは**君の**鍵ですか
- Er ist offenbar krank, **denn** er fehlt heute.
  彼は病気らしい，**というのは**彼はきょう欠席している
- Er ist erkältet, **deshalb** kann er nicht schwimmen.
  彼はかぜをひいていて，**そのため**泳げないのだ
- Wie heißt „Megane" auf **Deutsch**?
  ドイツ語でメガネは何と言いますか
- **Dieser** Wagen ist teuer. **この**車は高い
- **Diesmal** hat er recht. **今回は**彼の方が正しい
- Er geht immer **direkt** nach Hause.
  彼はいつも**まっすぐ**家に帰る
- Sie ist arm, **doch** nicht unglücklich.
  彼女は貧しい**が**，しかし不幸ではない
- Er ist **doppelt** so alt wie sie. 彼は彼女の**2倍の**年齢だ
- Er geht **durch** die Tür. 彼はドア**を通って**行く
- Ich bin **durstig**. 私は**のどが渇いている**
- Er ist **eigentlich** ein ernster Mann.
  彼は**本当は**まじめな男だ

☐ **einige** アイニゲ	代	二三の，多少の
☐ **einmal** アインマール	副	一度，いつか，以前
☐ **einsam** アインザーム	形	孤独な，寂しい，人気のない
☐ **endlich** エントリヒ	副	ようやく
☐ **englisch** エングリッシュ	形	イギリス（人）の；英語の →p.199
☐ **entlang** エントラング	前	《4格支配》…に沿って《注：名詞のうしろに置く》
☐ **entweder... oder ~** エントヴェーダー　オーダー	接	【相関的】…か（あるいは）～
☐ **erst** エーアスト	形	第一の，最初の
☐ **etwa** エトヴァ	副	約
☐ **etwas** エトヴァス	代	あるもの，あること，何か
☐ **euer** オイアー	冠	【所有】君たちの →p.221
F ☐ **fern** フェルン	形	遠い →p.202
☐ **fertig** フェルティヒ	形	準備ができた，用意ができている
☐ **fett** フェット	形	脂っこい
☐ **fließend** フリーセント	形	流れるような，流暢な
☐ **französisch** フランツェーズィシュ	形	フランス（人）の；フランス語の →p.199
☐ **frei** フライ	形	自由な

- **Einiges** Geld habe ich noch.
  多少のお金を私はまだ持っている
- Ich möchte **einmal** in die Schweiz fahren.
  私は**いつか**スイスに行きたい
- Er fühlt sich **einsam**.
  彼は**寂しく**感じる
- **Endlich** kam er.
  ようやく彼が来た
- Wie heißt „Megane" auf **Englisch**?
  英語でメガネは何と言いますか
- Wir liefen immer den Bach **entlang**.
  私たちは小川**に沿って**走り続けた
- Sie kommen **entweder** heute **oder** morgen.
  彼らはきょう**か**明日来る
- Er spielt die **erste** Geige.
  彼は**第一**バイオリンを弾く
- Das Wörterbuch hat **etwa** 800 Seiten.
  この辞書は**約**800ページある
- Hast du **etwas** zu essen?
  何か食べものがありますか
- Das ist **euer** Ball.
  それは**君たちの**ボールだ
- Ich wohne **fern** von der Stadt.
  私は町から**遠く離れて**住んでいる
- Das Essen ist **fertig**.
  食事の**用意ができている**
- Das Essen ist sehr **fett**.
  その食事はたいへん**脂っこい**
- Er spricht **fließend** Deutsch.
  彼は**流暢に**ドイツ語を話す
- Isst du gern **französisch**?
  君は**フランス**料理が好きですか
- Wir leben in einem **freien** Land.
  私たちは**自由な**国に暮している

		あいている
	fremd フレムト	形 見なれぬ，なじみのない
	früh フリュー	形 早い →p.202
	für フューア	前 《4格支配》…のために
G	**geboren** ゲボーレン	形 〔…で〕生まれた
	gegen ゲーゲン	前 《4格支配》…に向かって
		…頃
	gegenüber ゲーゲンユーバー	前 《3格支配》…の向かいに《注：名詞のうしろに置くこともある》
	gelb ゲルプ	形 黄色の
	gerade ゲラーデ	副 ちょうど
	gestern ゲスターン	副 きのう
	golden ゴルデン	形 金（色・製）の
	grau グラオ	形 灰色の；グレーの
	grün グリューン	形 緑の
H	**halb** ハルプ	形 半分の
	hell ヘル	形 明るい →p.202
	hinter ヒンター	前 《3格支配》…の後ろで

名詞／動詞／*その他*　　87

- [ ] Ist dieser Platz noch **frei**?　　この席はまだ**あいて**いますか
- [ ] Ich bin hier **fremd**.　　私はここは**不案内**だ
- [ ] Er steht jeden Morgen **früh** auf.　　彼は毎朝**早く**起きる
- [ ] Sie kauft sich **für** die Party ein Kleid.　　彼女はパーティー**のために**ワンピースを買う
- [ ] Wo bist du **geboren**?　　君はどこの**生まれ**ですか
- [ ] Das Zimmer liegt **gegen** Süden.　　その部屋は南**向き**だ
- [ ] Sie kommt **gegen** acht Uhr.　　彼女は8時**頃**来る
- [ ] Er wohnt der Schule **gegenüber**.　　彼は学校**の向かいに**住んでいる
- [ ] Im Herbst wird das Laub **gelb** und rot.　　秋には葉が**黄色**や赤になる
- [ ] Er telefoniert **gerade**.　　彼は**ちょうど**電話中だ
- [ ] Sie ist seit **gestern** krank.　　彼女は**きのう**から病気だ
- [ ] Sie hat **goldenes** Haar.　　彼女は**金髪**だ
- [ ] Er bekommt **graue** Haare.　　彼は**白髪**になる
- [ ] Die Bäume werden wieder **grün**.　　木々が再び**緑**になる
- [ ] Kinder zahlen den **halben** Preis.　　子供は金額が**半分**だ
- [ ] Der Mond scheint **hell**.　　月は**明るく**輝く
- [ ] Er steht **hinter** einem Baum.　　彼は木**の後ろに**立っている

	前	《4格支配》…の後ろへ
hübsch ヒュプシュ	形	きれいな
hungrig フングリヒ	形	空腹の　　　　　　　→p.203
I **Ihr** イーア	冠	【所有】あなたの；あなた方の　→p.221
ihr イーア	冠	【所有】彼女の，彼ら(彼女ら，それら)の →p.221
in イン	前	《3格支配》…の中で
	前	《4格支配》…の中へ
innerhalb イナーハルプ	前	《2格支配》…の中に
insgesamt インスゲザムト	副	全部で
interessant インテレサント	形	おもしろい，興味深い　→p.203, 212
italienisch イタリエーニッシュ	形	イタリア（人）の；イタリア語の →p.199
J **japanisch** ヤパーニッシュ	形	日本（人）の；日本語の　→p.199
jeder イェーダー	冠	【指示】どの…も
jedoch イェドホ	接	【並列】けれども
jemand イェーマント	代	だれか，ある人
jener イェーナー	冠	【指示】あの
K **kaum** カオム	副	ほとんど…ない

名詞／動詞／*その他*

- ☐ Er stellt sich **hinter** einen Baum.　彼は木**の後ろへ**立つ
- ☐ Sie hat **hübsche** Augen.　彼女は目が**きれいだ**
- ☐ Ich bin **hungrig**.　私は**空腹だ**
- ☐ Wie ist **Ihr** Name?　**あなたの**名前は何とおっしゃいますか
- ☐ **Ihr** Mann arbeitet bei der Post.　**彼女の**夫は郵便局に勤めている
- ☐ Er arbeitet **in** der Stadt.　彼は町**で**働く
- ☐ Er geht **in** die Stadt.　彼は町**へ**行く
- ☐ Ich wohne **innerhalb** der Stadt.　私は町**中**に住んでいる
- ☐ Der Schaden beträgt **insgesamt** 3000 Euro.　損害は**全部で**3000ユーロになる
- ☐ Sie liest einen **interessanten** Roman.　彼女は**おもしろい**長編小説を読む
- ☐ Essen Sie gern **italienisch**?　あなたは**イタリア**料理が好きですか
- ☐ Sie isst gern **japanisch**.　彼女は**日本**料理が好きだ
- ☐ Wir müssen **jede** Gelegenheit benutzen.　私たちは**どの**機会も利用しなければならない
- ☐ Er ist arm, **jedoch** er ist zufrieden.　彼は貧しい**が**，満足している
- ☐ Ist **jemand** hier?　**だれか**ここにいますか
- ☐ Ich möchte nicht dieses, sondern **jenes** Bild.　私はこれではなく**あの**絵がほしい
- ☐ Ich kenne ihn **kaum**.　私は彼のことを**ほとんど**知ら**ない**

4級・その他

☐ **kein** カイン	冠 【否定】（一つも・少しも）…ない	→p.221
☐ **klar** クラール	形 澄んだ 明らかな	
☐ **kostenlos** コステンロース	形 無料の	
☐ **kühl** キュール	形 涼しい	→p.203
☐ **kurz** クルツ	形 短い	→p.203
L ☐ **lang** ラング	形 長い	→p.203
☐ **langweilig** ラングヴァイリヒ	形 退屈な	→p.203
☐ **leider** ライダー	副 残念ながら	
☐ **lieb** リープ	形 愛する，親切な，かわいい	
☐ **lieber** リーバー	副 (gern の比較級) …するほうが好ましい	
M ☐ **mager** マーガー	形 やせた	
☐ **mal** マール	副 《命令形などで》ちょっと	
☐ **man** マン	代 人は (ふつう不特定の人々を指す)	
☐ **mancher** マンヒャー	冠 【指示】かなりの数の	
☐ **manchmal** マンヒマール	副 ときどき	
☐ **mehrere** メーレレ	代 いくつかの，二三の，いくつもの	

☐ Ich habe **kein** Auto.	私は自動車を持ってい**ない**
☐ Das Wasser ist **klar**.	水は**澄んでいる**
☐ Alles **klar**?	すべて**わかったかい**
☐ Der Eintritt ist **kostenlos**.	入場は**無料だ**
☐ Am Abend wird es **kühl**.	夕方には**涼しくなる**
☐ Sie trägt ihr Haar **kurz**.	彼女は髪を**短く**刈っている
☐ Sie hat **lange** Beine.	彼女は脚が**長い**
☐ Das ist **langweilig**!	それは**退屈だ**
☐ Ich habe **leider** keine Zeit.	私は**残念ながら**時間がない
☐ Der kleine Hund ist **lieb**.	その小犬は**かわいい**
☐ Ich trinke **lieber** Kaffee als Tee.	私は紅茶よりコーヒーの**ほうが好きだ**
☐ Sie ist **mager** geworden.	彼女は**やせた**
☐ Komm **mal** her!	**ちょっと**こっちへ来いよ
☐ Von dort oben hat **man** eine herrliche Aussicht.	その上からは眺望がすばらしい
☐ In **manchen** Fällen klappt das.	**かなりの**場合それはうまくいく
☐ Sie kommt **manchmal** zu mir.	彼女は**ときどき**私のところへ来る
☐ Dieses Wort hat **mehrere** Bedeutungen.	この単語は**いくつもの**意味がある

☐ **mein** マイン	冠【所有】私の	→p.221
☐ **mit** ミット	前《3格支配》…といっしょに …で	
☐ **mittags** ミッタークス	副 正午に，お昼に	
☐ **möglich** メークリヒ	形 可能な	
N ☐ **nach** ナーハ	前《3格支配》…の方に …のあとで	
☐ **nachher** ナーハヘーア	副 あとで	
☐ **nachmittags** ナーハミッタークス	副 午後に	
☐ **nächst** ネーヒスト	形 最も近い 次の	
☐ **nachts** ナハツ	副 夜に	
☐ **nahe** ナーエ	形 近い	→p.202
☐ **natürlich** ナテューアリヒ	副 もちろん	→p.203, 215
☐ **neben** ネーベン	前《3格支配》…の横で 前《4格支配》…の横へ	
☐ **nicht..., sondern ~** ニヒト ゾンダーン	接【相関的】…でなく～	

- **Mein** Vater ist Lehrer. 私**の**父は教師だ
- Sie tanzt **mit** ihm. 彼女は彼**と**ダンスをする
- Er schneidet das Brot **mit** dem Messer. 彼はパンをナイフ**で**切る
- **Mittags** gehe ich gern spazieren. **お昼に**私は散歩をするのが好きだ
- Das ist mir nicht **möglich**! それは私には不**可能だ**
- Wir reisen **nach** Deutschland. 私たちはドイツ**に**旅行する
- **Nach** dem Essen sieht er fern. 食事**のあと**彼はテレビを見る
- Bis **nachher**! （別れぎわに）また**あとで**
- **Nachmittags** ist er zu Hause. **午後に**彼は家にいる
- Das **nächste** Dorf ist 30 km von hier entfernt. 最も**近い**村はここから30キロ離れている
- Der **Nächste** bitte! **次の**人どうぞ
- Ich arbeite **nachts** am besten. 私は**夜が**一番仕事がはかどる
- Sein Haus liegt **nahe** am Bahnhof. 彼の家は駅の**近くに**ある
- Kommst du mit? — **Natürlich**! 君も一緒に来ますか — **もちろん**
- Ich sitze **neben** ihm. 私は彼**の横に**座っている
- Ich setze mich **neben** ihn. 私は彼**の横へ**座る
- Akiko lernt **nicht** Englisch, **sondern** Deutsch. アキコは英語**ではなく**，ドイツ語を学ぶ

☐ **nicht nur ..., sondern auch** ニヒト ヌーア ゾンダーン アオホ	接	【相関的】…だけでなく〜も
☐ **nichts** ニヒツ	代	何も…ない
☐ **nie** ニー	副	決して…ない
☐ **niemals** ニーマールス	副	決して…ない，一度も…ない
☐ **niemand** ニーマント	代	だれも…ない
☐ **nun** ヌーン	副	今，今から
☐ **nur** ヌーア	副	ただ…だけ，…でしかない
O ☐ **ob** オップ	接	【従属】…かどうか
☐ **oder** オーダー	接	【並列】あるいは
☐ **offen** オッフェン	形	開いている
☐ **ohne** オーネ	前	《4格支配》…なしに
P ☐ **paar** パール	代	《ein paar の形で》若干の，二三の
☐ **plötzlich** プレッツリヒ	形	突然の，不意の
☐ **preiswert** プライスヴェーアト	形	お買い得の
☐ **pro** プロー	前	《4格支配》…につき
☐ **pünktlich** ピュンクトリヒ	形	時間を厳守する
R ☐ **reich** ライヒ	形	金持ちの，裕福な →p.202

- ☐ Sie ist **nicht nur** hübsch, **sondern auch** klug.
  彼女はきれいな**だけでなく**賢い
- ☐ Sie haben **nichts** zu essen.　彼らは食べるものが**何もない**
- ☐ Das werde ich **nie** vergessen.
  そのことは私は**決して**忘れ**ない**でしょう
- ☐ Das habe ich **niemals** behauptet.
  そんなことを私は**決して**主張したことは**ない**
- ☐ **Niemand** da?　　　　　　　　　**だれも**い**ないのか**
- ☐ **Nun** bist du an der Reihe.　　**今度は**君の番だ
- ☐ Es ist **nur** ein Traum.　　　　それは夢**でしかない**
- ☐ Ich weiß nicht, **ob** er zu Hause ist.
  私は彼が家にいる**かどうか**分からない
- ☐ Sie kommt heute **oder** morgen an.
  彼女はきょうか**あるいは**あす到着する
- ☐ Die Tür ist weit **offen**.　　　戸は広く**開いている**
- ☐ Ich arbeite **ohne** Pause.　　　私は休み**なしに**働く
- ☐ Vor ein **paar** Wochen habe ich ihn gesehen.
  二三週間前に私は彼を見た
- ☐ Warum kommt er immer so **plötzlich**?
  彼はなぜいつも**突然**やってくるんだ
- ☐ Dieses Kleid ist **preiswert**.　このワンピースは**お買い得だ**
- ☐ Er fuhr 100 km **pro** Stunde.　彼は**時速**100キロで走った
- ☐ Er ist immer **pünktlich**.　　彼はいつも**時間厳守だ**
- ☐ Er ist sehr **reich**.　　　　　彼はとても**金持ちだ**

☐ **rot** ロート	形 赤い	
☐ **ruhig** ルーイヒ	形 静かな	→p.203
☐ **schade** シャーデ	形 残念な	
☐ **schlank** シュランク	形 すらりとした，スリムな	
☐ **schlimm** シュリム	形 悪い	
☐ **schmal** シュマール	形 幅の狭い，細い	→p.202
☐ **schmutzig** シュムッツィヒ	形 不潔な，よごれた	→p.203
☐ **schwach** シュヴァハ	形 弱い	→p.203
☐ **schwarz** シュヴァルツ	形 黒い	
☐ **schwer** シュヴェーア	形 (重さが)重い，難しい	→p.203
☐ **schwierig** シュヴィーリヒ	形 難しい，困難な	→p.202
☐ **sein** ザイン	冠 【所有】彼の，その	→p.221
☐ **seit** ザイト	前 《3格支配》…以来	
☐ **selbst** ゼルプスト	副 自分で …さえ	
☐ **selten** ゼルテン	副 めったに…ない	
☐ **sich** ズィヒ	代 自分を(に)，お互いを(に)	

- ☐ Im Herbst wird das Laub gelb und **rot**.
  秋には葉が黄色や**赤**になる
- ☐ In dieser Gegend ist es sehr **ruhig**.
  この辺は非常に**静**かだ
- ☐ Es ist **schade**, dass du nicht kommen kannst.
  君が来られないのは**残念です**
- ☐ Das Kleid macht mich **schlank**.
  このワンピースを着ると**スリム**に見える
- ☐ Ist es **schlimm**, wenn ich nicht komme?
  私が行かないと，**まずい**ですか
- ☐ Diese Straße ist zu **schmal**.
  この道路は**狭すぎる**
- ☐ Die Straße ist **schmutzig**.
  通りは**汚れている**
- ☐ Er ist auch nur ein **schwacher** Mensch.
  彼もただの**弱い**人間だ
- ☐ Sie hat eine **schwarze** Katze. 彼女は**黒い**猫を飼っている
- ☐ Sie reist mit einem **schweren** Koffer.
  彼女は**重たい**トランクを持って旅行する
- ☐ Er war in einer sehr **schwierigen** Lage.
  彼はとても**困難な**状況にあった
- ☐ **Sein** Haus ist groß. 彼の家は大きい
- ☐ **Seit** drei Tagen liegt er im Krankenhaus.
  3日前**から**彼は入院している
- ☐ Ich koche **selbst**. 私は**自分で**料理をする
- ☐ **Selbst** der Chef ist jetzt mit ihm zufrieden.
  主任**でさえ**今は彼に満足している
- ☐ Ich koche **selten**. 私は**めったに**料理を**しない**
- ☐ Sie betrachtet **sich** im Spiegel.
  彼女は鏡で**自分の姿**をじっと見る

☐ **sicher** ズィッヒャー	副 きっと	
☐ **silbern** ズィルバーン	形 銀（色・製）の	
☐ **so** ゾー	副 その（この）ように	
☐ **so ... wie ~** ゾー　ヴィー	接【相関的】…と同じ位~	
☐ **sofort** ゾフォルト	副 すぐに	→p.215
☐ **solcher** ゾルヒャー	冠【指示】そのような	
☐ **sonst** ゾンスト	副 さもないと	
☐ **spät** シュペート	形 遅い	→p.202
☐ **später** シュペーター	副 あとで	
☐ **still** シュティル	形 静かな	→p.203
☐ **streng** シュトレング	形 厳格な，厳しい	
☐ **süß** ズュース	形 甘い	→p.202
T ☐ **tief** ティーフ	形 深い	
☐ **tot** トート	形 死んだ	
☐ **traurig** トラオリヒ	形 悲しい	
☐ **trotz** トロッツ	前《2格支配》…にもかかわらず	
☐ **trotzdem** トロッツデーム	副 それにもかかわらず，それでも	

- Er kommt **sicher** noch. 彼はいまに**きっと**来る
- Sie trägt einen **silbernen** Ring am Finger.
  彼女は**銀の**指輪を指にしている
- **So** geht es nicht. **そのようには**いかない
- Er ist **so** alt **wie** du. 彼は年が君**と同じ**だ
- Komm **sofort** her! **すぐに**こっちへ来い
- **Solche** Krawatten trägt man heute nicht mehr.
  そのようなネクタイはもう現在流行遅れだ
- Wir müssen uns beeilen, **sonst** kommen wir zu spät.
  私たちは急がねばならない，**さもないと**遅刻する
- Es ist schon ziemlich **spät**. もうかなり**遅い**
- Bis **später**! じゃまた**あとで**
- Sei **still**! **静かに**しなさい
- Er ist ein **strenger** Lehrer. 彼は**厳格な**教師だ
- Das schmeckt **süß**. それは**甘い**味がする
- Der See ist **tief**. この湖は**深い**
- Seine Eltern sind schon lange **tot**.
  彼の両親はもうとっくに**亡くなっている**
- Er macht ein **trauriges** Gesicht. 彼は**悲しそうな**顔をする
- **Trotz** des Regens gehe ich aus.
  雨**にもかかわらず**私は外出する
- Er hat es **trotzdem** getan. 彼はそれを**それでも**した

U	**über** ユーバー	前《3格支配》…の上方で	
		前《4格支配》…の上方へ	
		前《4格支配》…を越えて	
	um ウム	前《4格支配》…のまわりに	
		…時に	
	und ウント	接【並列】そして	
	ungefähr ウンゲフェーア	副 およそ，約	
	unser ウンザー	冠【所有】私たちの	→p.221
	unten ウンテン	副 下に（下で）	→p.203
	unter ウンター	前《3格支配》…の下で	
		前《4格支配》…の下へ	
V	**vielleicht** フィライヒト	副 ひょっとしたら	→p.215
	violett ヴィオレット	形 紫の	
	voll フォル	形 いっぱいの	→p.203
	von フォン	前《3格支配》…から	
	vor フォーア	前《3格支配》…の前で	
		前《4格支配》…の前へ	

- ☐ Das Bild hängt **über** dem Sofa.
  絵はソファー**の上方に**掛かっている
- ☐ Er hängt das Bild **über** den Tisch.
  彼はその絵を机**の上方へ**掛ける
- ☐ Er geht **über** die Straße. 彼は通り**を越えて**行く
- ☐ Die Kinder laufen **um** das Haus.
  子供たちは家**のまわりを**走る
- ☐ Sie kommt **um** acht Uhr. 彼女は8**時に**来る
- ☐ Sie essen **und** trinken. 彼らは食べ**そして**飲む
- ☐ Sie ist **ungefähr** 50 Jahre alt. 彼女は**およそ**50歳だ
- ☐ **Unser** Haus ist klein. **私たちの**家は小さい
- ☐ Er ist schon nach **unten** gegangen. 彼はもう**下に**行った
- ☐ Der Hund liegt **unter** dem Tisch.
  犬はテーブル**の下に**寝そべっている
- ☐ Der Hund legt sich **unter** den Tisch.
  犬はテーブル**の下へ**身を横たえる
- ☐ **Vielleicht** kommt sie morgen.
  ひょっとしたら彼女はあす来る
- ☐ Die Farbe des Kleides ist **violett**. ワンピースの色は**紫**だ
- ☐ Der Bus ist **voll**. バスは**満員**だ
- ☐ Der Zug kommt **von** Berlin. 汽車はベルリン**から**来る
- ☐ **Vor** dem Haus steht ein großer Baum.
  家**の前に**大きな木が立っている
- ☐ Er stellt den Tisch **vor** das Fenster.
  彼は机を窓**の前へ**置く

W
- **wahr** ヴァール 形 真実の，本当の
- **während** ヴェーレント 前《2格支配》…の間
- **wahrscheinlich** ヴァールシャインリヒ 副 おそらく
- **wann** ヴァン 副【疑問】いつ
- **warum** ヴァルム 副【疑問】なぜ
- **was** ヴァス 代【疑問】何（Wasの1・4格）
- **weder ..., noch ~** ヴェーダー ノッホ 接【相関的】…でもなく～でもない
- **wegen** ヴェーゲン 前《2格支配》…のために
- **weil** ヴァイル 接【従属】…なので
- **weiß** ヴァイス 形 白い
- **weit** ヴァイト 形 広い，広々した
- **welcher** ヴェルヒャー 冠【疑問】どの
- **wem** ヴェム 代【疑問】誰に（Werの3格）
- **wen** ヴェン 代【疑問】誰を（Werの4格）
- **wenig** ヴェーニヒ 形 わずかな，少量の，あまり…ない →p.203
- **wenn** ヴェン 接【従属】もし…ならば

…する時はいつも
《注：過去形と用いる場合》

- Ist das **wahr**? それは**本当**ですか
- **Während** des Essens spricht er viel. 食事**の間**彼は大いに話す
- **Wahrscheinlich** schneit es heute. **おそらく**きょう雪が降るだろう
- **Wann** kommst du? 君は**いつ**来ますか
- **Warum** willst du nach Hause gehen? 君は**なぜ**家に帰りたいんだ
- **Was** ist das? それは**何**ですか
- Sie ist **weder** reich **noch** schön. 彼女は金持ち**でもなければ**，美しく**もない**
- **Wegen** einer Erkältung kommt er heute nicht. 風邪**のために**彼はきょう来ない
- Er kommt heute nicht, **weil** er krank ist. 彼は病気**なので**きょうは来ない
- Das war **weiß** wie Schnee. それは雪のように**白**かった
- Sie liebt das **weite** Meer. 彼女は**広々とした**海が好きだ
- **Welches** Kind meinst du? **どの**子供のことを言っているの
- **Wem** schenkt sie die Krawatte? 彼女は**誰に**ネクタイを贈るのですか
- **Wen** liebt sie? 彼女は**誰を**愛していますか
- Er isst **wenig** Obst. 彼は**あまり**果物を食べ**ない**
- **Wenn** das Wetter schön ist, gehen wir spazieren. **もし**天気が良けれ**ば**，私たちは散歩に行く
- **Wenn** es regnete, blieb er zu Hause. 雨が降った**ときはいつも**彼は家にいた

☐ **wer** ヴェーア	代 【疑問】 誰が	
☐ **weshalb** ヴェスハルプ	副 【疑問】 なぜ	
☐ **wessen** ヴェッセン	代 【疑問】 誰の（Werの2格）	
☐ **wie** ヴィー	副 【疑問】 いかに，どのように	
☐ **wie viel** ヴィフィール	副 【疑問】 どれだけの，どれくらいの	
☐ **wo** ヴォー	副 【疑問】 どこで	
☐ **woher** ヴォヘーア	副 【疑問】 どこから	
☐ **wohin** ヴォヒン	副 【疑問】 どこへ	
☐ **wohl** ヴォール	副 健康に，気分よく	
Z ☐ **zu** ツー	前 《3格支配》…の方に	
☐ **zufrieden** ツフリーデン	形 《 mit et³・j³ 》〔…³ に〕満足している	→p.215
☐ **zurück** ツリュック	副 帰って，戻って	
☐ **zusammen** ツザンメン	副 いっしょに，全部で	→p.215
☐ **zu viel** ツフィール	形 多すぎる	→p.215
☐ **zwar ..., aber / doch / allein ~** ツヴァール　アーバー　ドッホ　アライン	接 【相関的】 確かに…だが，～	
☐ **zwischen** ツヴィッシェン	前 《3格支配》…の間で	
	前 《4格支配》…の間へ	

名詞／動詞／*その他*

- **Wer** kommt heute?　　誰がきょう来るのですか
- **Weshalb** hast du geweint?　　なぜ君は泣いたの
- **Wessen** Auto ist das?　　それは誰の車ですか
- **Wie** komme ich zum Bahnhof?
  駅にはどのように行くのですか
- **Wie viele** Kinder haben Sie?
  あなたは何人のお子さんをお持ちですか
- **Wo** wohnen Sie?　　あなたはどこに住んでいますか
- **Woher** kommst du?　　君はどこから来たのですか
- **Wohin** gehst du?　　君はどこへ行くのですか
- Ich fühle mich heute **wohl**.　　私はきょう気分がよい
- Er geht **zum** Bahnhof.　　彼は駅へ行く
- Er ist mit dem neuen Wagen **zufrieden**.
  彼は新車に満足している
- Ist er schon von der Reise **zurück**?
  彼はもう旅行から戻っているか
- Das kostet **zusammen** 50 Euro.
  それは全部で50ユーロになる
- Ich habe **zu viel** Fleisch gegessen.　私は肉を食べ過ぎた
- **Zwar** ist er noch jung, **aber** er ist schon sehr erfahren.
  確かに彼はまだ若いが，しかしもう非常に経験豊かだ
- Das Sofa steht **zwischen** der Tür und dem Tisch.
  ソファーはドアと机の間に置かれている
- Er stellt das Sofa **zwischen** die Tür und den Tisch.
  彼はソファーをドアと机の間へ置く

コラム3

言語の経済性

「しりとり」で遊んだことがありますか：「だんご ― ごみため ― メンソレータム ― 」。

これは、ある単語の末尾の音節が、他の単語の頭の音節と同一であることによって可能なのですね。単語はふつう、日本語に限らず、一定数の音声（書いた場合には綴り字）を結合させることによって作られます。別の言い方をしますと、音声（あるいは綴り字）のレベルで見た場合、すべての単語は、他の単語と部分的に異なるだけなのです。

たとえば、次の単語を見てください。

  Bild　［ビルト］　絵　　　（中性名詞）
  bald　［バルト］　まもなく　（副詞）
  Wald　［ヴァルト］　森　　　（男性名詞）
  Wand　［ヴァント］　壁　　　（女性名詞）

Bild は bald と i の部分だけが、bald は Wald と b の部分だけが、また、Wald は Wand と l の部分だけが異なるだけなのです。

単語はこのように、他の単語とまったく異なる形をしているわけではなく、一部のみが異なっているわけなのですが、これがもし全体的に異なることになったらどうでしょう。そうすると単語が増えるたびに、新しい文字が必要となって大変なことになりますね。一部分だけを変えることによって新しい単語を作る ― これが言語の「経済性」の原理なのです。

第1章

3級

ここを制覇すれば3級もコワくない！

3級・名　詞 → p.108
3級・動　詞 → p.124
3級・その他 → p.150

A

das	**Abitur** アビトゥーア	中 高校卒業（大学入学資格）試験
der	**Abschied** アップシート	男 別れ
der	**Absender** / — アップゼンダー	男 差出人
die	**Ahnung** / -en アーヌング	女 予感
der・die	**Alte** アルテ	男女 老人《形容詞変化》
das	**Alter** アルター	中 年齢
der	**Anblick** / -e アンブリック	男 光景
die	**Anzeige** / -n アンツァイゲ	女 （新聞に載った）**通知**
der	**Appetit** アペティート	男 食欲
der	**Arbeitsplatz** / -plätze アルバイツプラッツ　　プレッツェ	男 職場
die	**Art** / -en アールト	女 やり方；種類
der	**Aufsatz** / -sätze アオフザッツ　ゼッツェ	男 作文，論文
der	**Auftrag** / -träge アオフトラーク　トレーゲ	男 任務
der	**Augenblick** / -e アオゲンブリック	男 瞬間，ちょっとの間
das	**Ausland** アオスラント	中 外国
die	**Aussicht** アオスズィヒト	女 眺め
die	**Ausstellung** / -en アオスシュテルング	女 展示会，展覧会

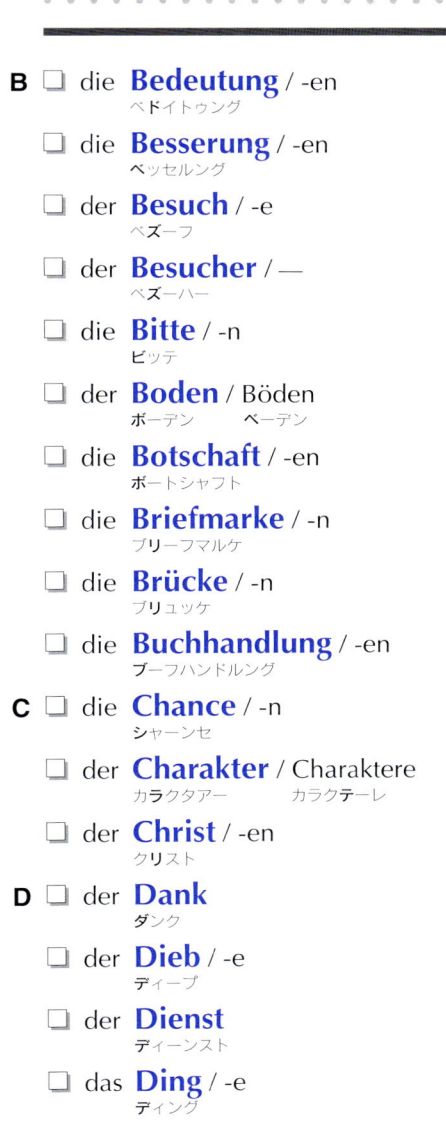

B	die **Bedeutung** / -en ベドイトゥング	囡 意味
	die **Besserung** / -en ベッセルング	囡 （病気の）**回復**；改善
	der **Besuch** / -e ベズーフ	男 訪問
	der **Besucher** / — ベズーハー	男 訪問者，観客
	die **Bitte** / -n ビッテ	囡 頼み，願い
	der **Boden** / Böden ボーデン　　ベーデン	男 土地，地面，床
	die **Botschaft** / -en ボートシャフト	囡 大使館
	die **Briefmarke** / -n ブリーフマルケ	囡 切手
	die **Brücke** / -n ブリュッケ	囡 橋
	die **Buchhandlung** / -en ブーフハンドルング	囡 本屋
C	die **Chance** / -n シャーンセ	囡 チャンス
	der **Charakter** / Charaktere カラクタアー　　カラクテーレ	男 性格
	der **Christ** / -en クリスト	男 キリスト教徒《弱変化》
D	der **Dank** ダンク	男 感謝
	der **Dieb** / -e ディープ	男 どろぼう
	der **Dienst** ディーンスト	男 勤務
	das **Ding** / -e ディング	中 物；《複数で》物事

D	die **Diskussion** / -en ディスクスィオーン	女	ディスカッション，討論
	der **Durst** ドゥルスト	男	のどの渇き
E	der **Eindruck** / -drücke アインドルック　ドリュッケ	男	印象
	der **Einfluss** / -flüsse アインフルス　フリュッセ	男	影響
	die **Einstellung** / -en アインシュテルング	女	立場，考え方
	der **Eintritt** / -e アイントリット	男	入場
	der **Einwohner** / — アインヴォーナー	男	住民
	das **Eisen** アイゼン	中	鉄
	die **Entscheidung** / -en エントシャイドゥング	女	決定
	die **Erfahrung** / -en エアファールング	女	経験
	der **Erfolg** / -e エアフォルク	男	成功
	die **Erinnerung** / -en エアインネルング	女	思い出
	die **Erkenntnis** / -nisse エアケントニス	女	認識　→p.214
	die **Erlaubnis** / -nisse エアラオプニス	女	許可
	die **Erzählung** / -en エアツェールング	女	物語
	das **Examen** / — エクサーメン	中	試験
F	das **Fach** / Fächer ファハ　フェッヒャー	中	専門

☐ der **Fall** / Fälle ファル　フェレ	男	落下；場合
☐ die **Farbe** / -n ファルベ	女	色
☐ der **Fehler** / — フェーラー	男	誤り
☐ die **Ferien** フェーリエン	複	休暇
☐ das **Feuerzeug** / -e フォイアーツオイク	中	ライター
☐ das **Fieber** フィーバー	中	（病気による）**熱**
☐ der **Fön** / -e フェーン	男	**ヘアドライヤー**　→p.194
☐ die **Freiheit** フライハイト	女	自由
☐ die **Freude** フロイデ	女	喜び
☐ der **Frieden** フリーデン	男	平和
☐ die **Furcht** フルヒト	女	恐怖
G ☐ das **Gebäude** / — ゲボイデ	中	建物
☐ das **Gebiet** / -e ゲビート	中	地域；（専門の）**分野**
☐ die **Gebühr** / -en ゲビューア	女	（公共の）**料金**
☐ das **Gedächtnis** / -nisse ゲデヒトニス	中	記憶
☐ der **Gedanke** / -n ゲダンケ	男	**考え**《弱変化》
☐ das **Gedicht** / -e ゲディヒト	中	詩

G	☐ das **Gefühl** / -e ゲフュール	中 感情
	☐ das **Gegenteil** / -e ゲーゲンタイル	中 反対
	☐ das **Geheimnis** / -nisse ゲハイムニス	中 秘密
	☐ die **Geige** / -n ガイゲ	女 バイオリン
	☐ die **Gelegenheit** / -en ゲレーゲンハイト	女 機会
	☐ das **Genie** / -s ジェニー	中 天才
	☐ das **Gespräch** / -e ゲシュプレーヒ	中 会話
	☐ das **Gewicht** ゲヴィヒト	中 重さ，体重
	☐ die **Glocke** / -n グロッケ	女 鐘；鈴
	☐ das **Glück** グリュック	中 幸運
	☐ die **Grenze** / -n グレンツェ	女 境界；国境
	☐ die **Grippe** / -n グリッペ	女 インフルエンザ
H	☐ die **Heimat** ハイマート	女 故郷
	☐ der **Herr** / -n ヘル	男 …さん，氏；紳士 《弱変化》
	☐ das **Hobby** / -s ホビ	中 趣味
	☐ die **Hütte** / -n ヒュッテ	女 小屋，山小屋
I	☐ die **Idee** / Ideen イデー　イデーエン	女 アイデア，考え →p.212

名詞 / 動詞 / その他

	☐ das **Institut** / -e インスティトゥート	中	研究所
	☐ das **Interesse** インテレッセ	中	興味, 関心
J	☐ die **Jugend** ユーゲント	女	青少年期；若者たち
K	☐ die **Kaffeemaschine** / -n カフェマシーネ	女	コーヒーメイカー →p.194
	☐ die **Kasse** / -n カッセ	女	レジ, 切符売り場
	☐ die **Kenntnis** / -nisse ケントニス	女	《ふつう複数で》**知識**
	☐ der **Koffer** / — コッファー	男	(旅行用)**トランク**, スーツケース
	☐ die **Kraft** / Kräfte クラフト　クレフテ	女	**力**, 能力
	☐ der・die **Kranke** クランケ	男女	病人《形容詞変化》
	☐ der **Krebs** クレープス	男	がん
	☐ der **Kreis** / -e クライス	男	円；輪
	☐ der **Krieg** / -e クリーク	男	戦争
	☐ der **Kugelschreiber** / — クーゲルシュライバー	男	ボールペン
	☐ die **Kultur** / -en クルトゥーア	女	文化　→p.213
L	☐ der **Laden** / Läden ラーデン　レーデン	男	店
	☐ der **Lärm** レルム	男	騒音
	☐ die **Lektion** / -en レクツィオーン	女	(教科書の)**課**

L	☐ die **Linie** / Linien リーニエ　リーニエン	囡	線，列；路線
	☐ der **Lohn** / Löhne ローン　レーネ	男	賃金
M	☐ das **Mal** / -e マール	中	…回，…度
	☐ das **Märchen** / — メーアヒェン	中	おとぎ話，メルヘン
	☐ die **Mauer** / -n マオアー	囡	壁
	☐ die **Meinung** / -en マイヌング	囡	意見
	☐ das **Mitleid** ミットライト	中	同情
	☐ die **Mitte** / -n ミッテ	囡	(場所などの)**中心**，中央， (時間の) 中頃
	☐ das **Mittel** / — ミッテル	中	手段；薬
	☐ der **Mut** ムート	男	勇気
N	☐ der **Nachname** / -n ナーハナーメ	男	姓，名字《弱変化》
	☐ die **Nachricht** / -en ナーハリヒト	囡	知らせ；《複数で》ニュース
	☐ der **Nachtisch** ナーハティッシュ	男	デザート
	☐ die **Nation** / -en ナツィオーン	囡	国民，国家　　→p.212
	☐ die **Nummer** / -n ヌンマー	囡	番号，ナンバー
O	☐ das **Öl** エール	中	油，オイル
	☐ das **Opfer** / — オプファー	中	犠牲，犠牲者，いけにえ

☐ der **Ort** / —	男	場所，村落
☐ (das) **Ostern**	中	復活祭
P ☐ das **Paket** / -e	中	小包，包み
☐ der **Passagier** / -e	男	乗客，旅客
☐ der **Patient** / -en	男	患者《弱変化》 →p.212
☐ das **Personal**	中	従業員，職員
☐ (das) **Pfingsten**	中	聖霊降臨祭
☐ die **Philosophie** / Philosophien	女	哲学
☐ das **Plakat** / -e	中	(広告などの) ポスター
☐ die **Politik** / -en	女	政治
☐ der **Preis** / -e	男	値段
☐ das **Problem** / -e	中	問題
☐ das **Programm** / -e	中	プログラム，番組
☐ die **Prüfung** / -en	女	試験，検査
☐ das **Publikum**	中	観衆，聴衆，読者
☐ der **Punkt** / -e	男	点，ピリオド
☐ die **Puppe** / -n	女	人形

Q ☐ die **Qual** / -en クヴァール	囡 苦痛	
☐ die **Qualität** クヴァリテート	囡 質，品質	→p.212
☐ der **Quatsch** クヴァッチュ	男 くだらぬこと	
☐ die **Quelle** / -n クヴェレ	囡 泉；根源	
R ☐ das **Rad** / Räder ラート　レーダー	中 車輪	
☐ die **Rast** / -en ラスト	囡 休息	
☐ der **Rat** / Ratschläge ラート　ラートシュレーゲ	男 助言	
☐ der **Raum** / Räume ラオム　ロイメ	男 部屋；空間	
☐ die **Rede** / -n レーデ	囡 演説，スピーチ	
☐ die **Regel** / -n レーゲル	囡 規則	
☐ die **Reihe** ライエ	囡 順番	
☐ die **Religion** / -en レリギオーン	囡 宗教	
☐ der **Ring** / -e リング	男 指輪	
☐ die **Rolle** / -n ロレ	囡 役割；(劇の) 役	
☐ der **Roman** / -e ロマーン	男 (長編) 小説	
☐ die **Ruhe** ルーエ	囡 静けさ；休息	
☐ der **Ruhm** ルーム	男 名声	

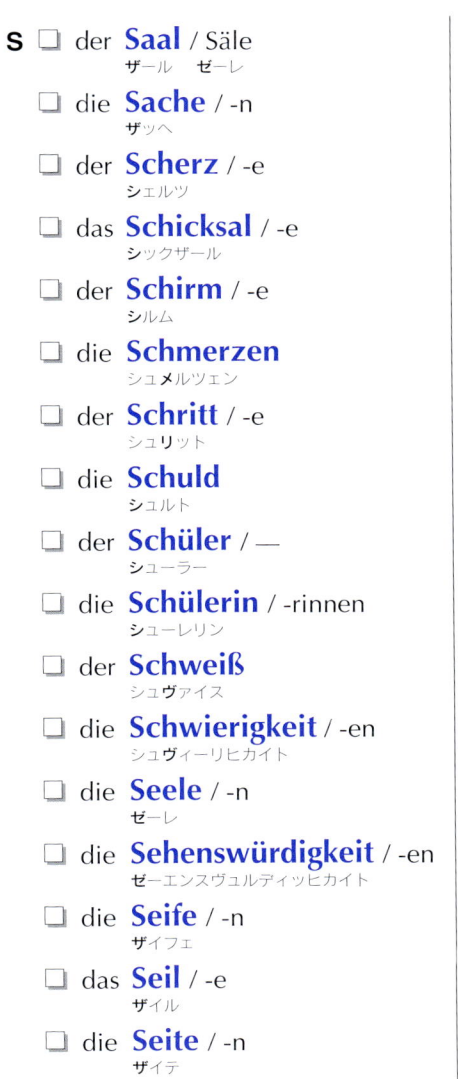

S	der **Saal** / Säle	男 広間, ホール
	die **Sache** / -n	女 事柄
	der **Scherz** / -e	男 冗談
	das **Schicksal** / -e	中 運命
	der **Schirm** / -e	男 傘
	die **Schmerzen**	複 痛み
	der **Schritt** / -e	男 歩み
	die **Schuld**	女 責任, 罪
	der **Schüler** / —	男 生徒
	die **Schülerin** / -rinnen	女 女生徒
	der **Schweiß**	男 汗
	die **Schwierigkeit** / -en	女 困難
	die **Seele** / -n	女 心, 霊
	die **Sehenswürdigkeit** / -en	女 名所
	die **Seife** / -n	女 せっけん
	das **Seil** / -e	中 綱, ロープ
	die **Seite** / -n	女 ページ；(物体の) 面

S ☐ das **Seminar** / -e ゼミナール	中	(大学の授業課目)ゼミ；研究室
☐ das **Silber** ズィルバー	中	銀
☐ der / das **Silvester** ズィルヴェスター	男中	おおみそか
☐ der **Sinn** / -e ズィン	男	意味；《ふつう複数で》感覚
☐ die **Sitte** / -n ズィッテ	女	風習，礼儀作法，マナー
☐ der **Soldat** / -en ゾルダート	男	兵士 《弱変化》　→p.212
☐ die **Spannung** / -en シュパヌング	女	緊張
☐ die **Speise** / -n シュパイゼ	女	料理
☐ das **Spielzeug** / -e シュピールツォイク	中	おもちゃ
☐ der **Sprachkurs** / -e シュプラーハクルス	男	外国語講座
☐ der **Staat** / -en シュタート	男	国家
☐ der **Staub** シュタオプ	男	ほこり
☐ der **Staubsauger** / — シュタオプザオガー	男	電気掃除機　　→p.194
☐ die **Stelle** / -n シュテレ	女	場所
☐ die **Steuer** / -n シュトイアー	女	税金　　→p.218
☐ das **Steuer** / — シュトイアー	中	ハンドル　　→p.218
☐ die **Stimme** / -n シュティンメ	女	声；(選挙の) 票

名詞／動詞／その他

□ der **Stock** / —　シュトック	男	（建物の）**階**
□ der **Stoff** / -e　シュトフ	男	**物質**；題材
□ die **Strafe** / -n　シュトラーフェ	女	**罰**，処罰
□ der **Student** / -en　シュトゥデント	男	**大学生**《弱変化》
□ die **Studentin** / -tinnen　シュトゥデンティン	女	**女子学生**
□ das **Studium**　シュトゥーディウム	中	（大学での）**勉強**
□ die **Stufe** / -n　シュトゥーフェ	女	（階段の）**段**，段階
□ die **Summe** / -n　ズンメ	女	**金額**
T □ die **Tablette** / -n　タブレッテ	女	**錠剤**　→p.219
□ die **Tafel** / -n　ターフェル	女	**黒板**
□ die **Tankstelle** / -n　タンクシュテレ	女	**ガソリンスタンド**
□ das **Taschengeld** / -er　タッシェンゲルト	中	**小遣い**
□ die **Tat** / -en　タート	女	**行為**，行動
□ der **Teilnehmer** / —　タイルネーマー	男	**参加者**
□ der **Text** / -e　テクスト	男	**テキスト**
□ das **Thema** / Themen　テーマ　テーメン	中	**テーマ**，主題
□ die **Theorie** / Theorien　テオリー　テオリーエン	女	**理論**

T	der **Tod** トート	男 死	
	das **Tor** / -e トーア	中 門	→p.218
	die **Träne** / -n トレーネ	女 涙	
	die **Trauer** トラオアー	女 悲しみ	
	der **Traum** / Träume トラオム　トロイメ	男 夢	
	das **Trinkgeld** / -er トリンクゲルト	中 チップ	
	die **Tüte** / -n テューテ	女 （紙やビニールなどの，スーパーでくれる）袋	
U	der **Umgang** ウムガング	男 つきあい	
	der **Umweg** / -e ウムヴェーク	男 回り道	
	die **Umwelt** / -en ウムヴェルト	女 環境	
	der **Unfall** / -fälle ウンファル　フェレ	男 事故	
	das **Unglück** / -e ウングリュック	中 事故；不運	
	die **Uniform** / -en ウニフォルム	女 制服	
	der **Unsinn** ウンズィン	男 無意味，ナンセンス	
	der **Unterschied** / -e ウンターシート	男 違い，相違	
	die **Ursache** / -n ウーアザヘ	女 原因	
V	die **Verabredung** / -en フェアアップレードゥング	女 約束，取り決め	

☐	das **Verbrechen** / — フェアブレッヒェン	中 犯罪
☐	die **Vergangenheit** フェアガンゲンハイト	女 過去
☐	das **Vergnügen** / — フェアグニューゲン	中 楽しみ
☐	das **Verkehrsmittel** フェアケーアスミッテル	中 交通機関
☐	der **Verlag** / -e フェアラーク	男 出版社
☐	die **Vernunft** フェアヌンフト	女 理性，分別
☐	die **Versammlung** / -en フェアザンムルング	女 集会，会議
☐	die **Verspätung** / -en フェアシュペートゥング	女 遅れ，遅刻
☐	der **Versuch** / -e フェアズーフ	男 試み
☐	das **Volk** / Völker フォルク　フェルカー	中 民族，国民
☐	der **Vorfall** / -fälle フォーアファル　フェレ	男 出来事，事件
☐	der **Vorname** / -n フォーアナーメ	男 (姓に対して) 名 《弱変化》
☐	der **Vorschlag** / -schläge フォーアシュラーク　シュレーゲ	男 提案
☐	die **Vorsicht** フォーアズィヒト	女 用心，注意
☐	der **Vorteil** / -e フォーアタイル	男 長所，メリット
☐	der **Vortrag** / -träge フォーアトラーク　トレーゲ	男 講演
☐	der **Vorwurf** / -würfe フォーアヴルフ　ヴュルフェ	男 非難

W	die **Waffe** / -n ヴァッフェ	囡 武器
	die **Wahrheit** / -en ヴァールハイト	囡 真実
	die **Wanderung** / -en ヴァンデルング	囡 ハイキング
	die **Ware** / -n ヴァーレ	囡 商品
	der **Wecker** / — ヴェッカー	男 目覚し時計
	(das) **Weihnachten** / — ヴァイナハテン	中 クリスマス
	das **Werk** / -e ヴェルク	中 作品
	der **Wert** / -e ヴェーアト	男 価値
	die **Wette** / -n ヴェッテ	囡 賭け
	die **Wirtschaft** ヴィルトシャフト	囡 経済
	die **Wissenschaft** / -en ヴィッセンシャフト	囡 学問
	die **Witwe** / -n ヴィトヴェ	囡 未亡人
	der **Witz** / -e ヴィッツ	男 冗談，ジョーク
	die **Wohngemeinschaft** / -en ヴォーンゲマインシャフト	囡 住居共同体
	das **Wunder** / — ヴンダー	中 奇跡
Z	das **Zentrum** / Zentren ツェントルム　ツェントレン	中 中心，中心地　→p.213
	das **Zeugnis** / -nisse ツォイクニス	中 (学校などの)**成績証明書**

- ☐ das **Ziel** / -e
  ツィール
  中 目的，目的地

- ☐ der **Zoll** / Zölle
  ツォル　ツェレ
  男 関税

- ☐ der **Zoo** / -s
  ツォー
  男 動物園

- ☐ die **Zukunft**
  ツークンフト
  女 未来

- ☐ der **Zuschauer** / ―
  ツーシャオアー
  男 観客

A
- sich⁴ ab|finden アップフィンデン 《mit et³》〔…³に〕従う
- ab|hängen アップヘンゲン 《von j³・et³》〔…³に〕依存する
- ab|holen アップホーレン 〔…⁴を〕（迎えに行って）連れて来る
- ab|nehmen アップネーメン 〔…⁴を〕はずす，取り去る
- abonnieren アボニーレン 〔定期刊行物など⁴を〕予約購読する
- ab|reisen アップライゼン 旅行に出る
- ab|schicken アップシッケン 〔…⁴を〕発送する
- achten アハテン 《auf j⁴・et⁴》〔…⁴に〕注意を払う
- ahnen アーネン 〔…⁴を〕予測する，予感する
- an|halten アンハルテン 〔車など⁴を〕止める；（車などが）止まる
- an|machen アンマヘン 〔電気・ラジオなど⁴を〕つける
- an|melden アンメルデン 〔…⁴を〕申し込む
- an|nehmen アンネーメン 〔…⁴を〕受け取る；〔…⁴と〕仮定する
- an|ziehen アンツィーエン 〔衣類など⁴を〕身に着ける，着る
- sich⁴ ärgern エルガーン 腹を立てる
- auf|gehen アオフゲーエン （太陽・月が）昇る
- auf|hören アオフヘーレン （出来事が）やむ，終わる

- ☐ Ich habe mich mit meinem Schicksal **abgefunden**.
  私は自分の運命に**従った**
- ☐ Er **hängt** finanziell von seinem Vater **ab**.
  彼は経済的に父親に**依存している**
- ☐ Ich **hole** den Freund vom Bahnhof **ab**.
  私は友人を駅から**迎えに行って連れて来る**
- ☐ Er **nimmt** die Brille **ab**. 彼はメガネを**はずす**
- ☐ Ich **abonniere** die Zeitung für ein halbes Jahr.
  私は新聞を半年分**予約購読する**
- ☐ Ich **reise** heute **ab**. 私はきょう旅行に出る
- ☐ Er **schickte** sofort einen Brief **ab**.
  彼はすぐに手紙を**発送した**
- ☐ Er **achtete** nicht auf seine Gesundheit.
  彼は健康に**注意を払わなかった**
- ☐ Das konnte ich nicht **ahnen**.
  それを私は**予測できなかった**
- ☐ Das Auto **hielt** vor dem Haus **an**.
  その車は家の前に**止まった**
- ☐ **Mach** doch bitte das Radio **an**! ラジオを**つけてくれ**
- ☐ Er **meldete** sein Kind im Kindergarten **an**.
  彼は幼稚園に子供の入園を**申し込んだ**
- ☐ Das kann ich doch nicht **annehmen**!
  それをやはり私は**受け取れません**
- ☐ Sie **zieht** ein Kleid **an**. 彼女はワンピースを**着る**
- ☐ Ich habe mich über ihn **geärgert**. 私は彼に**腹を立てた**
- ☐ Der Mond ist **aufgegangen**. 月が**昇った**
- ☐ Der Regen **hörte** endlich **auf**. 雨はやっと**やんだ**

☐	**auf|passen** アオフパセン	気をつける
☐	**auf|wachen** アオフヴァッヘン	目覚める
☐	**aus|fallen** アオスファレン	〔授業などが〕行われない，休講になる
☐	**aus|geben** アオスゲーベン	〔お金⁴を〕支出する，使う
☐	**aus|machen** アオスマヘン	〔電気・ラジオなど⁴を〕消す
☐	sich⁴ **äußern** オイサーン	意見を述べる
☐	**aus|steigen** アオスシュタイゲン	下車する
B ☐	**baden** バーデン	ふろに入る；泳ぐ
☐	**bedauern** ベダオアーン	〔…⁴を〕気の毒に〈残念に〉思う
☐	**bedeuten** ベドイテン	〔…⁴を〕意味する
☐	sich⁴ **beeilen** ベアイレン	急ぐ
☐	**beenden** ベエンデン	〔…⁴を〕終える
☐	**befehlen** ベフェーレン	〔…³に…⁴を〕命令する
☐	sich⁴ **befinden** ベフィンデン	〔…に〕ある，いる
☐	**begegnen** ベゲーグネン	〔…³に〕偶然会う，出会う
☐	**begleiten** ベグライテン	〔…⁴を〕送って行く，同行する
☐	sich⁴ **begnügen** ベグニューゲン	《 mit et³ 》〔…³に〕満足する

- **Pass auf**! 気をつけろ
- Er ist heute Morgen früh **aufgewacht**. 彼は今朝は早く**目覚めた**
- Der Unterricht **fällt** heute **aus**. 授業はきょうは**休講だ**
- Er hat sein ganzes Geld **ausgegeben**. 彼は有り金すべてを**使った**
- **Mach** bitte den Fernseher **aus**! テレビを**消してくれ**
- Er hat sich zu diesem Thema **geäußert**. 彼はこのテーマに対して**意見を述べた**
- Der Zug hielt, und ich **stieg aus**. 列車が止まり私は**下車した**
- Ich **bade** täglich. 私は毎日**ふろに入る**
- Ich **bedauere** diesen Vorfall. 私はこの事件を**残念に思う**
- Was soll das **bedeuten**? それはどういう**意味なんですか**
- **Beeil** dich! 急げ
- Er **beendete** das Gespräch. 彼は会話を**終えた**
- Er **befahl** ihr, ihm zu folgen. 彼は彼女について来るように**命じた**
- Seine Wohnung **befindet** sich im dritten Stock. 彼の住まいは4階に**ある**
- Ich bin ihm kürzlich **begegnet**. 私は最近彼に**偶然出会った**
- Er **begleitet** sie zum Bahnhof. 彼は彼女を駅まで**送って行く**
- Er **begnügt** sich damit nicht. 彼はそれに**満足しない**

☐	**begreifen** ベグライフェン	〔…⁴を〕**理解する**
☐	**behalten** ベハルテン	〔…⁴を〕**取っておく**
☐	**behandeln** ベハンデルン	〔…⁴を…のように〕**取り扱う**
☐	**behaupten** ベハオプテン	〔…⁴を〕**主張する**
☐	**beherrschen** ベヘルシェン	〔…⁴を〕**支配する**，〔外国語など⁴を〕**マスターする**
☐	**bemerken** ベメルケン	〔…⁴に〕**気づく**
☐	sich⁴ **bemühen** ベミューエン	《 um et⁴ 》〔…⁴を得ようと〕**努力する**
☐	**beneiden** ベナイデン	〔…⁴を〕**うらやむ**
☐	**beobachten** ベオーバハテン	〔…⁴を〕**観察する**
☐	**berichten** ベリヒテン	〔…³に…⁴を〕**報告する**
☐	**beschließen** ベシュリーセン	〔…⁴を〕**決める**，**決心する**
☐	**besetzen** ベゼッツェン	〔…⁴を〕**占領する**
☐	**besichtigen** ベズィヒティゲン	〔…⁴を〕**見学する**，見物する
☐	**besorgen** ベゾルゲン	《 sich³ et⁴ 》〔…⁴を〕**手に入れる**
☐	**bestehen** ベシュテーエン	〔試験など⁴に〕**受かる** 《 aus et³ 》〔…³から〕**できている**
☐	**betrachten** ベトラハテン	〔…⁴を〕**観察する**

- ☐ Ich kann sie nicht **begreifen**. 私には彼女が**理解できない**
- ☐ Das übrige Geld kannst du **behalten**.
  残りのお金を君は**取っておいてよい**
- ☐ Er hat mich als Freund **behandelt**.
  彼は私を友人として**扱った**
- ☐ Er **behauptet**, mich gesehen zu haben.
  彼は私を見たと**主張する**
- ☐ Er **beherrschte** vier Sprachen.
  彼は４つの言語を**マスターした**
- ☐ Ich **bemerkte**, dass er müde war.
  私は彼が疲れているのに**気づいた**
- ☐ Er **bemüht** sich um eine Stelle bei der Bank.
  彼は銀行で職を得ようと**努力する**
- ☐ Alle **beneiden** ihn. みんな彼を**うらやむ**
- ☐ Er **beobachtet** die Vögel. 彼は鳥を**観察する**
- ☐ Er hat mir alles **berichtet**. 彼は私になんでも**報告した**
- ☐ Er **beschloss** abzureisen. 彼は旅に出ることを**決心した**
- ☐ Sie haben die Stadt **besetzt**. 彼らはその町を**占領した**
- ☐ Sie **besichtigen** ein Museum. 彼らは博物館を**見学する**
- ☐ Das Buch werde ich mir sofort **besorgen**.
  その本を私はすぐに**手に入れよう**
- ☐ Er hat die Prüfung **bestanden**. 彼は試験に**受かった**
- ☐ Der Tisch **besteht** aus Holz.
  そのテーブルは木材で**できている**
- ☐ Sie **betrachtet** die Pflanzen. 彼女は植物を**観察する**

☐	**betragen** ベトラーゲン	〔…⁴の〕額になる
☐	**betrügen** ベトリューゲン	〔…⁴を〕だます
☐	**bieten** ビーテン	〔…³に…⁴を〕提供する，申し出る
☐	**bilden** ビルデン	〔…⁴を〕形作る
☐	**bitten** ビッテン	《j⁴ um et⁴》〔…⁴に…⁴を〕頼む
☐	**blicken** ブリッケン	《auf et⁴》〔…⁴の方へ〕目を向ける
☐	**braten** ブラーテン	〔肉など⁴を〕焼く，いためる，揚げる
☐	**brechen** ブレッヒェン	〔…⁴を〕折る；折れる
☐	**brennen** ブレンネン	燃える
D ☐	**decken** デッケン	〔…⁴を〕覆う
☐	**durch|führen** ドゥルヒフューレン	〔計画など⁴を〕実行する
☐	**duzen** ドゥーツェン	〔…⁴を〕du で呼ぶ
E ☐	**ein|schlafen** アインシュラーフェン	寝入る
☐	**ein|steigen** アインシュタイゲン	(乗り物などに)乗る
☐	**ein|treten** アイントレーテン	(部屋などに)入る
☐	**empfangen** エンプファンゲン	〔手紙など⁴を〕受け取る；〔客など⁴を〕出迎える →p.214
☐	**empfinden** エンプフィンデン	〔…⁴を〕感じる

名詞／**動詞**／その他

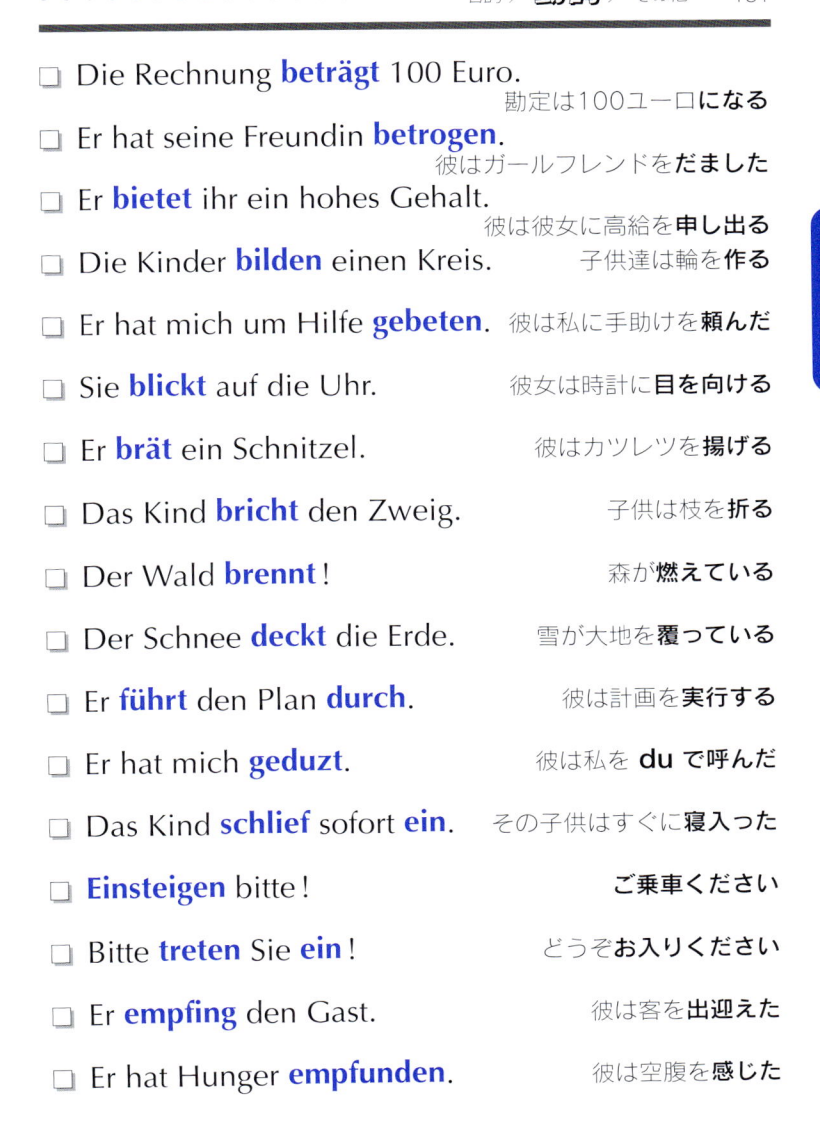

- ☐ Die Rechnung **beträgt** 100 Euro.
  勘定は100ユーロに**なる**
- ☐ Er hat seine Freundin **betrogen**.
  彼はガールフレンドを**だました**
- ☐ Er **bietet** ihr ein hohes Gehalt.
  彼は彼女に高給を**申し出る**
- ☐ Die Kinder **bilden** einen Kreis.
  子供達は輪を**作る**
- ☐ Er hat mich um Hilfe **gebeten**.
  彼は私に手助けを**頼んだ**
- ☐ Sie **blickt** auf die Uhr.
  彼女は時計に**目を向ける**
- ☐ Er **brät** ein Schnitzel.
  彼はカツレツを**揚げる**
- ☐ Das Kind **bricht** den Zweig.
  子供は枝を**折る**
- ☐ Der Wald **brennt**!
  森が**燃えている**
- ☐ Der Schnee **deckt** die Erde.
  雪が大地を**覆っている**
- ☐ Er **führt** den Plan **durch**.
  彼は計画を**実行する**
- ☐ Er hat mich **geduzt**.
  彼は私を du で呼んだ
- ☐ Das Kind **schlief** sofort **ein**.
  その子供はすぐに**寝入った**
- ☐ **Einsteigen** bitte!
  ご乗車ください
- ☐ Bitte **treten** Sie **ein**!
  どうぞ**お入りください**
- ☐ Er **empfing** den Gast.
  彼は客を**出迎えた**
- ☐ Er hat Hunger **empfunden**.
  彼は空腹を**感じた**

3級・動詞

☐ **entdecken** エントデッケン	〔…⁴を〕発見する	→p.214
☐ **enthalten** エントハルテン	〔…⁴を〕含む，入っている	
☐ sich⁴ **entscheiden** エントシャイデン	《für et⁴》〔…⁴に〕決める	
☐ **entschuldigen** エントシュルディゲン	〔…⁴を〕許す	
☐ **enttäuschen** エントトイシェン	〔…⁴を〕失望させる	
☐ sich⁴ **entwickeln** エントヴィッケルン	発展する	
☐ **erfahren** エアファーレン	〔…⁴を〕（聞いたりして）知る	
☐ **erfinden** エアフィンデン	〔…⁴を〕発明する	
☐ **erhalten** エアハルテン	〔…⁴を〕受け取る	
☐ sich⁴ **erkälten** エアケルテン	かぜをひく	
☐ **erkennen** エアケンネン	〔…⁴を〕識別する，わかる	
☐ **erlauben** エアラオベン	〔…³に…⁴を〕許可する	
☐ **erreichen** エアライヒェン	〔列車など⁴に〕間に合う	
☐ **erscheinen** エアシャイネン	現れる，出版される	
☐ **ertragen** エアトラーゲン	〔…⁴に〕耐える	
☐ **erwarten** エアヴァルテン	〔…⁴の到来を〕待つ	
F ☐ **fehlen** フェーレン	〔…³に〕欠けている	

名詞／**動詞**／その他

- ☐ Er hat Amerika **entdeckt**.　　　彼はアメリカを**発見した**
- ☐ Die Flasche **enthält** zwei Liter Wein.
びんにワインが２リットル**入っている**
- ☐ Sie hat sich für diesen Ring **entschieden**.
彼女はこちらの指輪に**決めた**
- ☐ **Entschuldigen** Sie bitte meine Verspätung!
遅れて**すみません**
- ☐ Sie hat mich sehr **enttäuscht**.
彼女は私を非常に**失望させた**
- ☐ Das Dorf hat sich zu einer Großstadt **entwickelt**.
その村は大都市に**発展した**
- ☐ Ich habe es durch ihren Brief **erfahren**.
私はそれを彼女の手紙によって**知った**
- ☐ Er hat eine neue Maschine **erfunden**.
彼は新しい機械を**発明した**
- ☐ Ich habe ihren Brief **erhalten**.
私は彼女の手紙を**受け取った**
- ☐ Ich habe mich stark **erkältet**.　　私はひどい**かぜをひいた**
- ☐ **Erkennst** du mich nicht？　　私がだれか**わからないのですか**
- ☐ Sie **erlaubt** ihren Kindern alles.
彼女は子供たちに何でも**許可する**
- ☐ Ich **erreichte** den Zug nicht mehr.
私は列車にもう**間に合わなかった**
- ☐ Das Buch wird im Herbst **erscheinen**.
その本は秋に**出版される**
- ☐ Sie **ertrug** alle Schmerzen.　彼女はあらゆる苦痛に**耐えた**
- ☐ Ich **erwarte** Sie um 9 Uhr.　　　９時に**お待ちしています**
- ☐ Ihm **fehlt** einfach noch die Erfahrung.
彼にはとにかくまだ経験が**欠けている**

3級・動詞

☐	**fliehen** フリーエン	逃げる，逃亡する
☐	**fließen** フリーセン	流れる
☐	**folgen** フォルゲン	〔…³に〕ついて行く
☐	**fordern** フォルダーン	〔…⁴を〕要求する
☐	**fressen** フレッセン	(動物が)〔…⁴を〕食べる
☐	**frieren** フリーレン	寒さを感じる，寒い，凍える
☐	**füllen** フュレン	〔…⁴を〕満たす
☐	**fürchten** フュルヒテン	〔…⁴を〕恐れる
☐	sich⁴ **fürchten** フュルヒテン	こわがる
G ☐	**gebären** ゲベーレン	〔子供⁴を〕産む
☐	**gebrauchen** ゲブラオヘン	〔…⁴を〕使う，使用する
☐	**gehorchen** ゲホルヒェン	〔…³に〕従う
☐	**gelangen** ゲランゲン	〔…に〕達する
☐	**gelingen** ゲリンゲン	〔…³に〕成功する
☐	**genießen** ゲニーセン	〔…⁴を〕楽しむ →p.214
☐	**genügen** ゲニューゲン	十分である
☐	**geschehen** ゲシェーエン	(事故などが)起こる

- ☐ Er ist ins Ausland **geflohen**. 彼は外国へ**逃亡した**
- ☐ Das Wasser **fließt**. 水が**流れる**
- ☐ Ich bin ihm **gefolgt**. 私は彼のあとを**ついて行った**
- ☐ Er **forderte** eine hohe Summe. 彼は多額の金を**要求した**
- ☐ Mein Hund **frisst** alles. 私の犬はなんでも**食べる**
- ☐ Ich habe sehr **gefroren**. 私は非常に**寒かった**
- ☐ Sie **füllt** eine Flasche mit Saft. 彼女はびんにジュースを**満たす**
- ☐ Er **fürchtet** den Tod nicht. 彼は死を**恐れない**
- ☐ Das Kind **fürchtet** sich vor dem Hund. 子供は犬が**怖い**
- ☐ Sie hat zwei Kinder **geboren**. 彼女は二人子供を**産んだ**
- ☐ Er **gebraucht** den Apparat nur selten. 彼はその器具をほんのたまにしか**使わない**
- ☐ Er **gehorcht** nur dem Vater. 彼は父親にだけ**従う**
- ☐ Durch diese Straße **gelangt** man zum Bahnhof. この道を行くと駅に**達する**
- ☐ Es ist mir **gelungen**, ihn zu überzeugen. 私は彼を納得させるのに**成功した**
- ☐ Ich habe meinen Urlaub sehr **genossen**. 私は休暇をたっぷり**楽しんだ**
- ☐ Danke, das **genügt** mir. ありがとう,それで**十分です**
- ☐ Es ist ein Unglück **geschehen**. 不幸なことが**起こった**

☐	**gewinnen** ゲヴィンネン	〔…⁴に〕勝つ
☐	**sich⁴ gewöhnen** ゲヴェーネン	《 an et⁴ 》〔…⁴に〕慣れる
☐	**gratulieren** グラトゥリーレン	〔…³に〕お祝いを言う
☐	**gründen** グリュンデン	〔…⁴を〕設立〈建設〉する
H ☐	**handeln** ハンデルン	行動する
		《 es handelt sich um j⁴・et⁴ の形で 》 〔…⁴が〕問題になっている
☐	**hassen** ハッセン	〔…⁴を〕憎む, 嫌う
☐	**herrschen** ヘルシェン	支配する
☐	**hindern** ヒンダーン	〔…⁴の〕じゃまをする
K ☐	**kämpfen** ケンプフェン	戦う
☐	**kennen|lernen** ケンネンレルネン	〔…⁴と〕知り合う
☐	**klingeln** クリンゲルン	(ベルが)鳴る
L ☐	**lächeln** レッヒェルン	ほほえむ
☐	**leiden** ライデン	苦しむ
☐	**leihen** ライエン	〔…³に…⁴を〕貸す
		《 sich³ et⁴ 》〔…⁴を〕借りる
☐	**loben** ローベン	〔…⁴を〕ほめる

名詞／**動詞**／その他

- Wir haben die Wette **gewonnen**. 私たちは賭けに**勝った**
- Der Hund **gewöhnte** sich an seinen neuen Herrn.
  その犬は新しい主人に**慣れた**
- Er **gratuliert** ihr zum Geburtstag.
  彼は彼女に誕生日の**お祝いを言う**
- Die Stadt wurde um 700 **gegründet**.
  この町は700年頃に**建設された**
- Er **handelt** schnell. 彼はすばやく**行動する**
- Worum **handelt** es sich？ 何が**問題になっているのか**
- Er **hasst** laute Musik. 彼はやかましい音楽を**嫌う**
- Ein König **herrschte** in diesem Land.
  ある王様がこの国を**支配していた**
- Er hat die Mutter an ihrer Arbeit **gehindert**.
  彼は母の仕事の**じゃまをした**
- Sie **kämpfen** für den Frieden. 彼らは平和のために**戦う**
- Sie **lernte** ihn in Bonn **kennen**.
  彼女は彼とボンで**知り合った**
- Der Wecker **klingelt**. 目覚し時計が**鳴る**
- Das Mädchen **lächelt** freundlich.
  少女は親しげに**ほほえむ**
- Er **litt** große Schmerzen. 彼はひどく痛がった
- Ich habe ihm 50 Euro **geliehen**.
  私は彼に50ユーロ**貸した**
- Ich habe mir von ihr ein Buch **geliehen**.
  私は彼女から一冊本を**借りた**
- Der Lehrer **lobt** ihn. その先生は彼を**ほめる**

3級・動詞

	lügen リューゲン	うそをつく
M	**malen** マーレン	〔絵など⁴を〕**描く**
	meinen マイネン	〔…⁴と〕**思う**
	merken メルケン	〔…⁴に〕**気づく**
	messen メッセン	〔…⁴の長さ・大きさなどを〕**はかる**
	mit|bringen ミットブリンゲン	〔…⁴を〕（おみやげなどとして）**持って来る**
	mit|nehmen ミットネーメン	〔…⁴を〕**持って行く**
	mit|teilen ミットタイレン	〔…³に…⁴を〕**知らせる**
N	**nach|schlagen** ナーハシュラーゲン	〔単語など⁴を〕（辞書で）**調べる**
	nennen ネンネン	〔…⁴を…⁴と〕**名づける，呼ぶ**
O	**operieren** オペリーレン	〔…⁴を〕**手術する**
P	**passieren** パスィーレン	起こる
	pflegen プフレーゲン	世話をする
		《 zu 不定詞句と 》〔…するのを〕**習慣とする**
Q	**quälen** クヴェーレン	〔…⁴に〕**苦痛を与える，苦しめる，いじめる**
R	**rasieren** ラズィーレン	〔…⁴の〕**ひげをそる**
	raten ラーテン	〔…³に〕**助言する**

名詞／**動詞**／その他

- Wer **lügt**, der stiehlt. うそつきは泥棒のはじまり
- Er **malt** ein Bild in Öl. 彼は油絵を**描く**
- Was **meinst** du dazu? 君はそのことをどう**思いますか**
- Das habe ich gar nicht **gemerkt**. そのことに私は全く**気づかなかった**
- Er **misst** das Fieber des Kindes. 彼は子供の熱を**はかる**
- Er **brachte** Blumen **mit**. 彼は花を**持って来た**
- Du musst den Regenschirm **mitnehmen**. 君は傘を**持って行きなさい**
- Ich **teilte** ihm meine Adresse **mit**. 私は彼に住所を**知らせた**
- Er hat ein Wort im Wörterbuch **nachgeschlagen**. 彼は単語を辞書で**調べた**
- Er **nannte** seine Tochter Anna. 彼は娘をアンナと**名づけた**
- Der Patient ist am Bein **operiert** worden. 患者は足の**手術を受けた**
- Dort ist ein Unglück **passiert**. そこで事故が**起きた**
- Sie **pflegt** ihre alte Mutter. 彼女は年老いた母親の**世話をする**
- Er **pflegt** zum Essen Bier zu trinken. 彼は食事の際にビールを飲むのを**習慣とする**
- Du darfst Tiere nicht **quälen**. 君は動物に**苦痛を与えてはいけない**
- Der Friseur **rasiert** mich. 理髪師は私の**ひげをそる**
- Ich **rate** dir fleißiger zu lernen. 私は君にもっと熱心に勉強するよう**助言する**

3級・動詞

	reinigen ラィニゲン	〔…⁴を〕きれいにする
	reparieren レパリーレン	〔…⁴を〕修理〈修繕〉する
S	**schaden** シャーデン	〔健康など³に〕害を与える
	schaffen シャッフェン	〔…⁴を〕創造する
		〔困難なこと⁴を〕なし遂げる
	schätzen シェッツェン	〔…⁴を〕高く評価する
	scheinen シャイネン	輝く
	schließen シュリーセン	〔…⁴を〕閉める
	schreien シュライエン	叫ぶ，泣きわめく
	schütteln シュッテルン	〔…⁴を〕振る，揺する
	schützen シュッツェン	〔…⁴を〕守る，保護する
	senden ゼンデン	〔…⁴を〕送る；〔…⁴を〕放送する
	sinken ズィンケン	沈む，下がる
	sorgen ゾルゲン	《für j⁴・et⁴》〔…⁴の〕世話をする
	sparen シュパーレン	貯金する
	springen シュプリンゲン	跳ぶ，飛び込む
	spüren シュピューレン	〔…⁴を〕感じる

- ☐ Sie **reinigt** das Zimmer. 彼女は部屋を**きれいにする**
- ☐ Sie hat die Schuhe **reparieren** lassen. 彼女は靴を**修繕してもらった**
- ☐ Rauchen **schadet** deiner Gesundheit. 喫煙は君の健康に**害を与える**
- ☐ Gott hat den Menschen **geschaffen**. 神は人間を**創造した**
- ☐ Ich habe heute viel **geschafft**. 私はきょう多くのことを**なし遂げた**
- ☐ Ich **schätze** ihn sehr. 私は彼を高く**評価する**
- ☐ Die Sonne **scheint**. 太陽が**輝く**
- ☐ Sie **schließt** die Tür. 彼女はドアを**閉める**
- ☐ Das Kind hat die ganze Nacht **geschrien**. その子供は一晩中**泣きわめいた**
- ☐ Sie **schüttelte** ihn, bis er wach war. 彼女は彼が目を覚ますまで**揺すった**
- ☐ Er **schützte** sein Land vor den Feinden. 彼は国を敵から**守った**
- ☐ Das Konzert wird im Radio **gesendet**. そのコンサートはラジオで**放送される**
- ☐ Die Sonne **sinkt**. 太陽が**沈む**
- ☐ Sie **sorgt** für die Kinder. 彼女は子供たちの**世話をする**
- ☐ Sie **spart** für ein Auto. 彼女は車のために**貯金している**
- ☐ Er **springt** ins Wasser. 彼は水中に**飛び込む**
- ☐ Sie **spürte** Freude. 彼女は喜びを**感じた**

☐	**statt|finden** シュタットフィンデン	(催し物などが) **行なわれる**
☐	**staunen** シュタオネン	**驚く**
☐	**stehlen** シュテーレン	〔…⁴を〕**盗む**
☐	**sterben** シュテルベン	《 an et³ 》〔病気³で〕**死ぬ**
☐	**stören** シュテーレン	〔…⁴の〕**邪魔をする**
☐	**streben** シュトレーベン	《 nach et³ 》〔…³を〕**求める**, (得ようと)努力する
☐	**streiten** シュトライテン	**争う**
☐	**stürzen** シュテュルツェン	**落ちる**, 墜落する
T ☐	**tauschen** タオシェン	〔…⁴を〕**交換する**
☐	**teilen** タイレン	〔…⁴を〕**分ける**
☐	**teil|nehmen** タイルネーメン	《 an et³ 》〔…³に〕**参加する**, 出席する
☐	**töten** テーテン	〔…⁴を〕**殺す**
☐	**trennen** トレンネン	〔…⁴を〕**分ける**
U ☐	**überlegen** ユーバーレーゲン	〔…⁴を〕**じっくり考える**
☐	**übernachten** ユーバーナハテン	**泊まる**
☐	**überqueren** ユーバークヴェーレン	〔…⁴を〕**横切る**
☐	**überraschen** ユーバーラッシェン	〔…⁴を〕**驚かす**

名詞／**動詞**／その他

- [ ] Das Konzert **findet** morgen **statt**.
そのコンサートは明日**行われる**
- [ ] Er **staunte**, dass es schon dunkel wurde.
彼はもうまわりが暗くなったのに**驚いた**
- [ ] Wer lügt, der **stiehlt**. うそつきは**泥棒**のはじまり
- [ ] Der alte Mann ist an Krebs **gestorben**.
老人はがんで**死んだ**
- [ ] Sie **stört** ihn bei der Arbeit. 彼女は彼の仕事の**邪魔をする**
- [ ] Er **strebt** nach Ruhm. 彼は名声を**求める**
- [ ] Ich habe keine Lust zu **streiten**. 私は**争う**気はない
- [ ] Das Flugzeug **stürzte** ins Meer. 飛行機は海中に**墜落した**
- [ ] Ich **tausche** mit ihm Briefmarken.
私は彼と切手を**交換する**
- [ ] Er **teilt** die Schüler in zwei Gruppen.
彼は生徒を二つのグループに**分ける**
- [ ] Er hat am Unterricht **teilgenommen**.
彼は授業に**出席した**
- [ ] Du sollst nicht **töten**. なんじ**殺すなかれ**
- [ ] Der Fluss **trennt** zwei Länder. その川が両国を**分けている**
- [ ] Ich werde es mir noch einmal **überlegen**.
私は再度**じっくり考えます**
- [ ] Ich habe im Hotel **übernachtet**. 私はホテルに**泊まった**
- [ ] Er **überquert** die Straße. 彼は通りを**横切る**
- [ ] Seine Entscheidung hat mich **überrascht**.
彼の決定に私は**驚いた**

3級・動詞

☐	**übersetzen** ユーバーゼッツェン	〔…⁴を〕**翻訳する**
☐	**überzeugen** ユーバーツォイゲン	〔…⁴を〕**納得させる**
☐	**um|steigen** ウムシュタイゲン	**乗り換える**
☐	**um|ziehen** ウムツィーエン	**引越す**
☐	**unterbrechen** ウンターブレッヒェン	〔…⁴を〕**中断する**
☐	**unter|gehen** ウンターゲーエン	（太陽などが）**沈む**
☐	**unterschreiben** ウンターシュライベン	〔…⁴に〕**署名・サインする**
☐	**untersuchen** ウンターズーヘン	〔…⁴を〕**診察する**, 調査する
v ☐	**verbieten** フェアビーテン	〔…³に…⁴を〕**禁止する**
☐	**verderben** フェアデルベン	（食品が）**腐る**
☐	**verdienen** フェアディーネン	〔…⁴を〕**稼ぐ**, もうける
☐	**vergehen** フェアゲーエン	（時間が）**過ぎ去る**
☐	**verlassen** フェアラッセン	〔…⁴を〕**去る**, 出る
☐	**verletzen** フェアレッツェン	〔…⁴に〕**けがをさせる**
		《 sich³ et⁴ 》〔…⁴に〕**けがをする**
☐	**verlieren** フェアリーレン	〔…⁴を〕**なくす**；〔…⁴で〕**負ける**
☐	sich⁴ **verloben** フェアローベン	**婚約する**

- Der Roman wurde ins Deutsche **übersetzt**.
  その小説はドイツ語に**翻訳された**
- Ich habe meinen Vater **überzeugt**. 私は父を**納得させた**
- Ich **steige** in Berlin **um**. 私はベルリンで**乗り換える**
- Ich **ziehe** in eine neue Wohnung **um**.
  私は新しい住まいに**引越す**
- Er **unterbricht** seine Arbeit. 彼は仕事を**中断する**
- Die Sonne **geht unter**. 太陽が**沈む**
- Sie **unterschreibt** einen Brief. 彼女は手紙に**サインする**
- Er **untersucht** einen Kranken. 彼は病人を**診察する**
- Der Arzt hat mir das Rauchen **verboten**.
  医者は私に喫煙を**禁止した**
- Das Fleisch **verdirbt**. 肉が**腐る**
- Er **verdient** gut. 彼は**稼ぎ**がいい
- Der Winter ist **vergangen**. 冬が**過ぎ去った**
- Um 9 Uhr **verlässt** er das Haus. 9時に彼は家を**出る**
- Ich habe ihn **verletzt**. 私は彼に**けがをさせてしまった**
- Er hat sich die Hand **verletzt**. 彼は手に**けがをした**
- Ich habe ein Buch **verloren**. 私は本を**なくした**
- Er hat sich mit ihr **verlobt**. 彼は彼女と**婚約した**

☐	**vermuten** フェアムーテン	〔…⁴ と〕**推測する**
☐	**verreisen** フェアライゼン	**旅に出る**
☐	**versäumen** フェアゾイメン	〔…⁴ に〕**間に合わない**
☐	**verschwinden** フェアシュヴィンデン	**見えなくなる，消える**
☐	**versprechen** フェアシュプレッヒェン	〔…³ に…⁴ を〕**約束する**
☐	**versuchen** フェアズーヘン	〔…⁴ を〕**試みる**，〔…⁴〕**しようとする**
☐	**verwechseln** フェアヴェクセルン	〔…⁴ を〕（他のものと）**間違える** 《注：4格は複数形》
☐	**vor|bereiten** フォーアベライテン	〔…⁴ の〕**準備をする**
☐	**vor|haben** フォーアハーベン	〔…⁴ の〕**予定がある**
☐	**vor|kommen** フォーアコメン	〔…³ に…のように〕**思われる，気がする**
☐	**vor|schlagen** フォーアシュラーゲン	〔…⁴ を〕**提案する**
☐	**vor|stellen** フォーアシュテレン	〔…³ に…⁴ を〕**紹介する** 《 sich⁴ 》**自己紹介する**
W ☐	**wagen** ヴァーゲン	〔…⁴ を〕**する勇気がある**
☐	**wählen** ヴェーレン	〔…⁴ を〕**選ぶ**
☐	**wandern** ヴァンダーン	**ハイキングする**
☐	**wecken** ヴェッケン	〔…⁴ を〕（眠りから）**起こす**

- ☐ Er **vermutet**, dass sie heute kommt.
  彼は彼女がきょう来ると**推測**する
- ☐ Er ist für zwei Wochen **verreist**.
  彼は２週間の予定で**旅に出た**
- ☐ Er wird den Zug **versäumen**.
  彼は列車に**間に合わない**だろう
- ☐ Die Sonne **verschwand** hinter den Bergen.
  太陽は山々の後ろに**消えた**
- ☐ Sie **verspricht** ihm Hilfe. 彼女は彼に援助を**約束する**
- ☐ Er hat **versucht** zu fliehen. 彼は逃げ**ようとした**
- ☐ Er **verwechselte** die Telefonnummern.
  彼は電話番号を**間違えた**
- ☐ Er **bereitet** das Essen **vor**. 彼は食事の**準備をする**
- ☐ Ich **habe** heute Abend nichts **vor**.
  私は今晩何の**予定もない**
- ☐ Er **kommt** mir bekannt **vor**.
  彼にはどこかで会った**気がする**
- ☐ Er **schlug vor**, dass wir zuerst essen gehen.
  彼はまず食事に行こうと**提案した**
- ☐ Er hat mir seine Frau **vorgestellt**.
  彼は私に奥さんを**紹介した**
- ☐ Darf ich mich **vorstellen**? 自己紹介してもよろしいですか
- ☐ Ich **wagte** kein Wort zu sagen.
  私は発言**する勇気がなかった**
- ☐ Ich habe diesen Weg **gewählt**. 私はこの道を**選んだ**
- ☐ Morgen wollen wir **wandern**. あす**ハイキングをしよう**
- ☐ Bitte **weck** mich um 7 Uhr! ７時に**起こしてください**

☐	**weg|gehen** ヴェックゲーエン	立ち去る
☐	**wehen** ヴェーエン	(風が) 吹く
☐	**weh|tun** ヴェートゥーン	(頭・歯などが) 痛い
☐	**wenden** ヴェンデン	〔…⁴を…に〕向ける
☐	**wiederholen** ヴィーダーホーレン	〔…⁴を〕繰り返す
☐	**wieder|sehen** ヴィーダーゼーエン	〔…⁴に〕再会する
☐	**wiegen** ヴィーゲン	〔…⁴の重さを〕量る
☐	**winken** ヴィンケン	〔…³に〕合図する，手を振る
Z ☐	**zerbrechen** ツェアブレッヒェン	割れる 〔…⁴を〕割る
☐	**zerstören** ツェアシュテーレン	〔…⁴を〕破壊する　　　　→p.214
☐	**zittern** ツィッターン	震える
☐	**zu|hören** ツーヘーレン	(話・音楽などに) 耳を傾ける
☐	**zu|nehmen** ツーネーメン	増える，太る
☐	**zurück|kehren** ツリュックケーレン	帰る，戻る
☐	**zurück|kommen** ツリュックコメン	帰って (戻って) 来る
☐	**zweifeln** ツヴァイフェルン	《an j³・et³》〔…³を〕疑う

- Er ist vor zehn Minuten **weggegangen**. 彼は10分前に**立ち去った**
- Der Wind **weht** vom Meer her. 風は海から**吹いて来る**
- Der Kopf **tut** mir **weh**. 私は頭が**痛い**
- Er **wendet** den Kopf zur Seite. 彼は頭を横に**向ける**
- Bitte, **wiederholen** Sie es noch einmal! もう一度**繰り返してください**
- Wann **sehen** wir uns **wieder**? いつ**また会おうか**
- Er **wiegt** sich jeden Abend. 彼は毎晩体重を**量る**
- Sie **winkte** ihm mit den Augen. 彼女は彼に目で**合図した**
- Das Glas ist **zerbrochen**. グラスが**割れた**
- Er hat seine Brille **zerbrochen**. 彼はメガネを**割ってしまった**
- Die Brücke wurde im Krieg **zerstört**. 橋は戦争の時**破壊された**
- Er **zittert** vor Furcht. 彼は恐怖で**震える**
- **Hör** mal **zu**! ちょっと**聞いてくれ**
- Ich habe ein Kilo **zugenommen**. 私は1キロ**太った**
- Er **kehrte** aus dem Urlaub **zurück**. 彼は休暇から**戻った**
- Wann **kommt** sie von der Reise **zurück**? 彼女はいつ旅行から**戻って来るの**
- Er **zweifelt** nie an seiner Frau. 彼は妻を決して**疑わない**

A ☐	**abwärts** アップヴェルツ	副 下方へ
☐	**allein** アライン	形 ひとりで
☐	**allgemein** アルゲマイン	形 一般的な
☐	**allmählich** アルメーリヒ	副 しだいに
☐	**als** アルス	接 【従属】…したとき
☐	**als ob** アルス オップ	接 【従属】あたかも…かのように
☐	**anstrengend** アンシュトレンゲント	形 骨の折れる, きつい
☐	**arbeitslos** アルバイツロース	形 失業している
☐	**aufmerksam** アオフメルクザーム	形 注意深い
☐	**aufwärts** アオフヴェルツ	副 上方へ
☐	**außen** アオセン	副 外で, 外側で
☐	**außerdem** アオサーデーム	副 その上, その他
☐	**auswendig** アオスヴェンディッヒ	副 暗記して
B ☐	**bedeutend** ベドイテント	形 重要な, 著名な
☐	**begabt** ベガープト	形 才能のある
☐	**begreiflich** ベグライフリヒ	形 理解できる
☐	**beinahe** バイナーエ	副 (数量が) ほとんど

☐ Der Weg führt **abwärts**.	この道は**下り坂**だ
☐ Lass mich **allein**!	**ひとり**にしてくれ
☐ Das ist **allgemein** bekannt.	それは**一般的**に知られている
☐ Es wird **allmählich** heller.	**しだいに**明るくなる
☐ **Als** ich das Haus verließ, begann es zu regnen.	私が家を出た**とき**雨が降り始めた
☐ Er tut, **als ob** er schliefe.	彼は**あたかも**眠っている**ような**ふりをする
☐ Die Reise war sehr **anstrengend**.	その旅は非常に**きつかった**
☐ Er ist seit Monaten **arbeitslos**.	彼は数ヵ月前から**失業している**
☐ Höre bitte **aufmerksam** zu!	**注意深く**聞きなさい
☐ Die Straße führt **aufwärts**.	この道路は**上り坂**だ
☐ Das Haus sieht von **außen** nicht schön aus.	その家は**外から**はきれいに見えない
☐ Er ist reich, **außerdem** sieht er gut aus.	彼は金持ちで**その上**ハンサムだ
☐ Er lernt ein Gedicht **auswendig**.	彼は詩を**暗記する**
☐ Er ist ein **bedeutender** Schriftsteller.	彼は**著名な**作家だ
☐ Sie ist für Sprachen **begabt**.	彼女は語学の**才能がある**
☐ Seine Einstellung ist **begreiflich**.	彼の考え方は**理解できる**
☐ Wir haben **beinahe** zwei Stunden gewartet.	私たちは**ほとんど**2時間待った

☐ **bereit** ベライト	形	準備〈用意〉のできた
☐ **bereits** ベライツ	副	すでに，もう
☐ **beschäftigt** ベシェフティヒト	形	忙しい
☐ **bescheiden** ベシャイデン	形	謙虚な，つつましい
☐ **besondere** ベゾンデレ	形	特別な
☐ **besser** ベッサー	形	(gutの比較級) よりよい
☐ **bestimmt** ベシュティムト	副	きっと
☐ **blass** ブラス	形	(顔色などが) 青ざめた
☐ **böse** ベーゼ	形	怒った
D ☐ **dabei** ダバイ	副	そのそばに；そのときに
☐ **dadurch** ダドゥルヒ	副	それによって；そこを通って
☐ **dafür** ダフューア	副	そのために；それに賛成して
☐ **dagegen** ダゲーゲン	副	それに対して；それに反対して
☐ **dahinter** ダヒンター	副	その後ろに
☐ **damals** ダーマールス	副	当時
☐ **damit** ダミット	副	それを用いて
☐ **danach** ダナーハ	副	そのあとで

- ☐ Wir sind zur Abfahrt **bereit**.
  私たちは出発の**用意ができている**
- ☐ Ich habe **bereits** gegessen.　私は**すでに**食事をすませた
- ☐ Ich bin sehr **beschäftigt**.　私はとても**忙しい**
- ☐ Sie lebt **bescheiden**.　彼女は**つつましく**暮らしている
- ☐ Das ist doch nichts **Besonderes**.
  それは**特別な**ことではない
- ☐ Er singt **besser** als ich.　彼は歌が私**より上手だ**
- ☐ Das ist **bestimmt** nicht richtig. それは**きっと**正しくない
- ☐ Sie ist **blass** im Gesicht.　彼女は顔色が**青ざめている**
- ☐ Er wird immer gleich **böse**.　彼はいつもすぐに**怒る**
- ☐ An der Ecke parkte ein Auto, **dabei** stand ein Polizist.
  かどに車が駐車していた。**そのそばに**警官が立っていた
- ☐ Er hat das Medikament genommen und ist **dadurch** wieder gesund geworden.　彼はその薬を服用し，**それによって**再び元気になった
- ☐ Ich bin **dafür**.　私は**それに賛成だ**
- ☐ Ich bin **dagegen**.　私は**それに反対だ**
- ☐ **Dahinter** stand er.　**その後ろに**彼が立っていた
- ☐ **Damals** gab es noch keinen Computer.
  当時はまだコンピュータがなかった
- ☐ Er repariert **damit** die Maschine.
  彼は**それを用いて**機械を修理する
- ☐ Ich trinke Kaffee, **danach** gehe ich spazieren.
  私はコーヒーを飲み，**そのあとで**散歩に行く

☐ **daneben** ダネーベン	副	その横に
☐ **dankbar** ダンクバール	形	感謝している
☐ **daran** ダラン	副	それに接して；それについて
☐ **darauf** ダラオフ	副	その上に
☐ **daraus** ダラオス	副	その中から
☐ **darin** ダリン	副	その中に
☐ **darüber** ダリューバー	副	その上方に
☐ **darum** ダルム	副	その周りに；そのために
☐ **darunter** ダルンター	副	その下に
☐ **das** ダス	代	【関係】《単数中性1・4格》
☐ **davon** ダフォン	副	そこから；そのことについて
☐ **dazu** ダツー	副	そのために；そのことに対して
☐ **dem** デム	代	【関係】《単数男性・中性3格》
☐ **den** デン	代	【関係】《単数男性4格》
☐ **denen** デーネン	代	【関係】《複数形3格》
☐ **dennoch** デンノホ	副	それでも，それにもかかわらず
☐ **der** デア	代	【関係】《単数男性1格・女性3格》

- **Daneben** steht ein Postamt. その横に郵便局がある
- Dafür bin ich dir **dankbar**. そのことを私は君に**感謝している**
- **Daran** ist nichts mehr zu ändern. **それについて**もう何も変えることはできない
- Stell die Vase **darauf**! 花びんを**その上**に置きなさい
- Sie öffnete den Schrank und nahm **daraus** einen Koffer. 彼女は戸棚を開け，**そこから**トランクを取り出した
- **Darin** ist es kalt. **その中は**寒い
- **Darüber** hing ein Spiegel. **その上方に**鏡が掛かっていた
- Er war erkältet, **darum** fehlte er. 彼は風邪をひき，**そのために**欠席した
- Er steht **darunter**. 彼は**その下に**立っている
- Wie heißt das Bier, **das** Sie mögen? あなたの好きなビールは何という銘柄ですか
- **Davon** weiß ich nichts. **そのことについて**私は何も知らない
- **Dazu** brauche ich Zeit und Geld. **そのために**私は時間とお金が必要だ
- Der Mann, mit **dem** sie da tanzt, ist mein Onkel. 彼女がそこでダンスをしている男性は私の叔父だ
- Wie heißt der Wein, **den** Sie mögen? あなたの好きなワインは何という銘柄ですか
- Die Leute, von **denen** ich dir erzählt hatte, sind in die USA geflogen. 私が君に話した人々はアメリカへ行ってしまった
- Er hatte viel zu tun, **dennoch** kam er. 彼は用事がたくさんあったが，**それでも**来た
- Der Mann, **der** dort steht, ist mein Onkel. あそこに立っている男性は私の叔父だ

☐	**deren** デーレン	代 【関係】《単数女性2格；複数2格》
☐	**dessen** デッセン	代 【関係】《単数男性・中性2格》
☐	**desto** デスト	《je +比較級と呼応》**それだけいっそう，ますます**
☐	**deswegen** デスヴェーゲン	副 だから，そのため
☐	**deutlich** ドイトリヒ	形 明瞭な，はっきり認識できる
☐	**dicht** ディヒト	形 密な
☐	**die** ディー	代 【関係】《単数女性1・4格；複数1・4格》
☐	**dorthin** ドルトヒン	副 あそこへ，そこへ
☐	**draußen** ドラオセン	副 外で
☐	**dringend** ドリンゲント	形 緊急の
☐	**drinnen** ドリンネン	副 室内で
☐	**durchaus** ドゥルヒアオス	副 まったく
☐	**durcheinander** ドゥルヒアイナンダー	副 お互いに入り乱れて，乱雑に
E ☐	**eben** エーベン	副 ちょうど；つい今しがた
☐	**ebenfalls** エーベンファルス	副 同じように
☐	**ebenso** エーベンゾー	副 《wie と呼応》**まったく同じように**
☐	**echt** エヒト	形 本物の

- Die Touristen, **deren** Bus dort steht, sind Engländer.
  あそこにバスがとまっている旅行者たちはイギリス人だ
- Dort steht der Bahnhof, **dessen** Bild ich dir gezeigt habe.
  私が君に見せた写真はそこにある駅だ
- Je älter er wird, **desto** bescheidener wird er.
  彼は年をとるほど**いっそう**謙虚になる
- Er ist krank, **deswegen** kommt er nicht.
  彼は病気です，**だから**来ません
- Er spricht **deutlich**. 彼は**明瞭に**話す
- Die Häuser stehen hier sehr **dicht**.
  ここは人家が非常に**密集している**
- Hunde, **die** bellen, beißen nicht. ほえる犬はかまない
- Wie komme ich am schnellsten **dorthin**?
  どうしたら**そこへ**一番早く行けますか
- **Draußen** ist es kalt. **外は**寒い
- Ich muss ihn **dringend** sprechen.
  私は**緊急に**彼と話さなければならない
- Er ist schon **drinnen**. 彼はもう**室内に**いる
- Das ist **durchaus** möglich. それは**まったく**可能だ
- Seine Sachen sind völlig **durcheinander**.
  彼の物はすっかり**ごちゃごちゃだ**
- Er ist **eben** abgereist. 彼は**つい今しがた**出発した
- Schönes Wochenende! — **Ebenfalls**.
  よい週末を — **あなたも**
- Ich bin **ebenso** alt wie er. 私は彼と年齢が**ちょうど同じだ**
- Der Ring ist aus **echtem** Gold. その指輪は**純金製だ**

☐ **egal** エガール	形	どうでもいい
☐ **ehe** エーエ	接【従属】	…する前に
☐ **eher** エーアー	副	(baldの比較級) より早く むしろ
☐ **eigen** アイゲン	形	自分の
☐ **einander** アイナンダー	副	お互いを（に）
☐ **einzig** アインツィヒ	形	唯一の，ただ一人の
☐ **eng** エング	形	狭い，きつい　　→p.202
☐ **entfernt** エントフェルント	形	遠く離れた
☐ **ernst** エルンスト	形	まじめな
F ☐ **fest** フェスト	形	固まった，しっかりした
☐ **feucht** フォイヒト	形	湿った
☐ **finanziell** フィナンツィエル	形	経済的な
☐ **folgend** フォルゲント	形	次の
☐ **fort** フォルト	副	立ち去って
☐ **freilich** フライリヒ	副	もちろん
☐ **froh** フロー	形	喜びに満ちた

- ☐ Das ist mir ganz **egal**. それは私にはまったく**どうでもよい**
- ☐ Sie schaute kurz in den Spiegel, **ehe** sie die Tür öffnete.
  彼女はドアを開ける**前に**すばやく鏡を見た
- ☐ Ich konnte nicht **eher** kommen.
  私は**これ以上早くは**来られなかった
- ☐ Heute ist es **eher** warm als kalt.
  今日は寒いというより**むしろ**暖かい
- ☐ Ich will ein **eigenes** Zimmer haben.
  私は**自分の**部屋が欲しい
- ☐ Sie lieben **einander**. 彼らは**互いに**愛し合う
- ☐ Sein **einziger** Sohn ist krank. 彼の**一人**息子は病気だ
- ☐ Die Hose ist mir zu **eng**. このズボンは私には**きつすぎる**
- ☐ Die Schule liegt weit **entfernt** von der Stadt.
  その学校は街から**遠く離れた**ところにある
- ☐ Ich kann diese Sache nicht **ernst** nehmen.
  私はこの件を**まじめに**考えられない
- ☐ Er drückte ihr **fest** die Hand.
  彼は**しっかりと**彼女の手を握った
- ☐ Meine Hose ist noch **feucht**.
  私のズボンはまだ**湿っている**
- ☐ Ich habe **finanzielle** Schwierigkeiten.
  私は**経済的に**困っている
- ☐ Er hat **folgende** Worte gesagt. 彼は**次の**言葉を言った
- ☐ Sie sind schon **fort**. 彼らはもう**立ち去った**
- ☐ Er hat **freilich** recht. 彼の言うことは**もちろん**正しい
- ☐ Darüber sind sie alle **froh**.
  そのことを彼らはみんな**喜んでいる**

☐ **fröhlich** フレーリヒ	形	陽気な，楽しげな
☐ **früher** フリューアー	形	より早い；副 以前
☐ **furchtbar** フルヒトバール	形	恐ろしい，ひどい
G ☐ **gar** ガール	副	《否定詞とともに》まったく（…でない）
☐ **gebraucht** ゲブラオホト	形	使い古された，中古の
☐ **geduldig** ゲドゥルディヒ	形	辛抱強い
☐ **gefährlich** ゲフェーアリヒ	形	危険な
☐ **gemeinsam** ゲマインザーム	形	共通の，共有の
☐ **geradeaus** ゲラーデアオス	副	まっすぐに
☐ **gering** ゲリング	形	（量などが）少ない
☐ **geschickt** ゲシックト	形	器用な
☐ **geschlossen** ゲシュロッセン	形	（店などが）閉まっている
☐ **gewöhnlich** ゲヴェーンリヒ	形	日常の，ふだんの
☐ **gleichfalls** グライヒファルス	副	同様に
☐ **günstig** ギュンスティヒ	形	好都合な，有利な
H ☐ **hart** ハルト	形	かたい　　　　→p.202 厳しい

名詞／動詞／**その他**

- Sie tanzen **fröhlich**. 彼らは**楽しげに**踊る
- Je **früher**, desto besser. **早ければ早い**ほどよい
- Das ist ja **furchtbar**! それは本当に**ひどい**
- Wir haben **gar** keine Zeit. 私たちは**全く**時間がない
- Er will sich einen **gebrauchten** Wagen kaufen.
  彼は**中古の**車を買うつもりだ
- Sie ist sehr **geduldig**. 彼女は非常に**辛抱強い**
- Das ist eine **gefährliche** Krankheit. それは**危険な**病気だ
- Er ist unser **gemeinsamer** Freund.
  彼は私たちの**共通の**友人だ
- Immer **geradeaus**! どこまでも**まっすぐに**行きなさい
- Darauf lege ich nur **geringen** Wert.
  それに私は**わずかな**価値しか置かない
- Er ist sehr **geschickt**. 彼は非常に**器用だ**
- Ab 15 Uhr ist die Bank **geschlossen**.
  15時以降は銀行は**閉まっている**
- **Gewöhnlich** steht er um 8 Uhr auf.
  ふだん彼は8時に起きる
- Schönes Wochenende! — Danke, **gleichfalls**!
  すてきな週末を — ありがとう，**ご同様に**
- Der Wind war **günstig**. 風は**好都合**だった
- Das Brot ist **hart** geworden. そのパンは**かたく**なった
- Wir haben einen **harten** Winter hinter uns.
  私たちは**厳しい**冬を過ごした

3級・その他

☐	**hässlich** ヘスリヒ	形 醜い
☐	**häufig** ホイフィヒ	形 たびたびの
☐	**heftig** ヘフティヒ	形 激しい
☐	**heraus** ヘラオス	副 外へ
☐	**herrlich** ヘルリヒ	形 すばらしい
☐	**höchstens** ヘーヒステンス	副 せいぜい
☐	**höflich** ヘーフリヒ	形 礼儀正しい
I ☐	**indem** インデーム	接 【従属】…によって，…しながら
☐	**intelligent** インテリゲント	形 知能の高い，頭がよい
☐	**intensiv** インテンズィーフ	形 集中的な，徹底的な
☐	**international** インターナツィオナール	形 国際的な
J ☐	**jedenfalls** イェーデンファルス	副 いずれにせよ
K ☐	**kaputt** カプット	形 壊れた，故障している
☐	**keineswegs** カイネスヴェークス	副 決して…ない
☐	**klasse** クラッセ	形 すごい
☐	**kürzlich** キュルツリヒ	副 最近
L ☐	**lange** ランゲ	副 長く，長い間

- ☐ Es ist ein **hässliches** Wetter. いやな天気だ
- ☐ Der Unterricht fiel **häufig** aus. その授業はたびたび休講になった
- ☐ Es begann **heftig** zu schneien. 激しく雪が降り始めた
- ☐ **Heraus** aus dem Bett! 起きろ
- ☐ Dieser Wein schmeckt **herrlich**. このワインの味はすばらしい
- ☐ Das Buch hat **höchstens** 200 Seiten. その本はせいぜい200ページだ
- ☐ Sie ist immer **höflich**. 彼女はいつも礼儀正しい
- ☐ Er beruhigte das Kind, **indem** er es streichelte. 彼は子供をなでてなだめてやった
- ☐ Sie ist sehr **intelligent**. 彼女は非常に頭がよい
- ☐ Sie nimmt **intensiv** an Unterricht teil. 彼女は一生懸命講義に参加する
- ☐ Er ist **international** bekannt. 彼は国際的に知られている
- ☐ Ich rufe sie **jedenfalls** an. 私は彼女にいずれにせよ電話をする
- ☐ Das Telefon ist **kaputt**. 電話は故障している
- ☐ Er ist **keineswegs** dumm. 彼は決してばかでない
- ☐ Das ist **klasse**! そいつはすごい
- ☐ Ich habe ihn **kürzlich** getroffen. 私は最近彼に会った
- ☐ Er muss **lange** warten. 彼は長い間待たねばならない

☐ **längst** レングスト	副 とっくに	
☐ **lebendig** レベンディヒ	形 生きている 生き生きした	
☐ **leer** レーア	形 からの	→p.203
☐ **leid** ライト	《 es tut j³ leid の形で》 〔…¹を…³は〕 残念に思う	
☐ **letzte** レッツテ	形 最後の	
☐ **los** ロース	形 (ある事が) 起こって 取れて	
M ☐ **meist** マイスト	形 (vielの最上級) 最も多くの，大部分の たいていの	
☐ **meistens** マイステンス	副 たいてい（の場合）	
☐ **menschlich** メンシュリヒ	形 人間の，人間的な	
☐ **miteinander** ミットアイナンダー	副 お互いと	
☐ **modern** モデルン	形 現代的な，モダンな	
☐ **monatlich** モーナトリヒ	形 毎月の	
N ☐ **nachdem** ナーハデーム	接 【従属】…したあとに	→p.215
☐ **nackt** ナックト	形 裸の	
☐ **nämlich** ネームリヒ	副 すなわち，というのは	

- Das weiß ich **längst**.　そのことを私は**とっくに**知っている
- Der Fisch ist noch **lebendig**.　その魚はまだ**生きている**
- Sein Sohn ist sehr **lebendig**.
　　　　　　　　　　　彼の息子はとても**生き生きしている**
- Die Flasche ist **leer**.　そのびんは**からだ**
- Es tut mir **Leid**, dass ich nicht mitkommen kann.
　　　　　　私はいっしょに行けないのが**残念だ**
- Der **letzte** Bus geht in fünf Minuten.
　　　　　　　　最終バスが5分後に出る
- Was ist denn **los**?　一体何が**起きたんだ**
- An deiner Jacke ist ein Knopf **los**.
　　　　　　　君の上着のボタンが1つ**取れている**
- Die **meisten** glauben nicht mehr daran.
　　　　たいていの人はそのことをもう信じていない
- Ich benutze **meistens** diesen Bus.
　　　　　　私は**たいてい**このバスを利用している
- **Menschlich** hat er mich enttäuscht.
　　　　　　　　　　　人間的に私は彼に失望した
- Sie unterhalten sich **miteinander**.
　　　　　　　　　彼らは**お互い**歓談する
- Sie liebt **moderne** Kleidung.
　　　　　　　　　彼女は**モダンな**服装が好きだ
- Die Zeitschrift erscheint **monatlich**.
　　　　　　　　　その雑誌は**毎月**発行される
- **Nachdem** er gegessen hat, geht er spazieren.
　　　　　　　　彼は食事をした**あとに**散歩をする
- Die Kinder laufen **nackt** herum.
　　　　　　　　子供たちが**裸で**走り回っている
- Ich kann nicht kommen, ich muss **nämlich** noch arbeiten.
　　私は行けない，**というのは**まだ仕事をしなければならない

☐ **nass** ナス	形 ぬれた，湿った	
☐ **neuerdings** ノイアーディングス	副 最近	
☐ **neugierig** ノイギーリヒ	形 好奇心の強い	
☐ **neulich** ノイリヒ	副 先日	
☐ **niedrig** ニードリヒ	形 低い	→p.203
☐ **normal** ノルマール	形 標準的な，ふつうの	
☐ **nötig** ネーティッヒ	形 必要な	
☐ **notwendig** ノートヴェンディッヒ	形 必要の	
☐ **nützlich** ニュッツリヒ	形 役に立つ	
O ☐ **oben** オーベン	副 上に	→p.203
☐ **obwohl** オップヴォール	接 【従属】…なのに	→p.215
☐ **öffentlich** エッフェントリヒ	形 公共の	
P ☐ **persönlich** ペルゼーンリヒ	形 個人的な	
☐ **praktisch** プラクティッシュ	形 実用的な	
☐ **prima** プリーマ	形 すてきな，すばらしい	
☐ **privat** プリヴァート	形 私的な	
Q ☐ **quer** クヴェーア	副 ななめに	

名詞／動詞／**その他**

- Seine Kleider sind **nass**. 彼の服は**ぬれて**いる
- Er fährt **neuerdings** mit der U-Bahn. 彼は**最近**地下鉄を利用する
- Das Kind ist sehr **neugierig**. その子供は非常に**好奇心が強い**
- Ich bin ihr **neulich** begegnet. 私は**先日**彼女に偶然会いました
- Die Vögel fliegen **niedrig**. 鳥が**低く**飛ぶ
- Er hat ein **normales** Gewicht. 彼は**標準的な**体重だ
- Es ist nicht **nötig**, Licht zu machen. 明かりをつける**必要はない**
- Das Wasser ist für das Leben **notwendig**. 水は生きるために**必要だ**
- Das Buch ist mir sehr **nützlich**. その本は私にはとても**役に立つ**
- Das Dorf liegt **oben** auf dem Berg. その村は山の**上の方に**ある
- Er bleibt zu Hause, **obwohl** das Wetter sehr schön ist. 彼は天気がとてもいい**のに**家にいる
- Das ist ein **öffentliches** Verkehrsmittel. それは**公共の**交通機関だ
- Ich kenne ihn **persönlich**. 私は彼を**個人的に**知っている
- Das ist **praktisch**！ これは**実用的だ**
- Das Essen war einfach **prima**. 食事はとにかく**すばらしかった**
- Das ist eine **private** Sache. それは**私的な**問題だ
- Er lief **quer** über die Straße. 彼は道を**横切って**走って行った

3級・その他

R	**realistisch** レアリスティッシュ	形 現実的な
	rechtzeitig レヒトツァイティヒ	形 ちょうどよい時の
	regelmäßig レーゲルメースィヒ	形 規則正しい，規則的な
	reif ライフ	形 熟した
	roh ロー	形 生の
	rund ルント	形 丸い
S	**sauber** ザオバー	形 清潔な　→p.203
	sauer ザオアー	形 すっぱい
	scharf シャルフ	形 鋭い，鋭利な
	schließlich シュリースリヒ	副 最後に，結局
	seitdem ザイトデーム	接【従属】…して以来
	selbstverständlich ゼルプストフェアシュテントリヒ	形 自明の，もちろん
	so dass ゾー　ダス	接【従属】それで
	so ..., dass ~ ゾー　　ダス	接【相関的】非常に…なので~
	sobald ゾバルト	接【従属】…したらすぐ　→p.215
	sogar ゾガール	副 …でさえも　→p.215
	solange ゾランゲ	接【従属】…の間は

- Sie denkt **realistisch**. 彼女は**現実的に**考える
- Er ging **rechtzeitig** nach Hause. 彼は**ちょうどよい時に**帰宅した
- Er nimmt **regelmäßig** seine Tabletten ein. 彼は**規則正しく**薬を飲む
- Die Äpfel sind noch nicht **reif**. リンゴは未だ**熟して**いない
- Das Fleisch ist noch **roh**. その肉はまだ**生だ**
- Dieser Turm ist **rund**. この塔は**円形だ**
- Sie hat **saubere** Hände. 彼女は**清潔な**手をしている
- Der Apfel ist noch **sauer**. そのりんごはまだ**すっぱい**
- Er hatte ein **scharfes** Messer. 彼は**鋭利な**ナイフを持っていた
- **Schließlich** gab er nach. **ついに**彼は譲歩した
- **Seitdem** ich umgezogen bin, habe ich ihn nicht mehr gesehen. 私は引っ越しをして**以来**彼にずっと会っていない
- Kommst du mit? — **Selbstverständlich**! 君も一緒に来るの — **もちろん**
- Er war sehr krank, **so dass** er nicht kommen konnte. 彼は病気がひどくて，**それで**来ることができなかった
- Es regnete **so** stark, **dass** ich zu Hause bleiben musste. 雨が**非常に**激しかった**ので**，私は家にいなければならなかった
- **Sobald** sie kommt, werde ich sie fragen. 私は彼女が来たら**すぐ**尋ねます
- Ich arbeite **sogar** im Urlaub. 私は休暇中**でさえも**働く
- Ich bleibe hier, **solange** du hier bist. 君がここにいる**間は**私もここにいる

☐ **soviel** ゾフィール	接【従属】…の限りでは	
☐ **sowohl ..., als [auch] ~** ゾヴォール　　アルス	接【相関的】…も~も	
☐ **stets** シュテーツ	副 いつも，つねに	
☐ **stolz** シュトルツ	形 《auf j⁴・et⁴》〔…⁴を〕**誇りにしている**	
T ☐ **täglich** テークリヒ	形 毎日	
☐ **tatsächlich** タートゼヒリヒ	副 実際に，本当に	
☐ **toll** トル	形 すばらしい	
☐ **trocken** トロッケン	形 乾いた	
☐ **tüchtig** テュヒティッヒ	形 有能な	
U ☐ **überall** ユーバーアル	副 至る所で，どこでも	
☐ **überhaupt** ユーバーハオプト	副 《疑問文で》**いったい** 《否定詞とともに》**まったく**	→p.215
☐ **übermorgen** ユーバーモルゲン	副 あさって	
☐ **überrascht** ユーバーラッシュト	形 びっくりした	→p.215
☐ **übrig** ユーブリヒ	形 残りの	
☐ **übrigens** ユーブリゲンス	副 ところで，ちなみに	
☐ **umsonst** ウムゾンスト	副 無料で，ただで	→p.215

名詞／動詞／*その他* 171

- **Soviel** ich gehört habe, ist er krank.
  私の聞いた**限りでは**，彼は病気だ
- Sie spricht **sowohl** Englisch **als [auch]** Deutsch.
  彼女は英語**も**ドイツ語**も**話す
- Er bringt **stets** Blumen mit. 彼は**いつも**花を持って来る
- Er ist **stolz** auf dich. 彼は君を**誇りにしている**
- Sie arbeiten zehn Stunden **täglich**.
  彼らは**毎日**10時間働いている
- Haben die Leute das **tatsächlich** geglaubt?
  人々はそのことを**本当に**信じたのか
- Das Fest war einfach **toll**! 祭りは実に**すばらしかった**
- Die Wäsche ist noch nicht **trocken**.
  洗濯ものはまだ**乾いて**いない
- Er ist sehr **tüchtig**. 彼は非常に**有能だ**
- Er ist **überall** bekannt. 彼は**どこでも**知られている
- Was wollen Sie **überhaupt**?
  いったいあなたはどうしてほしいのか
- Das ist **überhaupt** nicht wahr.
  それは**まったく**真実ではない
- Er kommt **übermorgen** zurück. 彼は**あさって**戻って来る
- Ich war darüber **überrascht**.
  私はそれについて**びっくりした**
- Drei Äpfel sind **übrig**. リンゴが3個**残っている**
- **Übrigens**, sein Vater ist Lehrer. **ちなみに**彼の父は教師だ
- Er hat **umsonst** gearbeitet. 彼は**ただで**働いた

3級・その他

		むだに
☐	**umständlich** ウムシュテントリヒ	形 めんどうな
☐	**unbedingt** ウンベディングト	形 無条件に，ぜひとも
☐	**ungeheuer** ウンゲホイアー	形 ものすごい
☐	**unglaublich** ウングラオブリヒ	形 （信じられないほど）ひどい
☐	**unhöflich** ウンヘーフリヒ	形 無礼な，失礼な
☐	**unmöglich** ウンメークリヒ	形 不可能な
☐	**unterwegs** ウンターヴェークス	副 途中で →p.215
v ☐	**vergesslich** フェアゲスリヒ	形 忘れっぽい
☐	**verheiratet** フェアハイラーテット	形 結婚している →p.203
☐	**verlassen** フェアラッセン	形 見捨てられた，孤独な
☐	**verschieden** フェアシーデン	形 異なった
☐	**vielmehr** フィールメーア	副 （〜というより）むしろ
☐	**vollkommen** フォルコンメン	形 完璧な，完全な
☐	**vorbei** フォアバイ	副 《an j³・et³》〔…³の〕そばを通りすぎて 過ぎ去った
☐	**vorgestern** フォーアゲスターン	副 おととい，一昨日

名詞／動詞／**その他**　173

- Sie hat **umsonst** gewartet. 　彼女は待ったが**むだ**だった
- Das ist mir zu **umständlich**.
  それは私にはあまりにも**めんどう**だ
- Ich muss ihm **unbedingt** helfen.
  私は彼を**ぜひとも**助けねばならない
- Er besitzt **ungeheuere** Kraft.
  彼は**ものすごい**力を持っている
- Das ist **unglaublich**! 　　　それは**ひどい**
- Er ist zu mir **unhöflich** gewesen.
  彼は私に対して**無礼**だった
- Es ist **unmöglich**, daran teilzunehmen.
  それに参加することは**不可能**だ
- Er traf **unterwegs** seinen Lehrer.
  彼は**途中で**先生に会った
- Sie ist immer **vergesslich**.
  彼女はますます**忘れっぽくなる**
- Sie ist **verheiratet**. 　彼女は**結婚している**
- Er fühlt sich **verlassen**. 彼は**見捨てられた**気分になっている
- Wir sind **verschiedener** Meinung.
  私たちは見解が**異なっている**
- Sie ist nicht böse, sie ist **vielmehr** traurig.
  彼女は怒ってはいない，**むしろ**悲しいのだ
- Kein Mensch ist **vollkommen**.
  どんな人間も**完璧**ではない
- Er ging an mir **vorbei**. 　彼は私の**そばを通りすぎて**行った
- Der Winter ist **vorbei**. 　　冬が**過ぎ去った**
- Ich habe ihn **vorgestern** angerufen.
  私は**一昨日**彼に電話をかけた

3級・その他

☐ **vorher** フォーアヘーア	副 前もって	
☐ **vorwärts** フォーアヴェルツ	副 前方へ	
☐ **wach** ヴァハ	形 目が覚めている	
☐ **während** ヴェーレント	接【従属】…する間	
☐ **weg** ヴェック	副 離れて いなくなった	
☐ **weich** ヴァイヒ	形 やわらかい	→p.202
☐ **weiter** ヴァイター	形 (さらに) ほかの	
☐ **wenigstens** ヴェーニヒステンス	副 すくなくとも	
☐ **wieder** ヴィーダー	副 再び, また	
☐ **wild** ヴィルト	形 野性の, 未開の	
☐ **wofür** ヴォフューア	副 何のために	
☐ **womit** ヴォミット	副 何を使って	
☐ **worauf** ヴォラオフ	副 何の上に《 auf の意味用法に準じて用いられる》	
☐ **worum** ヴォルム	副 何をめぐって《 um の意味用法に準じて用いられる》	
☐ **worüber** ヴォリューバー	副 何について《 über の意味用法に準じて用いられる》	
☐ **wovon** ヴォフォン	副 何について《 von の意味用法に準じて用いられる》	

名詞／動詞／**その他** 175

- [ ] Warum hast du mir das nicht **vorher** gesagt?
  なぜ私にそのことを**前もって**言わなかったの
- [ ] Er fährt **vorwärts**. 彼は**前方へ**車を進める
- [ ] Der Lärm hat mich **wach** gemacht.
  騒音で私は**目が覚めた**
- [ ] Er las, **während** sie schlief.
  彼女が眠っている**間**，彼は本を読んでいた
- [ ] Hände **weg**! 手を**どけろ**
- [ ] Er war schon **weg**. 彼はもう**いなくなって**いた
- [ ] Die Nudeln sind zu **weich** geworden.
  麺が**やわらかく**なり過ぎた
- [ ] Haben Sie noch **weitere** Fragen?
  まだ**他の**質問がありますか
- [ ] Komm doch **wenigstens** einen Tag!
  すくなくとも一日くらいは来いよ
- [ ] Er war **wieder** nicht zu Hause. 彼は**また**家にいなかった
- [ ] Leben hier **wilde** Tiere? ここには**野性の**動物がいますか
- [ ] **Wofür** brauchst du das Geld?
  君は**何のために**お金が必要なんだ
- [ ] **Womit** soll ich die Schuhe putzen?
  何を使って靴を磨けばよいのですか
- [ ] **Worauf** wartest du?
  《auf+ 4 warten …4 を待つ》**何を**待っているのですか
- [ ] **Worum** handelt es sich denn?
  《es handelt sich um+4 … …4 が問題だ》いったい**何が**問題なんだ
- [ ] **Worüber** haben Sie gesprochen?
  《über+4 sprechen …4 について話す》あなた方は**何について**話していたのですか
- [ ] **Wovon** ist die Rede?
  《von+3 ist die Rede… …3 が話題である》**何について**話しているのですか

3級・その他

☐ **wozu** ヴォツー	副	何のために
Z ☐ **zart** ツァールト	形	きゃしゃな，柔らかい
☐ **ziemlich** ツィームリヒ	副	かなり
☐ **zirka** ツィルカ	副	約，およそ
☐ **zornig** ツォルニヒ	形	怒った
☐ **zu ..., als dass ~** ツ アルス ダス	接	[相関的] …過ぎて～ない
☐ **zuerst** ツエーアスト	副	最初に，初めは　　→p.215
☐ **zufällig** ツーフェリヒ	形	偶然の
☐ **zugleich** ツグライヒ	副	同時に　　→p.215
☐ **zuletzt** ツレッツト	副	最後に
☐ **zuvor** ツフォーア	副	それ以前に
☐ **zuweilen** ツヴァイレン	副	ときどき

- **Wozu** brauchen Sie das?
  それは**何のために**必要なのですか
- Die Frau hat **zarte** Hände.
  その女性は**きゃしゃな**手をしている
- Es ist **ziemlich** kalt. **かなり**寒い
- Dieser Wagen kostet **zirka** 9 000 Euro.
  この自動車は**約**9000ユーロだ
- Er ist **zornig** geworden. 彼は**怒った**
- Er ist noch **zu** klein, **als dass** er das verstünde.
  彼はそのことを理解する**には**まだ幼な**すぎる**《verstünde は verstehen の接続法第2式》
- Was wollen wir **zuerst** machen?
  私たちは**最初に**何をしようか
- Sie traf ihn **zufällig** in der Stadt.
  彼女は彼に**偶然**町で出会った
- Sie kamen alle **zugleich** an. 彼らは**同時に**到着した
- Er kam immer **zuletzt**. 彼はいつも**最後に**来た
- Ich muss **zuvor** noch telefonieren.
  私は**その前に**まだ電話しなければならない
- Er besucht uns **zuweilen**.
  彼は**ときどき**私たちのところに来る

コラム4

著者の修業時代（在間編）

　私の学生時代（と言ってももう35年以上も前のことですが）10数万語の「相良独和辞典」を何度も何度も読み返し、とうとう最後まで読み通した同級生がいました。本当にすべての単語を覚えたかどうかは定かでありませんが、彼の単語力が私のものをはるかに凌駕していたことは事実です。かつてコンサイス英和辞典をすべて「食べて覚えた」という人の話を聞いたことはありますが、それにしても彼の努力は大したものでした。

　私は単語を暗記するのが苦手で、いつも苦労をしていたのですが、ある時、とにかく原書を根気よく読めば、自然にドイツ語ができるようになるという話を読み、私も大学2年の夏から毎日ドイツ語の原書を100ページ読む決心をし、3年の冬まで続けました。一日100ページを読むのですから、当然精読はできませんし、また、最初は文の意味もわからず、ただページをめくるのですから、乱読とも言えません。「単語を読んだ」というのが正確かもしれません。しかし、「単語を読んだ」だけかもしれませんが、それでも、それを数ヶ月続けていくうちに、大学の授業のテキストが、バカらしく思えるほど簡単になったのです。

　あることを人並み以上にマスターしようとするならば、それにはそれなりの努力が必要なのかもしれません。みなさんも、一度思い切ってなにか他人のしないような努力をしてみたらいかがでしょうか ── たとえば本書のドイツ語の単語をすべて覚えるとか…。そんなことなんでもないか!?

第1章

差が出る熟語

熟語も覚えてさらにパワーアップ！

☐ was j⁴・et⁴ *betrifft*	〔…⁴〕に関して
☐ et⁴ in Ordnung *bringen*	〔問題など⁴を〕解決する
☐ j³ Bescheid *geben*	〔…³〕に知らせる
☐ zu Fuß *gehen*	歩いて行く
☐ in Erfüllung *gehen*	〔願望などが〕実現される
☐ vor j³ Angst *haben*	〔…³が〕怖い
☐ Glück *haben*	運がよい
☐ Lust *haben*	《zu 不定句と》〔…を〕したい
☐ eine Verabredung *haben*	（人と会う）約束がある
☐ Verspätung *haben*	遅れている
☐ es mit j³・et³ zu tun *haben*	〔…³とかかわりを〕持っている
☐ viel zu tun *haben*	やることがたくさんある
☐ das *heißt*（略 d. h.）	すなわち，つまり
☐ es *heißt, ...*	〔…と〕いわれている

- **Was** mich **betrifft**, bin ich gesund.
  私に関して言えば健康です

- Ich werde die Angelegenheit **in Ordnung bringen**.
  私はその件をちゃんと解決する

- **Geben** Sie **mir Bescheid**, wann Sie in der Stadt ankommen.
  いつ町に着くかを私に知らせてください

- Ich **gehe zu Fuß** zum Bahnhof.　　私は駅に歩いて行く

- Mein Wunsch ist **in Erfüllung gegangen**.
  私の願いは実現された

- Er **hat Angst vor** dem Lehrer.　　彼は先生が怖い

- Ich habe **Glück gehabt**.　　私は運がよかった

- Ich **habe** keine **Lust**, ins Kino zu gehen.
  私は映画に行きたくない

- Ich **habe** heute **eine Verabredung**.
  私はきょう人と会う約束がある

- Der Zug **hat** eine Stunde **Verspätung**.
  列車は1時間遅れている

- Wir **haben es** hier **mit** einer gefährlichen Terrorgruppe **zu tun**.
  私たちはこのことで危険なテロリスト集団を相手にしている

- Ich **habe** noch **viel zu tun**.
  私はまだやることがたくさんある

- Er ist Lehrer, **das heißt** Beamter.
  彼は教師，すなわち公務員だ

- **Es heißt**, er sei ein reicher Mann.
  彼は金持ちだといわれている

☐ zur Welt *kommen*	生まれる
☐ j^4 im Stich *lassen*	〔…^{4}を〕見捨てる
☐ im Sterben *liegen*	死にひんしている
☐ ein Problem *lösen*	問題を解決する
☐ einen Vorschlag *machen*	提案をする
☐ von j^3 Abschied *nehmen*	〔…^{3}に〕別れを告げる
☐ Platz *nehmen*	座る
☐ im Begriff *sein*	《zu 不定句と》ちょうど…しようとしている
☐ am Ende *sein*	疲れている
☐ in der Lage *sein*	《zu 不定句と》〔…が〕できる状況にある
☐ in Ordnung *sein*	整理された（正常な）状態である
☐ von j^3・et^3 die Rede *sein*	〔…^{3}が〕話題である
☐ an der Reihe *sein*	（誰々の）順番である
☐ et^4 aufs Spiel *setzen*	〔…^{4}を〕危険にさらす

名詞／動詞／**その他**

差が出る熟語

- Im Jahre 1770 **kam** Beethoven **zur Welt**.
  1770年にベートーヴェンが**生まれた**

- Er hat seine Familie **im Stich gelassen**.
  彼は家族を**見捨てた**

- Er **liegt im Sterben**.　　　　彼は**死にひんしている**

- Wir müssen **ein** technisches **Problem lösen**.
  私たちはある技術的な**問題を解決**せねばならない

- Er hat uns **einen** praktischen **Vorschlag gemacht**.
  彼は私たちに実際的な**提案をして**くれた

- Es fiel mir sehr schwer, **von** ihr **Abschied** zu **nehmen**.
  彼女に**別れを告げる**ことは私にはとてもつらかった

- Bitte **nehmen** Sie **Platz** !　　どうぞ**お座り**ください

- Er **war im Begriff** zu gehen.
  彼は**ちょうど行こうとしていた**

- Ich **bin** völlig **am Ende**.　　私は完全に**疲れている**

- Ich **bin** nicht **in der Lage**, dir zu helfen.
  私は君を助け**られる状況に**ない

- Der Motor **ist** nicht **in Ordnung**.
  エンジンの**状態がおかしい**

- **Wovon ist die Rede** ?　　何**について話している**のですか

- Du **bist an der Reihe**.　　　　君の順番だ

- Er hat alles **aufs Spiel gesetzt**.　　彼は**すべてをかけた**

差が出る熟語

☐ eine große Rolle *spielen*	重要な役割を果たす
☐ et⁴ in Frage *stellen*	〔…⁴を〕疑う
☐ ab und zu	ときどき
☐ auf und ab	上に下に；あちこちに
☐ mit Absicht	わざと
☐ vor allem	とりわけ
☐ im Durchschnitt	平均して
☐ auf einmal	突然；同時に
☐ auf jeden Fall	どんなことがあっても
☐ im Gegenteil	逆に，かえって
☐ im Grunde (genommen)	根本においては，結局は
☐ um ein Haar / ums Haar	間一髪で
☐ in Hinsicht auf et⁴	〔…⁴に〕関して
☐ zum ersten Mal	初めて

- ☐ Japan **spielt eine große Rolle** in der Weltpolitik.
  日本は国際政治において**重要な役割を果たす**
- ☐ Er **stellt** den Erfolg des Experiments **in Frage**.
  彼は実験の成功**を疑う**
- ☐ **Ab und zu** besuche ich meinen Großvater.
  ときどき，私は祖父を訪れる
- ☐ Der Mann ging im Zimmer **auf und ab**.
  その男は部屋の中を**あちこち**歩き回った
- ☐ Das hat seine Frau **mit Absicht** getan.
  それを彼の妻は**わざと**やったのだ
- ☐ Ich liebe Musik, **vor allem** die klassische.
  私は音楽，**とりわけ**クラシックが好きだ
- ☐ Dafür braucht man **im Durchschnitt** zwei Wochen.
  そのためには**平均して**2週間が必要だ
- ☐ **Auf einmal** fing es an zu regnen. **突然**，雨が降り始めた

- ☐ **Auf jeden Fall** werde ich morgen abreisen.
  どんなことがあっても私は明日出発するでしょう
- ☐ Er ist nicht faul, ganz **im Gegenteil**.
  彼は怠惰ではない，まったく**その反対だ**
- ☐ **Im Grunde genommen** hat er Recht.
  結局は，彼は正しい
- ☐ **Um ein Haar** hätte er den Zug verpasst.
  間一髪で，彼は列車に乗り遅れるところだった
- ☐ **In Hinsicht auf** die Kosten habe ich gar keine Sorgen.
  費用**に関して**私は全く心配していない
- ☐ Ich flog **zum ersten Mal** nach Deutschland, als ich zehn Jahre alt war.　私は10歳のとき**初めて**ドイツに行った

☐ um jeden Preis	是が非でも
☐ mit Recht	…は当然だ
☐ der Reihe nach	順番に従って
☐ Stück für Stück	１つ１つ，少しずつ
☐ in der Tat	実際に，事実
☐ zum größten Teil	大部分
☐ auf dem Weg	途中で
☐ auf diese Weise	このやり方で
☐ in keiner Weise	まったく（決して）…ない
☐ durch Zufall	偶然に
☐ in Zukunft	今後は，将来は
☐ ohne Zweifel	疑いもなく，明らかに
☐ im Ganzen	全部で
☐ immer wieder	繰り返し，何度も

- Ich muss **um jeden Preis** die Prüfung bestehen.
  私は**是が非でも**この試験に受からねばならない
- Sie ärgerte sich **mit Recht** darüber.
  彼女がそのことで怒ったの**は当然だ**
- Immer **der Reihe nach** ! **順番に従って**ください
- Er kam **Stück für Stück** weiter. 彼は**一歩ずつ**進んだ
- Das ist **in der Tat** schwierig. それは**実際に**困難だ
- Sie las das Buch **zum größten Teil**.
  彼女はその本を**大部分**読んだ
- Ich traf sie **auf dem Weg** zur Arbeit.
  私は彼女に仕事に行く**途中で**会った
- Das erledige ich **auf diese Weise**.
  このやり方で私はそれを処理する
- Ich habe ihm **in keiner Weise** geholfen.
  私は彼を**まったく**助けてやら**なかった**
- **Durch Zufall** erfuhren wir von seinem Tod.
  偶然に，わたしたちは彼の死を知った
- **In Zukunft** werde ich fleißiger sein.
  今後は，もっと勤勉になります
- Tokio ist **ohne Zweifel** eine der größten Städte der Welt.
  東京は**疑いもなく**世界の大都市の一つである
- In dieser Stadt wohnen **im Ganzen** etwa 70 Ausländer.
  この町には**全部で**およそ70人の外国人が住んでいる
- Er macht **immer wieder** den gleichen Fehler.
  彼は**何度も何度も**同じ間違いを**繰り返す**

☐ auf / für immer	永遠に，永久に
☐ nach und nach	だんだんと
☐ nicht einmal	…すらない
☐ noch einmal	もう一度
☐ auf Deutsch	ドイツ語で
☐ zurzeit	目下のところ，現在のところ

- ☐ Ich wollte sie **für immer** lieben.
  私は彼女を**永遠に**愛すつもりだった

- ☐ Es wird **nach und nach** dunkel.　**だんだんと**暗くなる

- ☐ Er kann **nicht einmal** grüßen.
  彼はあいさつ**すら**でき**ない**

- ☐ Bitte, **noch einmal** !　　**もう一度**お願いします

- ☐ Wie heißt „Megane" **auf Deutsch** ?
  メガネは**ドイツ語で**何といいますか

- ☐ **Zurzeit** habe ich Sommerferien.
  目下のところ，私は夏休み中である

単語学習の鉄則（亀ヶ谷編）

　私の「単語学習の鉄則」はこれです。この鉄則は東外大に代々伝わるもので本来は門外不出。でも今日は，本書を買ってくださった皆さんだけこっそり内緒でお教えします。

【鉄則その１】 昨日は5頁，今日は7頁，明日は3頁といった学習法は効果薄し。5頁と決めたら毎日5頁。無理のない学習計画を立てて勉強することが大切。**鉄の意志を持って勉強すべし。**

【鉄則その２】 単語学習には特別な時間を取らないことが大切。机に向かい勉強を始めようとすると必ずどこからか電話のベルが鳴るからです。**通勤通学のバスや電車の中などで勉強すべし。**

【鉄則その３】 今現在の自分の実力を把握することはどんな分野でも大切。単語学習においても同様です。**表やノートに，その日，その週，その月，覚えた単語の数を書き入れるべし。**

【鉄則その４】 あやふやに覚えた2000語より，しっかり正確に覚えた200語の方がはるかに威力があることは周知の事実です。**あやふやな2000語より，しっかり正確に200語を覚えるべし。**

【鉄則その５】 鉄則の5番目はまさに究極，「虎の巻」。忘れることを恐れてはいけません。繰り返すことを面倒に感じてはいけません。**忘れても気にせず，繰り返すべし。**

第2章

テーマ別

視点を変えて効率的に覚えよう！

1. セットで覚える単語　→ p.192
2. ペアで覚える単語　　→ p.202
3. 会話表現　　　　　　→ p.204
4. 発音問題に出る単語　→ p.212
5. 同音異義語など　　　→ p.217
6. 格変化など　　　　　→ p.220

セットで覚える単語

- ❶ 身体
- ❷ 衣服
- ❸ 家族
- ❹ 親戚
- ❺ 職業(1)
- ❻ 職業(2)
- ❼ 家具
- ❽ 電気製品
- ❾ 住まい
- ❿ 食器・キッチン用品
- ⓫ 飲み物
- ⓬ 食べ物
- ⓭ 野菜・果物
- ⓮ 動物・植物
- ⓯ 自然
- ⓰ 天候
- ⓱ 学校(1)
- ⓲ 学校(2)
- ⓳ 都市・郊外
- ⓴ 通り
- ㉑ 乗り物
- ㉒ 駅
- ㉓ 国名と民族(1)
- ㉔ 国名と民族(2)
- ㉕ 曜日
- ㉖ 月
- ㉗ 単位
- ㉘ 朝・昼・晩
- ㉙ 季節
- ㉚ 食事の時間
- ㉛ 方角
- ㉜ 秒・分，週

❶ 身体

- ☐ der **Körper**　ケルパー　体
- ☐ der **Arm**　アルム　腕
- ☐ das **Auge**　アオゲ　目
- ☐ der **Finger**　フィンガー　指
- ☐ der **Fuß**　フース　（くるぶしから下の）足
- ☐ das **Bein**　バイン　足
- ☐ das **Gesicht**　ゲズィヒト　顔
- ☐ die **Schulter**　シュルター　肩
- ☐ das **Haar**　ハール　髪
- ☐ die **Hand**　ハント　手
- ☐ der **Kopf**　コプフ　頭
- ☐ der **Mund**　ムント　口
- ☐ die **Nase**　ナーゼ　鼻
- ☐ das **Ohr**　オーア　耳

❷ 衣服

- ☐ die **Kleidung**　クライドゥング　衣服
- ☐ das **Kleid**　クライト　ワンピース
- ☐ der **Anzug**　アンツーク　スーツ
- ☐ die **Jacke**　ヤッケ　上着
- ☐ der **Mantel**　マンテル　コート
- ☐ das **Hemd**　ヘムト　シャツ
- ☐ die **Hose**　ホーゼ　ズボン
- ☐ die **Krawatte**　クラヴァッテ　ネクタイ
- ☐ der **Pullover**　プローヴァー　セーター
- ☐ der **Rock**　ロック　スカート
- ☐ der **Gürtel**　ギュルテル　ベルト
- ☐ der **Hut**　フート　帽子
- ☐ der **Schuh**　シュー　靴

セットで / ペアで / 会話 / 発音 / 同音異義語など / 格変化など

❸ 家　族

- die **Familie**　ファーミーリエ　家族
- die **Eltern**　エルターン　〈複〉両親
- der **Vater**　ファーター　父
- die **Mutter**　ムッター　母
- der **Mann**　マン　男，夫
- die **Frau**　フラオ　女，妻，…夫人
- das **Kind**　キント　子供
- der **Sohn**　ゾーン　息子
- die **Tochter**　トホター　娘
- die **Geschwister**　ゲシュヴィスター　〈複〉兄弟姉妹
- der **Bruder**　ブルーダー　兄，弟，兄弟
- die **Schwester**　シュヴェスター　姉，妹，姉妹

❹ 親　戚

- der・die **Verwandte**　フェアヴァンテ　親戚
- der **Großvater**　グロースファーター　祖父
- die **Großmutter**　グロースムッター　祖母
- der **Opa**　オーパ　おじいちゃん（幼児語）
- die **Oma**　オーマ　おばあちゃん（幼児語）
- der **Enkel**　エンケル　孫
- der **Onkel**　オンケル　おじ
- die **Tante**　タンテ　おば
- der **Cousin**　クゼーン　（男の）いとこ
- die **Cousine**　クズィーネ　（女の）いとこ
- der **Neffe**　ネッフェ　おい
- die **Nichte**　ニヒテ　めい

❺ 職　業 (1)

- der **Beruf**　ベルーフ　職業
- der **Angestellte**　アンゲシュテルテ　サラリーマン
- der **Bäcker**　ベッカー　パン屋
- der **Beamte**　ベアムテ　公務員
- der **Fleischer**　フライシャー　肉屋
- der **Friseur**　フリゼーア　理髪師
- der **Ingenieur**　インジェニエーア　エンジニア
- der **Kaufmann**　カオフマン　商人
- der **Kellner**　ケルナー　ウエーター
- der **Ober**　オーバー　ボーイ
- der **Pfarrer**　プファラー　牧師
- der **Polizist**　ポリツィスト　警官

❻ 職　業 (2)

- ☐ der **Anwalt** アンヴァルト — 弁護士
- ☐ der **Architekt** アルヒテクト — 建築家
- ☐ der **Lehrer** レーラー — 教師
- ☐ die **Lehrerin** レーレリン — 女教師
- ☐ der **Professor** プロフェソア — 教授
- ☐ der **Arzt** アールツト — 医師
- ☐ die **Krankenschwester** クランケンシュヴェスター — (女性) 看護師
- ☐ der **Philosoph** フィロゾーフ — 哲学者
- ☐ der **Autor** アオトア — 著者, 作家
- ☐ der **Schriftsteller** シュリフトシュテラー — 作家
- ☐ der **Künstler** キュンストラー — 芸術家
- ☐ der **Maler** マーラー — 画家
- ☐ der **Musiker** ムーズィカー — 音楽家

❼ 家　具

- ☐ die **Möbel** メーベル — 〈複〉家具
- ☐ das **Bett** ベット — ベッド
- ☐ der **Tisch** ティッシュ — 机
- ☐ das **Regal** レガール — 棚, 本棚
- ☐ der **Schrank** シュランク — 戸棚
- ☐ das **Sofa** ゾーファ — ソファー
- ☐ der **Sessel** ゼッセル — 安楽椅子
- ☐ der **Stuhl** シュトゥール — 椅子
- ☐ der **Spiegel** シュピーゲル — 鏡
- ☐ die **Vase** ヴァーゼ — 花瓶
- ☐ der **Teppich** テッピヒ — じゅうたん
- ☐ der **Vorhang** フォーアハング — カーテン

❽ 電気製品

- ☐ der **Fernseher** フェルンゼーヤー — テレビ
- ☐ das **Radio** ラーディオ — ラジオ
- ☐ der **CD-Player** ツェーデープレイヤー — CDプレイヤー
- ☐ der **Computer** コンピューター — コンピュータ
- ☐ der **Kühlschrank** キュールシュランク — 冷蔵庫
- ☐ die **Waschmaschine** ヴァッシュマシーネ — 洗濯機
- ☐ der **Staubsauger** シュタウプザオガー — 電気掃除機
- ☐ der **Fön** フェーン — ヘアドライヤー
- ☐ die **Heizung** ハイツング — 暖房
- ☐ die **Kaffeemaschine** カフェマシーネ — コーヒーメイカー

セットで / ペアで / 会話 / 発音 / 同音異義語など / 格変化など

❾ 住まい

- das **Haus** （ハオス） 家
- die **Wohnung** （ヴォーヌング） 住居
- das **Zimmer** （ツィンマー） 部屋
- die **Küche** （キュッヒェ） 台所
- das **Bad** （バート） 浴室
- die **Dusche** （ドゥッシェ） シャワー
- die **Tür** （テューア） ドア
- das **Fenster** （フェンスター） 窓
- die **Toilette** （トアレッテ） トイレ
- die **Treppe** （トレッペ） 階段
- der **Garten** （ガルテン） 庭
- die **Garage** （ガラージェ） 車庫

❿ 食器・キッチン用品

- das **Geschirr** （ゲシル） 食器
- die **Gabel** （ガーベル） フォーク
- der **Löffel** （レッフェル） スプーン
- das **Messer** （メッサー） ナイフ
- das **Glas** （グラース） グラス
- die **Tasse** （タッセ） カップ
- der **Teller** （テラー） 皿
- die **Flasche** （フラッシェ） ビン
- der **Topf** （トプフ） 深鍋
- die **Pfanne** （プファンネ） フライパン
- der **Flaschenöffner** （フラッシェンエフナー） 栓抜き
- der **Aschenbecher** （アッシェンベッヒャー） 灰皿

⓫ 飲み物

- das **Getränk** （ゲトレンク） 飲み物
- der **Kaffee** （カフェ） コーヒー
- der **Tee** （テー） 茶
- die **Milch** （ミルヒ） ミルク
- das **Wasser** （ヴァッサー） 水
- das **Mineralwasser** （ミネラールヴァッサー） ミネラルウォーター
- der **Saft** （ザフト） ジュース
- der **Alkohol** （アルコホール） アルコール
- das **Bier** （ビーア） ビール
- der **Wein** （ヴァイン） ワイン

⓬ 食べ物

- das **Essen** （エッセン） 食事
- das **Brot** （ブロート） パン
- die **Butter** （ブッター） バター
- das **Ei** （アイ） 卵
- das **Fleisch** （フライシュ） 肉
- der **Zucker** （ツッカー） 砂糖
- das **Salz** （ザルツ） 塩
- die **Suppe** （ズッペ） スープ
- das **Schnitzel** （シュニッツェル） カツレツ
- die **Wurst** （ヴルスト） ソーセージ
- die **Nudeln** （ヌーデルン） 〈複〉ヌードル
- der **Salat** （ザラート） サラダ
- der **Käse** （ケーゼ） チーズ
- der **Kuchen** （クーヘン） ケーキ

⓭ 野菜・果物

- das **Gemüse** （ゲミューゼ） 野菜
- der **Kohl** （コール） キャベツ
- die **Tomate** （トマーテ） トマト
- die **Möhre** （メーレ） ニンジン
- die **Kartoffel** （カルトッフェル） じゃがいも
- die **Zwiebel** （ツヴィーベル） タマネギ
- das **Obst** （オープスト） 果物
- der **Apfel** （アップフェル） リンゴ
- die **Banane** （バナーネ） バナナ
- die **Birne** （ビルネ） 洋ナシ
- die **Traube** （トラオベ） ブドウ
- die **Zitrone** （ツィトローネ） レモン

⓮ 動物・植物

- das **Tier** （ティーア） 動物
- der **Vogel** （フォーゲル） 鳥
- der **Fisch** （フィッシュ） 魚
- der **Hund** （フント） 犬
- die **Katze** （カッツェ） 猫
- das **Pferd** （プフェーアト） 馬
- der **Baum** （バオム） 木
- das **Holz** （ホルツ） （木材としての）木
- die **Pflanze** （プフランツェ） 植物
- die **Blume** （ブルーメ） 花
- die **Rose** （ローゼ） バラ
- das **Gras** （グラース） 草

⓯ 自　然

- ☐ die **Natur** ナトゥーア — 自然
- ☐ der **Berg** ベルク — 山
- ☐ der **Fluss** フルス — 川
- ☐ der **Bach** バッハ — 小川
- ☐ das **Feld** フェルト — 野原，畑
- ☐ der **Wald** ヴァルト — 森
- ☐ die **Wiese** ヴィーゼ — 草地
- ☐ das **Gebirge** ゲビルゲ — 山岳地帯
- ☐ der **Himmel** ヒンメル — 空
- ☐ der **See** ゼー — 湖
- ☐ die **See** ゼー — 海
- ☐ das **Meer** メーア — 海
- ☐ die **Insel** インゼル — 島

⓰ 天　候

- ☐ das **Klima** クリーマ — 気候
- ☐ die **Temperatur** テンペラトゥーア — 温度
- ☐ das **Wetter** ヴェッター — 天候
- ☐ der **Regen** レーゲン — 雨
- ☐ der **Schnee** シュネー — 雪
- ☐ der **Wind** ヴィント — 風
- ☐ der **Sturm** シュトゥルム — 嵐
- ☐ die **Wolke** ヴォルケ — 雲
- ☐ der **Donner** ドンナー — 雷
- ☐ die **Sonne** ゾンネ — 太陽
- ☐ der **Mond** モーント — 月
- ☐ der **Stern** シュテルン — 星

⓱ 学　校（1）

- ☐ die **Mathematik** マテマティーク — 数学
- ☐ die **Chemie** ヒェミー — 化学
- ☐ die **Physik** フュズィーク — 物理学
- ☐ die **Literatur** リテラトゥーア — 文学
- ☐ die **Geschichte** ゲシヒテ — 歴史
- ☐ die **Fremdsprache** フレムトシュプラーヘ — 外国語
- ☐ die **Hausaufgaben** ハオスアオフガーベン — 〈複〉宿題
- ☐ die **Pause** パオゼ — 休憩
- ☐ das **Semester** ゼメスター — 学期
- ☐ der **Unterricht** ウンターリヒト — 授業
- ☐ die **Vorlesung** フォーアレーズング — （大学の）講義

⓲ 学　校 (2)

- der **Kindergarten** キンダーガルテン 幼稚園
- die **Schule** シューレ 学校
- die **Grundschule** グルントシューレ 基礎学校（小学校）
- das **Gymnasium** ギュムナーズィウム ギムナジウム
- die **Hochschule** ホーホシューレ （単科）大学
- die **Universität** ウニヴェルズィテート 大学
- das **Studentenheim** シュトゥデンテンハイム 学生寮
- die **Mensa** メンザ 学生食堂

⓳ 都市・郊外

- die **Stadt** シュタット 町，都市
- die **Großstadt** グロースシュタット 都市
- die **Hauptstadt** ハオプトシュタット 首都
- die **Vorstadt** フォーアシュタット 郊外
- die **Umgebung** ウムゲーブング 周辺
- die **Gegend** ゲーゲント 地域，地方
- das **Dorf** ドルフ 村

⓴ 通　り

- die **Straße** シュトラーセ 通り
- die **Gasse** ガッセ 路地，横道
- der **Weg** ヴェーク 道
- die **Allee** アレー 並木通り
- die **Ampel** アンペル 信号機
- die **Autobahn** アオトバーン アウトバーン
- die **Kreuzung** クロイツング 交差点

㉑ 乗り物

- das **Auto** アオト 自動車
- der **Wagen** ヴァーゲン 自動車
- der **Bus** ブス バス
- das **Taxi** タクスィ タクシー
- das **Fahrrad** ファールラート 自転車
- das **Motorrad** モートアラート オートバイ
- das **Flugzeug** フルークツオイク 飛行機
- das **Schiff** シフ 船
- die **Straßenbahn** シュトラーセンバーン 路面電車
- die **U-Bahn** ウーバーン 地下鉄

... セットで / ペアで / 会話 / 発音 / 同音異義語など / 格変化など

❷❷ 駅

- ☐ die **Abfahrt** アップファールト 出発
- ☐ die **Ankunft** アンクンフト 到着
- ☐ der **Bahnhof** バーンホーフ 駅
- ☐ der **Bahnsteig** バーンシュタイク プラットホーム
- ☐ das **Gleis** グライス …番線
- ☐ der **Zug** ツーク 列車
- ☐ der **D-Zug** デーツーク 急行列車
- ☐ der **Eilzug** アイルツーク 準急列車
- ☐ der **Schnellzug** シュネルツーク 急行列車
- ☐ die **Fahrkarte** ファールカルテ 切符
- ☐ der **Fahrplan** ファールプラーン 時刻表

❷❸ 国名と民族 (1)

- ☐ **Deutschland** ドイチュラント ドイツ
- ☐ der・die **Deutsche** ドイチェ ドイツ人
- ☐ **deutsch** ドイチュ ドイツ(語)の
- ☐ die **Schweiz** シュヴァイツ スイス
- ☐ der **Schweizer** シュヴァイツァー スイス人
- ☐ **schweizerisch** シュヴァイツェリッシュ スイス(人)の
- ☐ **Österreich** エースタライヒ オーストリア
- ☐ der **Österreicher** エースタライヒャー オーストリア人
- ☐ **österreichisch** エースタライヒッシュ オーストリアの
- ☐ **Japan** ヤーパン 日本
- ☐ der **Japaner** ヤパーナー 日本人
- ☐ **japanisch** ヤパーニッシュ 日本(語)の

❷❹ 国名と民族 (2)

- ☐ **Amerika** アメーリカ アメリカ
- ☐ der **Amerikaner** アメリカーナー アメリカ人
- ☐ **amerikanisch** アメリカーニッシュ アメリカの
- ☐ **England** エングラント イギリス
- ☐ der **Engländer** エングレンダー イギリス人
- ☐ **englisch** エングリッシュ イギリスの，英語の
- ☐ **Frankreich** フランクライヒ フランス
- ☐ der **Franzose** フランツォーゼ フランス人
- ☐ **französisch** フランツェーズィッシュ フランス(語)の
- ☐ **Italien** イターリエン イタリア
- ☐ der **Italiener** イタリエーナー イタリア人
- ☐ **italienisch** イタリエーニッシュ イタリア(語)の

テーマ別・セットで覚える単語

㉕ 曜　日

- ☐ der **Montag** (モーンターク) 月曜日
- ☐ der **Dienstag** (ディーンスターク) 火曜日
- ☐ der **Mittwoch** (ミットヴォッホ) 水曜日
- ☐ der **Donnerstag** (ドンナースターク) 木曜日
- ☐ der **Freitag** (フライターク) 金曜日
- ☐ der **Sonnabend** (ゾンアーベント) 土曜日 ←（ドイツ北部・中部で）
- ☐ der **Samstag** (ザムスターク) 土曜日 ←（ドイツ西部・南部, オーストリア, スイスで）
- ☐ der **Sonntag** (ゾンターク) 日曜日

㉖ 月

- ☐ der **Januar** (ヤヌアール) 1月
- ☐ der **Februar** (フェーブルアール) 2月
- ☐ der **März** (メルツ) 3月
- ☐ der **April** (アプリル) 4月
- ☐ der **Mai** (マイ) 5月
- ☐ der **Juni** (ユーニ) 6月
- ☐ der **Juli** (ユーリ) 7月
- ☐ der **August** (アオグスト) 8月
- ☐ der **September** (ゼプテンバー) 9月
- ☐ der **Oktober** (オクトーバー) 10月
- ☐ der **November** (ノヴェンバー) 11月
- ☐ der **Dezember** (デツェンバー) 12月

㉗ 単　位

- ☐ der **Meter** (メーター) メートル
- ☐ der **Zentimeter** (ツェンティメーター) センチメートル
- ☐ der **Kilometer** (キロメーター) キロメートル
- ☐ das **Gramm** (グラム) グラム
- ☐ das **Kilogramm** (キログラム) キログラム
- ☐ das **Pfund** (プフント) ポンド
- ☐ das **Prozent** (プロツェント) パーセント
- ☐ das **Dutzend** (ドゥッツェント) ダース
- ☐ der **Liter** (リーター) リットル

❷⓿ 朝・昼・晩

- der **Morgen** — 朝
  モルゲン
- der **Vormittag** — 午前
  フォーアミッターク
- der **Mittag** — 昼
  ミッターク
- der **Nachmittag** — 午後
  ナーハミッターク
- der **Abend** — 晩, 夕方
  アーベント
- die **Nacht** — 夜
  ナハト

❷⓿ 季　節

- der **Frühling** — 春
  フリューリング
- der **Sommer** — 夏
  ゾンマー
- der **Herbst** — 秋
  ヘルプスト
- der **Winter** — 冬
  ヴィンター

❸⓿ 食事の時間

- das **Frühstück** — 朝食
  フリューシュテュック
- das **Mittagessen** — 昼食
  ミッタークエッセン
- das **Abendessen** — 夕食
  アーベントエッセン
- das **Abendbrot** — 夕食
  アーベントブロート

❸❶ 方　角

- der **Osten** — 東
  オステン
- der **Westen** — 西
  ヴェステン
- der **Süden** — 南
  ズューデン
- der **Norden** — 北
  ノルデン

❸❷ 秒・分, 週

- die **Sekunde** — 秒
  ゼクンデ
- die **Minute** — 分
  ミヌーテ
- die **Stunde** — 時間
  シュトゥンデ
- der **Tag** — 日
  ターク
- die **Woche** — 週
  ヴォッヘ
- das **Jahr** — 年
  ヤール

ペアで覚える単語

- abwesend 欠席の
  アップヴェーゼント
- anwesend 出席している
  アンヴェーゼント

- alt 古い，年をとった
  アルト
- neu 新しい
  ノイ
- jung 若い
  ユング

- arm 貧しい
  アルム
- reich 金持ちの
  ライヒ

- billig （値段が）安い
  ビリヒ
- teuer （値段が）高い
  トイアー

- bitter 苦い
  ビッター
- süß 甘い
  ズュース

- breit 幅の広い
  ブライト
- eng 幅の狭い
  エング
- schmal 幅の狭い，細い
  シュマール

- dick 厚い，太った
  ディック
- dünn 薄い，やせた
  デュン

- dumm ばかな
  ドゥム
- klug りこうな
  クルーク

- dunkel 暗い
  ドゥンケル
- hell 明るい
  ヘル

- einfach 簡単な
  アインファハ
- schwierig 難しい
  シュヴィーリヒ

- falsch まちがった
  ファルシュ
- richtig 正しい
  リヒティヒ

- faul 怠惰な
  ファオル
- fleißig 勤勉な
  フライスィヒ

- fern 遠い
  フェルン
- nahe 近い
  ナーエ

- früh （時間が）早い
  フリュー
- spät （時間が）遅い
  シュペート

- groß 大きい
  グロース
- klein 小さい
  クライン

- gut よい
  グート
- schlecht 悪い
  シュレヒト

- hart かたい
  ハルト
- weich やわらかい
  ヴァイヒ

- langsam （速度が）遅い
  ラングザーム
- schnell （速度が）速い
  シュネル

heiß	ハイス	熱い
warm	ヴァルム	温かい
kalt	カルト	冷たい，寒い
kühl	キュール	涼しい
her	ヘーア	こちらへ
hin	ヒン	そちらへ
hoch	ホーホ	高い
niedrig	ニードリヒ	低い
hungrig	フングリヒ	空腹の
satt	ザット	満腹の
durstig	ドゥルスティヒ	のどが渇いた
interessant	インテレサント	興味深い
langweilig	ラングヴァイリヒ	退屈な
krank	クランク	病気の
gesund	ゲズント	健康な
lang	ラング	長い
kurz	クルツ	短い
laut	ラオト	(声・音が)大きい
leise	ライゼ	(声・音が)小さい
still	シュティル	静かな
ruhig	ルーイヒ	静かな
ledig	レーディヒ	独身の
verheiratet	フェアハイラーテット	結婚している
leer	レーア	からの
voll	フォル	いっぱいの
leicht	ライヒト	軽い
schwer	シュヴェーア	重い
link	リンク	左の
recht	レヒト	右の
müde	ミューデ	疲れた
munter	ムンター	元気な
natürlich	ナテューアリヒ	自然の
künstlich	キュンストリヒ	人工の
oben	オーベン	上に
unten	ウンテン	下に
sauber	ザオバー	清潔な
schmutzig	シュムツィヒ	不潔な
schwach	シュヴァハ	弱い
stark	シュタルク	強い
viel	フィール	多くの
wenig	ヴェーニヒ	少しの

会話表現

> あいさつ／お元気ですか／さようなら／すみません／残念です／うれしい／おめでとう／乾杯・祈り／なんですって／どういたしまして／相づち／自己紹介（名前・職業・住まい・出身・年齢・生まれ・身長・体重・趣味）／道をたずねる／レストラン（注文・支払い）

《あいさつ》

- Guten Morgen! おはよう
- Guten Tag! こんにちは
- Guten Abend! こんばんは
- Gute Nacht! おやすみ
- (Wir haben uns) Lange nicht gesehen! 久しぶり
- Freut mich! よろしく
- Sehr angenehm! はじめまして，どうぞよろしく

《お元気ですか》

- Wie geht es Ihnen / dir? ご機嫌いかがですか
- Danke, gut. Und Ihnen/dir? ありがとう。あなたは
- Wie geht es Ihrem Vater? お父さんはお元気ですか
- Wie geht es zu Hause? ご家族はお元気ですか
- Sehr nett, dass Sie gekommen sind. ようこそいらっしゃいました
- Langsam muss ich nach Hause. そろそろ失礼いたします
- Bitte grüßen Sie Ihren Vater von mir! お父さんによろしくお伝えください
- Ich soll Sie von meinem Vater grüßen. 父があなたによろしくと申していました
- (Ein) Schönes Wochenende! すてきな週末を
- Danke, gleichfalls! ありがとう，（あなたも）ご同様に

《さようなら》

- Auf Wiedersehen! さようなら
- Auf Wiederhören! （電話で）さようなら
- Tschüs! じゃあね，バイバイ
- Mach's gut! 元気で
- Bis bald! またあとで
- Bis später! またあとで
- Bis morgen! また明日

《すみません》

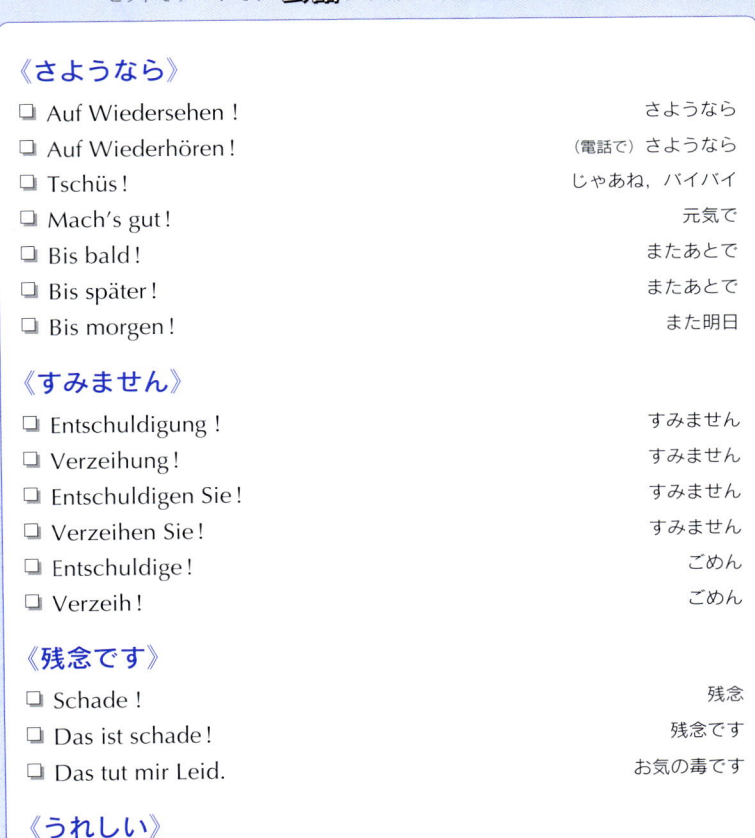

- Entschuldigung! すみません
- Verzeihung! すみません
- Entschuldigen Sie! すみません
- Verzeihen Sie! すみません
- Entschuldige! ごめん
- Verzeih! ごめん

《残念です》

- Schade! 残念
- Das ist schade! 残念です
- Das tut mir Leid. お気の毒です

《うれしい》

- Ich freue mich, ... …がうれしい
- Ich bin froh, ... …がうれしい

《おめでとう》

- ❏ (Ich) Gratuliere! おめでとう
- ❏ Ein glückliches neues Jahr! 新年おめでとう
- ❏ Fröhliche / Frohe Weihnachten! クリスマスおめでとう
- ❏ Herzlichen Glückwunsch / Viele Glückwünsche zum Geburtstag! お誕生日おめでとう

《乾杯・祈り》

- ❏ Prost! 乾杯
- ❏ Zum Wohl! 乾杯
- ❏ Guten Appetit! （食事の際に）いただきます
- ❏ Viel Spaß! （遊びに行く人に）大いに楽しんで来てください
- ❏ Alles Gute! （旅立ちに際して）さようなら
- ❏ Gute Reise! （旅行へ）行ってらっしゃい
- ❏ Schöne Ferien! よい休暇を
- ❏ Viel Glück! 幸運を
- ❏ Gesundheit! （くしゃみをした人へ）お大事に
- ❏ Gute Besserung! （病気の人へ）お大事に

《なんですって》

- ❏ Bitte? なんですって
- ❏ Wie bitte? なんですって
- ❏ Noch einmal bitte! もう一度お願いします
- ❏ Bitte wiederholen Sie (es) noch einmal! もう一度お願いします
- ❏ Bitte langsamer! もっとゆっくりお願いします
- ❏ Sprechen Sie bitte langsamer! ゆっくり話してください

《どういたしまして》

- ❏ Gern geschehen!   どういたしまして
- ❏ Nichts zu danken!   どういたしまして
- ❏ Keine Ursache!   どういたしまして
- ❏ Das ist nicht schlimm!   大したことありません

《相づち》

- ❏ Das stimmt.   そのとおりです
- ❏ (Das) Kann sein.   そうかもしれない
- ❏ Das ist möglich.   ありうることです
- ❏ Das könnte sein.   ありうるかもしれない
- ❏ Das wäre möglich.   ありうるかもしれない
- ❏ Natürlich!   もちろんです
- ❏ Selbstverständlich!   もちろんです
- ❏ Wunderbar!   すばらしい
- ❏ Toll!   すごい
- ❏ Klasse!   すごい
- ❏ Mensch!   なんてことだ
- ❏ Quatsch!   くだらない
- ❏ Scheiße!   くそったれ
- ❏ Unsinn!   そんなことはありえません，ナンセンス
- ❏ Gott sei Dank!   やれやれ，ありがたいことだ

《自己紹介》

名前

- ❏ Wie heißen Sie?   あなたのお名前は何と言いますか
- ❏ Wie ist Ihr Name?   あなたのお名前は何と言いますか
- ❏ Ich heiße ....   私の名前は…です
- ❏ Mein Name ist ....   私の名前は…です

職業
- Was sind Sie (von Beruf)?　　　　　あなたのご職業は何ですか
- Was für einen Beruf haben Sie?　　　　あなたのご職業は何ですか
- Ich bin Lehrer.　　　　　　　　　　　私は教師〈無冠詞で〉です

住まい
- Wo wohnen Sie?　　　　　　　　　　　どこにお住まいですか
- Ich wohne in ＋地名.　　　　　　　　私は…に住んでいます
- Ich wohne (in der) Mozartstraße 10.　私はモーツァルト通り10番に住んでいます

出身
- Woher kommen Sie? どちらからいらっしゃいましたか（どちらの出身ですか）
- Ich komme aus ＋地名.　　　　　　　私は…から来ました（出身は…です）
- Welche Staatsangehörigkeit haben Sie?　あなたの国籍はどちらですか
- Ich habe die deutsche Staatsangehörigkeit.　私の国籍はドイツです

年齢
- Wie alt sind Sie?　　　　　　　　　　あなたは何歳ですか
- Ich bin .... (Jahre alt).　　　　　　　私は…歳です

生まれ
- Wann sind Sie geboren?　　　　　　　あなたは何年生まれですか
- Ich bin 1981 (in Tokyo) geboren.　　　私は1981年（東京）生まれです
- Ich bin am 29. Dezember geboren.　　　私は12月29日生まれです

身長・体重
- Wie groß sind Sie?　　　　　　　　　あなたの身長はいくらありますか
- Ich bin einen Meter 75.　　　　　　　私は175センチあります
- Wie viel wiegen Sie?　　　　　　　　あなたの体重はいくらありますか
- Ich wiege 55 Kilo.　　　　　　　　　私は55キロです

趣味

- Was für Hobbys haben Sie? — あなたはどんな趣味を持っていますか
- Mein Hobby ist Musikhören. — 私の趣味は音楽観賞です
- Was für Musik hören Sie gern? — どんな音楽がお好きですか
- Ich höre gern Rockmusik. — 私はロックを聞くのが好きです
- Mein Hobby ist Bücherlesen. — 私の趣味は読書です
- Was lesen Sie gern? — あなたはどんな本を読むのが好きですか
- Ich lese gern Romane. — 私は（長編）小説を読むのが好きです
- Welchen Schriftsteller lesen Sie gern? — どの作家がお好きですか
- Ich lese gern Hermann Hesse. — 私はヘルマン・ヘッセの作品を読むのが好きです

《道をたずねる》

- Verzeihung, wie komme ich zur Post? — すみませんが，郵便局へはどう行きますか
- — Gehen Sie immer geradeaus! — ずっとまっすぐ行ってください
- Verzeihung, wie komme ich zum Bahnhof? — すみませんが，駅へはどう行きますか
- — Gehen Sie erst rechts, dann links! — はじめは右に，それから左に行ってください
- Wie komme ich zur Bank? — 銀行へはどう行きますか
- — Gehen Sie bis zur dritten Kreuzung. — 3つ目の交差点まで行ってください
- Wie kommt man zum Krankenhaus? — 病院へはどう行きますか
- — Nehmen Sie ein Taxi! — タクシーで行ってください
- Wo ist hier die nächste Telefonzelle? — いちばん近い電話ボックスはどこにありますか
- — Sie ist neben der Post. — 郵便局のとなりにあります

《レストラン》

注 文

- Bedienung, bitte!　　　　　　　　お願いします（注文の際に客がボーイに）
- Bitte schön?　　　　　　　　　　何にいたしましょうか（ボーイが客に）
- Ich hätte gern Zwiebelsuppe und ein Schnitzel.
　　　　　　　　　　オニオンスープとカツレツをお願いします
- Was möchten Sie trinken?　　　　お飲みものは何になさいますか
- Ein Bier, bitte!　　　　　　　　　ビールを一杯ください
- Hat es Ihnen geschmeckt?　　　　美味しく召し上がれましたか（ボーイが客に）
- Ja, es war sehr gut.　　　　　　　はい，とても美味しかったです

支払い

- Herr Ober, ich möchte bitte zahlen!　ウエーターさん，お勘定をお願いします
- Ich komme sofort.　　　　　　　　すぐに参ります
- Zusammen oder getrennt?
　　　　　　（会計は）ご一緒になさいますか，それとも別々になさいますか
- Alles zusammen, bitte!　　　　　　全部一緒にお願いします
- Getrennt, bitte!　　　　　　　　　支払いは別々にお願いします
- Das macht 48 Euro.　　　　　　　48ユーロです
- Machen Sie 50 Euro.　　　　　　　50ユーロで（2ユーロはチップです）

《病院》

- Was fehlt Ihnen? — どこが悪いのですか（患者に対して）
- Ich habe Kopfschmerzen. — 私は頭痛がします
- Haben Sie Fieber? — あなたは熱がありますか
- Ich habe 38°C Fieber. — 私の熱は38度です
- Wie oft muss ich diese Medizin nehmen? — この薬は何回飲むのですか
- Nehmen Sie dreimal täglich eine Tablette! — 毎日3回，一錠服用しなさい
- Ich fühle mich nicht wohl. — 私は気分がすぐれません
- Ich fühle mich müde. — 私は疲れを感じます
- Ich habe mich erkältet. — 私は風邪をひきました
- Ich habe Fieber. — 私は熱があります
- Ich habe Bauchschmerzen. — 私は腹痛がします
- Ich habe Magenschmerzen. — 私は胃が痛みます
- Ich habe Zahnschmerzen. — 私は歯が痛みます
- Ich habe mir den Fuß gebrochen. — 私は足を折りました
- Ich habe mir den Fuß verstaucht. — 私は足をねんざしました

© Austrian National Tourist Office / Porizka

発音問題によく出る単語

1.「外来語」は，ほとんど第一音節にアクセントがない

- al	❏ national	❏ ナツィオ**ナ**ール	国民の
	❏ original	❏ オリギ**ナ**ール	本物の
- ant	❏ interessant	❏ インテレ**サ**ント	興味深い
	❏ das Restaurant	❏ レスト**ラ**ーン	レストラン
- at	❏ der Apparat	❏ アパ**ラ**ート	器械
	❏ der Soldat	❏ ゾル**ダ**ート	兵士
- ät	❏ die Universität	❏ ウニヴェルズィ**テ**ート	大学
	❏ die Qualität	❏ クヴァリ**テ**ート	質
- ee	❏ die Allee	❏ ア**レ**ー	並木通り
	❏ die Idee	❏ イ**デ**ー	思いつき
- ei	❏ die Bäckerei	❏ ベケ**ラ**イ	パン屋
	❏ die Polizei	❏ ポリ**ツァ**イ	警察
- ek [e]	❏ die Apotheke	❏ アポ**テ**ーケ	薬局
	❏ die Bibliothek	❏ ビブリオ**テ**ーク	図書館
- ent	❏ der Patient	❏ パツィ**エ**ント	患者
	❏ der Student	❏ シュトゥ**デ**ント	大学生
- in [e]	❏ die Maschine	❏ マ**シ**ーネ	機械
	❏ die Medizin	❏ メディ**ツィ**ーン	医学
- ion	❏ die Nation	❏ ナツィ**オ**ーン	国民
	❏ die Information	❏ インフォルマツィ**オ**ーン	情報

- ist	☐ der Polizist	☐ ポリ**ツィ**スト	警官
	☐ der Komponist	☐ コンポ**ニ**スト	作曲家
	☐ der Tourist	☐ トゥ**リ**スト	旅行者
- ur	☐ die Kultur	☐ クル**トゥ**ーア	文化
	☐ die Natur	☐ ナ**トゥ**ーア	自然
	☐ die Reparatur	☐ レパラ**トゥ**ーア	修理

アクセントが最後から2番目の音節

- er	☐ der Amerikaner	☐ アメリ**カ**ーナー	アメリカ人
	☐ der Japaner	☐ ヤ**パ**ーナー	日本人
- ette	☐ die Toilette	☐ トア**レッ**テ	トイレ
	☐ die Zigarette	☐ ツィガ**レッ**テ	タバコ
- ie [n]	☐ die Familie	☐ ファ**ミ**ーリエ	家族
	☐ Italien	☐ イ**タ**ーリエン	イタリア
- ieren	☐ interessieren	☐ インテレ**スィ**ーレン	興味をもつ
	☐ studieren	☐ シュトゥ**ディ**ーレン	大学で学ぶ
	☐ telefonieren	☐ テレフォ**ニ**ーレン	電話する
- or	☐ der Doktor	☐ **ド**クトア	博士
	☐ der Professor	☐ プロ**フェ**ソア	教授
- um	☐ das Museum	☐ ム**ゼ**ーウム	博物館
	☐ das Zentrum	☐ **ツェ**ントルム	中心

2. 非分離前つづりBe -, Emp-, Ent-, Er-, Ge-, Ver-, Zer- (動詞の場合は be-, emp-, ent-, er-, ge-, ver-, zer-,) には，アクセントが第一音節に置かれない．

☐ der Beruf	☐ ベルーフ	職業
☐ beginnen	☐ ベギンネン	始める
☐ empfangen	☐ エンプファンゲン	受け取る
☐ entdecken	☐ エントデッケン	発見する
☐ erinnern	☐ エアインナーン	思い出させる
☐ das Gemüse	☐ ゲミューゼ	野菜
☐ gehören	☐ ゲヘーレン	所有物である
☐ genießen	☐ ゲニーセン	楽しむ
☐ vergessen	☐ フェアゲッセン	忘れる
☐ der Verkäufer	☐ フェアコイファー	店員
☐ zerstören	☐ ツェアシュテーレン	破壊する

3. その他の注意すべき語

《名詞》

☐ die Bequemlichkeit	☐ ベクヴェームリヒカイト	快適
☐ die Erkenntnis	☐ エアケントニス	認識
☐ das Jahrhundert	☐ ヤールフンダート	世紀
☐ das Jahrtausend	☐ ヤールタオゼント	千年
☐ die Übersetzung	☐ ユーバーゼッツング	翻訳
☐ die Umgebung	☐ ウムゲーブング	周辺
☐ die Unterhaltung	☐ ウンターハルトゥング	歓談
☐ das Unternehmen	☐ ウンターネーメン	企業

《形容詞，副詞など》

besonders	ベゾンダース	特に
herein	ヘライン	中へ
hinaus	ヒナオス	外へ
hinein	ヒナイン	中へ
nachdem	ナーハデーム	…したあとに
natürlich	ナテューアリヒ	当然な
obwohl	オブヴォール	…にもかかわらず
sobald	ゾバルト	…したらすぐ
sofort	ゾフォルト	すぐに
sogar	ゾガール	…でさえも
sowieso	ゾヴィゾー	いずれにせよ
total	トタール	完全に
überhaupt	ユーバーハオプト	いったい，まったく
überrascht	ユーバーラッシュト	びっくりした
umsonst	ウムゾンスト	無料で
unterwegs	ウンターヴェークス	途中で
vielleicht	フィライヒト	ひょっとしたら
zufrieden	ツフリーデン	満ち足りた
zugleich	ツグライヒ	同時に
zu viel	ツフィール	多すぎる
zuerst	ツエーアスト	最初に
zusammen	ツザンメン	いっしょに

《月》

第一音節にアクセント

❏ Februar	❏ フェーブルアール	2月	─ F	
❏ März	❏ メルツ	3月	─ M	F M Japan
❏ Mai	❏ マイ	5月		は
❏ Januar	❏ ヤヌアール	1月		第一音節！
❏ Juni	❏ ユーニ	6月	─ Japan	
❏ Juli	❏ ユーリ	7月		

第二音節にアクセント

- ❏ April　　❏ ア**プ**リル　　4月
- ❏ August　　❏ ア**オ**グスト　　8月
- ❏ September　　❏ ゼプ**テン**バー　　9月
- ❏ Oktober　　❏ オク**トー**バー　　10月
- ❏ November　　❏ ノ**ヴェ**ンバー　　11月
- ❏ Dezember　　❏ デ**ツェ**ンバー　　12月

© Austrian National Tourist Office / H.Wiesenhofer

同音異義語など　*2級レベル

1. 複数形の異なる同音異義語

❏ die Bank	❏ ベンチ	❏ die Bänke
	❏ 銀行	❏ die Banken
❏ die Mutter	❏ 母親	❏ die Mütter
	❏ ねじ	❏ die Muttern
❏ der Strauß	❏ 花束	❏ die Sträuße
	❏ ダチョウ	❏ die Strauße
❏ das Tuch	❏ (加工された) 布	❏ die Tücher
	❏ 布地	❏ die Tuche

2. 文法上の性・複数形の異なる同音異義語

❏ der Band	❏ (本の) 巻	❏ die Bände
❏ das Band	❏ ひも	❏ die Bänder
❏ der Bund	❏ 連合	❏ die Bünde
❏ das Bund	❏ 束	❏ die Bunde
❏ der Erbe	❏ 相続人	❏ die Erben
❏ das Erbe	❏ 遺産	❏ 複数なし
❏ der Gehalt	❏ 内容	❏ die Gehalte
❏ das Gehalt	❏ 給料	❏ die Gehälter
❏ der Kiefer	❏ あご	❏ die Kiefer
❏ die Kiefer	❏ 松	❏ die Kiefern
❏ der Leiter	❏ (集団の) 長	❏ die Leiter
❏ die Leiter	❏ はしご	❏ die Leitern

☐ der Schild	☐ 盾	☐ die Schilde
☐ das Schild	☐ 看板	☐ die Schilder
☐ der See	☐ 湖	☐ die Seen
☐ die See	☐ 海	☐ 複数なし
☐ die Steuer	☐ 税	☐ die Steuern
☐ das Steuer	☐ ハンドル	☐ die Steuer
☐ der Teil	☐ 部分	☐ die Teile
☐ das / der Teil	☐ 取り分	☐ die Teile
☐ das Teil	☐ （機械の）部品	☐ die Teile
☐ der Tor	☐ 愚か者	☐ die Toren
☐ das Tor	☐ 門	☐ die Tore
☐ der Verdienst	☐ 収入	☐ die Verdienste
☐ das Verdienst	☐ 功績	☐ die Verdienste
☐ der Moment	☐ 瞬間	☐ die Momente
☐ das Moment	☐ 要因	☐ die Momente

3．複数の性を持つ単語

☐ der / das Bonbon	☐ ボンボン	☐ die Bonbons
☐ der / das Dotter	☐ 黄身	☐ die Dotter

4．つづりの似たまぎらわしい語

☐ der Akt	☐ 行為	☐ die Akte
☐ die Akte	☐ 書類	☐ die Akten ふつうは複数
☐ das Deck	☐ 甲板	☐ die Decks
☐ die Decke	☐ おおい	☐ die Decken

- ☐ das Etikett ☐ ラベル ☐ die Etiketten
- ☐ die Etikette ☐ 礼儀作法 ☐ die Etiketten
  ふつうは単数

- ☐ der Kohl ☐ キャベツ ☐ die Kohle
- ☐ die Kohle ☐ 石炭 ☐ die Kohlen
  ふつうは複数

- ☐ das Tablett ☐ 盆 ☐ die Tablette
- ☐ die Tablette ☐ 錠剤 ☐ die Tabletten

- ☐ der Typ ☐ 型 ☐ die Typen
- ☐ die Type ☐ 活字 ☐ die Typen

© Austrian National Tourist Office / Trumler

格変化など

▶ 定冠詞（上段）と不定冠詞（下段）の格変化一覧

	男性	中性	女性	複数
1格	der	das	die	die
2格	des	des	der	der
3格	dem	dem	der	den
4格	den	das	die	die
1格	ein	ein	eine	
2格	eines	eines	einer	
3格	einem	einem	einer	
4格	einen	ein	eine	

▶ 人称代名詞の格変化一覧

	1人称	2人称 親称	2人称 敬称	3人称 男性	3人称 女性	3人称 中性
単数1格	ich	du	Sie	er	sie	es
3格	mir	dir	Ihnen	ihm	ihr	ihm
4格	mich	dich	Sie	ihn	sie	es
複数1格	wir	ihr	Sie	sie	sie	sie
3格	uns	euch	Ihnen	ihnen	ihnen	ihnen
4格	uns	euch	Sie	sie	sie	sie

▶所有冠詞一覧

ich	du	er	sie	es	Sie
mein	**dein**	**sein**	**ihr**	**sein**	**Ihr**
マイン	ダイン	ザイン	イーア	ザイン	イーア
私の	君の	彼の	彼女の	それの	あなたの

wir	ihr	sie	Sie
unser	**euer**	**ihr**	**Ihr**
ウンザー	オイアー	イーア	イーア
私たちの	君たちの	彼［女］らの それらの	あなた方の

▶所有冠詞，否定冠詞（kein）の格変化一覧

	男性	中性	女性	複数
1格	mein	mein	mein - e	mein - e
2格	mein - es	mein - es	mein - er	mein - er
3格	mein - em	mein - em	mein - er	mein - en
4格	mein - en	mein	mein - er	mein - e
1格	kein	kein	kein - e	kein - e
2格	kein - es	kein - es	kein - er	kein - er
3格	kein - em	kein - em	kein - er	kein - en
4格	kein - en	kein	kein - e	kein - e

時間の言い方

- dreizehn Uhr　　13時
- eins (ein Uhr)　1 時

- dreizehn Uhr fünf　　13時5分
- fünf nach eins　　1 時5分

- dreizehn Uhr fünfzehn　　13時15分
- Viertel nach eins　　1 時15分

- dreizehn Uhr zwanzig　　13時20分
- zwanzig nach eins　　1 時20分

- dreizehn Uhr dreißig　　13時30分
- halb zwei　　1 時30分

- dreizehn Uhr vierzig　　13時40分
- zwanzig vor zwei　　1 時40分

- dreizehn Uhr fünfundvierzig　　13時45分
- Viertel vor zwei　　1 時45分

- dreizehn Uhr fünfundfünfzig　　13時55分
- fünf vor zwei　　1 時55分

第3章

2級レベル

さらなる飛躍のために！

1. 機能動詞表現 → p.224
2. 熟語表現 → p.226
3. からだの名称を比ゆ的に用いた慣用表現 → p.230
4. 動物名を比ゆ的に用いた慣用表現 → p.240

機能動詞*表現   *動作名詞あるいは動作名詞を含む前置詞句と結び

- [ ] auf j^4 Einfluss **ausüben**　　〔…^{4}へ〕**影響をおよぼす**

- [ ] et^4 in Ordnung **bringen**　　〔問題など^{4}を〕**解決する**

- [ ] j^3・et^3 zum Opfer **fallen**　　〔…^{3}の〕**犠牲になる**

- [ ] an j^3・et^3 Gefallen **finden**　　〔…^{3}が〕**気に入る**

- [ ] ums Leben **kommen**　　**命を失う**

- [ ] von et^3 Abstand **nehmen**　　〔…^{3}の〕**計画などを断念する**

- [ ] et^4 in Angriff **nehmen**　　〔…^{4}に〕**着手する**

- [ ] et^4 in Anspruch **nehmen**　　〔…^{4}を〕**必要とする**

- [ ] an et^3 Anteil **nehmen**　　〔…^{3}に〕**関心をいだく**

- [ ] von j^3・et^3 Notiz **nehmen**　　〔…^{3}に〕**気をとめる**

- [ ] auf j^4・et^4 Rücksicht **nehmen**　　〔…^{4}を〕**配慮する，思いやる**

- [ ] et^4 zur Verfügung **haben**　　〔…^{4}を〕**自由に使用できる**

機能動詞／熟語／比ゆ（からだの名称）／比ゆ（動物名）

付き動詞的意味を表す

- [ ] Peter **übt** auf seine Freunde einen schlechten Einfluss **aus**.　ペーターは彼の友人たちに悪**影響をおよぼす**
- [ ] Ich werde die Angelegenheit in Ordnung **bringen**.
  私はその件をちゃんと**解決します**よ
- [ ] Sie **fiel** einem Verbrechen zum Opfer.
  彼女は犯罪の**犠牲になった**
- [ ] Mit der Zeit **fand** sie an ihm Gefallen.
  しだいしだいに彼女は彼が**気に入る**ようになった
- [ ] Sie ist bei dem Zugunglück ums Leben **gekommen**.
  彼女はその列車事故で**命を失った**
- [ ] Er musste von dem Plan Abstand **nehmen**.
  彼はその**計画を断念し**なければならなかった
- [ ] Die Arbeit wird bald in Angriff **genommen**.
  その仕事はまもなく**着手される**
- [ ] Darf ich Ihre Hilfe einmal in Anspruch **nehmen**?
  あなたの手助けを一度**お願いして**よろしいですか
- [ ] Er **nimmt** an der Politik regen Anteil.
  彼は政治に積極的な**関心をいだいている**
- [ ] Er **nimmt** keine Notiz von ihr.　彼は彼女を**無視する**
- [ ] **Nimm** doch Rücksicht auf deine Gesundheit!
  健康にぜひ**気をつけて**ください
- [ ] Wir **haben** nicht genügend finanzielle Mittel zur Verfügung.　私たちが**自由に使える**資金は十分でない

2級レベル・機能動詞表現

クリア！

熟語表現

☐ über den **Berg** sein	危機を脱している，峠を越した
☐ über alle **Berge** sein	逃げてしまった
☐ in einem **Boot** sitzen	運命を共にしている
☐ auf **Draht** sein	調子・体調がよい
☐ **Himmel** und Hölle in Bewegung setzen	あらゆる手を尽くす
☐ wie ein Blitz aus heiterm **Himmel**	晴天の霹靂（へきれき）のように
☐ im sieb[en]ten **Himmel** sein	天にも昇る気持である
☐ unter aller/jeder **Kritik** sein	話にならない，箸にも棒にもかからない
☐ auf dem **Mond** leben	現実をしらない，浮世ばなれしている
☐ nach dem **Mond** gehen	(時計が) ひどく狂っている
☐ in eine **Sackgasse** geraten	行きづまる
☐ nahe am **Wasser** gebaut haben	涙もろい
☐ ins **Wasser** fallen	(計画などが) だめになる

- [ ] Der Kranke ist über den **Berg**. その病人は**峠を越した**

- [ ] Der Täter war längst über alle **Berge**.
  犯人はとっくに**逃げてしまって**いた

- [ ] Wir sitzen in einem **Boot**. 私たちは**運命を共にしている**

- [ ] Heute ist sie nicht auf **Draht**. きょう彼女は**体調が悪い**

- [ ] Ich will **Himmel** und Hölle in Bewegung setzen um dir zu helfen. 私は君を助けるために**あらゆる手を尽くす**つもりだ

- [ ] Die Nachricht von dem Tode seines Sohnes traf ihn wie ein Blitz aus heiterm **Himmel**. 息子の死去の知らせは**晴天の霹靂のごとく**彼に衝撃を与えた

- [ ] Ich habe die Prüfung bestanden und bin im siebten **Himmel**. 私は試験に受かり**天にも昇る気持**だ

- [ ] Sein Vorschlag war unter aller **Kritik**.
  彼の提案は**話にならなかった**

- [ ] Du lebst auf dem **Mond**. 君は**浮世ばなれしてる**

- [ ] Meine Uhr geht nach dem **Mond**.
  私の時計は**ひどく狂っている**

- [ ] Der Lohnkampf ist in eine **Sackgasse** geraten.
  賃金闘争は**行きづまった**

- [ ] Sie hat nahe am **Wasser** gebaut. 彼女は**涙もろい**

- [ ] Unsere Pläne sind ins **Wasser** gefallen.
  私たちの**計画はだめになった**

☐ **Wind** von et³ bekommen	〔知られたくないことなど³を〕かぎつける
☐ et⁴ in den **Wind** schlagen	〔…⁴を〕聞き流す
☐ aus allen **Wolken** fallen	びっくり仰天する
☐ **so gut ich kann**	私のできる限り
☐ **wieder zu sich kommen**	我に返る
☐ **schwarz auf weiß stehen**	はっきりと書いてある
☐ **ganz fertig sein**	くたばった，へとへとである
☐ j³ **gewachsen sein**	〔…³に〕力が匹敵する

- [ ] Er hat **Wind** davon bekommen. 彼はそれを**かぎつけた**

- [ ] Sie hat seinen Rat in den **Wind** geschlagen.
  彼女は彼の忠告を**聞き流した**

- [ ] Ich fiel aus allen **Wolken**, als ich erfuhr, dass ich bald versetzt werde. まもなく転勤すると聞いて私は**びっくり仰天した**

- [ ] **So gut ich kann**, werde ich dir beistehen.
  できる限り，私は君を助ける

- [ ] Nach einer langen Ohnmacht **kam** sie **wieder zu sich**. 気絶してからずいぶんして，彼女は**我に返った**

- [ ] Im Vertrag **steht** das **schwarz auf weiß**.
  契約書にそのことは**はっきりと書いてある**

- [ ] Nach der Arbeit **war** ich **ganz fertig**.
  仕事の後私は**へとへとだった**

- [ ] Erst jetzt **ist** er seinem Gegner **gewachsen**.
  いまやっと彼は敵と**肩を並べる力を持つようになった**

からだの名称を比喩的に用いた慣用表現

- [ ] die **Achsel** (mit den Achseln) zucken　（困惑・無関心などの身ぶりで）**肩をすくめる**

- [ ] j⁴ über die **Achsel** ansehen　〔…⁴を〕**軽んじる**，見下す

- [ ] j⁴ auf den **Arm** nehmen　〔…⁴を〕**ばかにする**，からかう

- [ ] j³ unter die **Arme** greifen　〔…³を〕**助ける**

- [ ] ein **Auge** auf j⁴・et⁴ werfen　〔…⁴に〕（欲しくて）**目をつける**

- [ ] große **Augen** machen　（びっくりして）**目を丸くする**

- [ ] j³ die **Augen** öffnen　〔…³に〕**真相を知らせる**

- [ ] ins **Auge** gehen　**悪い結果になる**

- [ ] unter vier **Augen**　**二人だけで**，内密に

- [ ] j³ den **Daumen** drücken (halten)　〔…³の〕**成功を祈る**

- [ ] mit dem linken **Bein** zuerst aufgestanden sein　**不機嫌である**

- [ ] mit einem **Bein** im Grab stehen　**死にかけている**

- [ ] wieder auf die **Beine** kommen　（肉体的・精神的に）**立ち直る**

- Er zuckte mit den **Achseln**. 彼は**肩をすくめた**

- Es ist unangenehm, dass er uns immer über die **Achsel** ansieht. 彼がいつも私たちを**見下す**のは不愉快だ

- Ich lasse mich von dir nicht auf den **Arm** nehmen. 君に**ばかになんかされない**

- Seine Eltern haben ihm mit 500 Euro unter die **Arme** gegriffen. 彼の両親は彼に500ユーロ**援助した**

- Sie hat schon lange ein **Auge** darauf geworfen. 彼女はそれにすでに長い間**目をつけていた**

- Er machte große **Augen**. 彼は**びっくりした**

- Sie hat ihm die **Augen** geöffnet. 彼らは彼に**真相を知らせた**

- Das kann leicht ins **Auge** gehen. それは**悪いことになりそうだ**

- Ich möchte mit Ihnen unter vier **Augen** sprechen. 私はあなたと**二人だけで**お話がしたい

- Ich drücke dir den **Daumen**！ 私は君の**成功を祈る**

- Er ist mit dem linken **Bein** zuerst aufgestanden. 彼は**不機嫌だ**

- Der Kranke steht mit einem **Bein** im Grab. その病人は**死にかけている**

- Es wird wohl noch einige Zeit dauern, bis er wieder auf die **Beine** kommt. 彼が**立ち直る**までもうしばらく時間がかかる

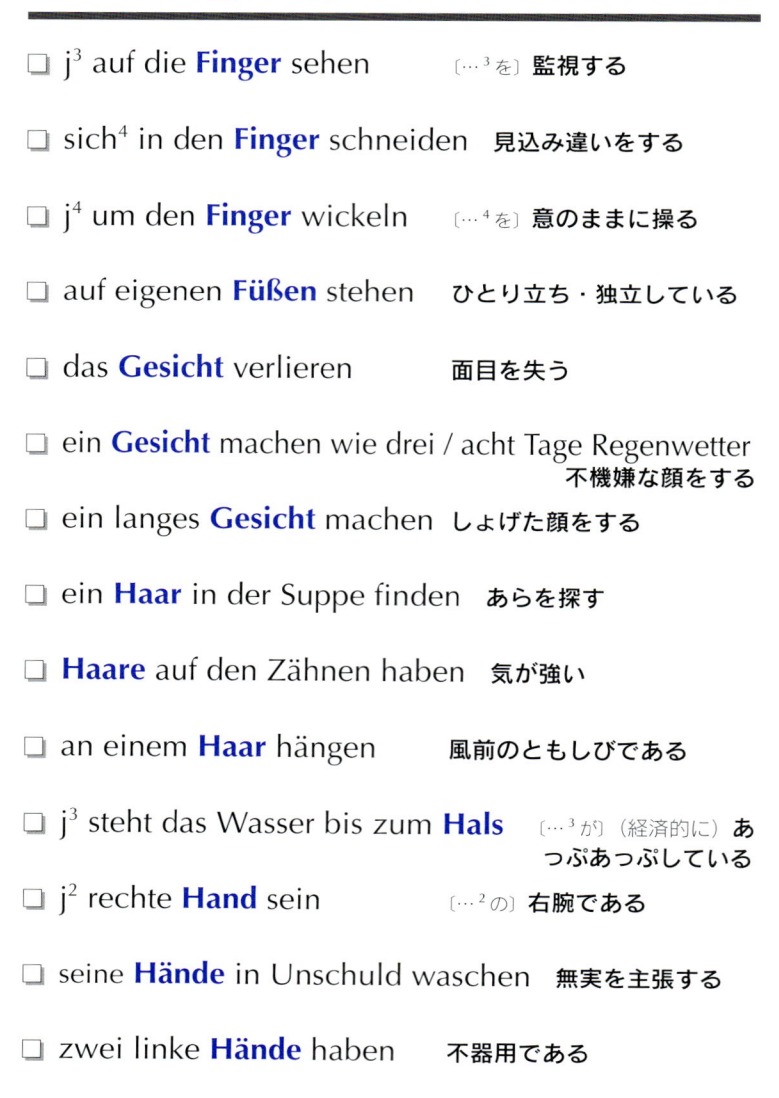

- ☐ j³ auf die **Finger** sehen 〔…³を〕監視する

- ☐ sich⁴ in den **Finger** schneiden 見込み違いをする

- ☐ j⁴ um den **Finger** wickeln 〔…⁴を〕意のままに操る

- ☐ auf eigenen **Füßen** stehen ひとり立ち・独立している

- ☐ das **Gesicht** verlieren 面目を失う

- ☐ ein **Gesicht** machen wie drei / acht Tage Regenwetter 不機嫌な顔をする

- ☐ ein langes **Gesicht** machen しょげた顔をする

- ☐ ein **Haar** in der Suppe finden あらを探す

- ☐ **Haare** auf den Zähnen haben 気が強い

- ☐ an einem **Haar** hängen 風前のともしびである

- ☐ j³ steht das Wasser bis zum **Hals** 〔…³が〕（経済的に）あっぷあっぷしている

- ☐ j² rechte **Hand** sein 〔…²の〕右腕である

- ☐ seine **Hände** in Unschuld waschen 無実を主張する

- ☐ zwei linke **Hände** haben 不器用である

- ☐ Sie sehen mir dauernd auf die **Finger**.
  彼らは私をたえず**監視している**
- ☐ Sie haben sich in den **Finger** geschnitten.
  彼らは**見込み違いをした**
- ☐ Sie versteht es, ihren Mann um den **Finger** zu wickeln.
  彼女は夫を**意のままに操る**すべを心得ている
- ☐ Seit drei Jahren steht er auf eigenen **Füßen**.
  彼は三年前から**独立している**
- ☐ Er hat das **Gesicht** verloren.　彼は**面目を失った**
- ☐ Du machst ein **Gesicht** wie drei Tage Regenwetter.
  君は**不機嫌な顔をしている**
- ☐ Das Kind machte ein langes **Gesicht**.
  その子供は**しょげた顔をした**
- ☐ Wenn man will, findet man ein **Haar** in der Suppe.
  その気があれば，**あらは探せる**ものだ
- ☐ Sie hat **Haare** auf den Zähnen.　彼女は**気が強い**
- ☐ Sein Leben hängt an einem **Haar**.
  彼の命は**風前のともしびだ**
- ☐ Das Wasser steht ihm bis zum **Hals**.
  彼は**あっぷあっぷしている**
- ☐ Er ist die rechte **Hand** meines Vaters gewesen.
  彼は私の父の**右腕だった**
- ☐ Er wäscht seine **Hände** in Unschuld.　彼は**無実を主張する**
- ☐ Er hat zwei linke **Hände**.　彼は**不器用だ**

- [ ] et⁴ aus zweiter **Hand** kaufen 〔…⁴を〕中古で買う

- [ ] von der **Hand** in den Mund leben　その日暮らしをする

- [ ] bloß noch **Haut** und Knochen sein　やせて骨と皮ばかりである

- [ ] aus der **Haut** fahren　かっとなる

- [ ] nicht in j² **Haut** stecken möchten　〔…²の〕ような立場に立ちたくない

- [ ] das **Herz** auf dem rechten Fleck haben　健全な考えを持っている

- [ ] das **Herz** auf der Zunge tragen　思っていることを隠さずに言う

- [ ] ein **Herz** und eine Seele sein　一心同体である

- [ ] j⁴ auf **Herz** und Nieren prüfen　〔…⁴を〕徹底的に試す

- [ ] et⁴ auf dem **Herzen** haben　〔…⁴を〕気にかけている

- [ ] et⁴ nicht übers **Herz** bringen　〔…⁴を〕する気にとてもなれない

- [ ] den **Kopf** verlieren　うろたえる

- [ ] den **Kopf** in den Sand stecken　現実に対して目をつぶる

- [ ] j³ den **Kopf** verdrehen　（異性が）〔…³の〕心を迷わせる

機能動詞／熟語／**比ゆ（からだの名称）**／比ゆ（動物名）

- Er hat einen Wagen aus zweiter **Hand** gekauft.
  彼は車を**中古で**買った

- Damals lebten die Leute von der **Hand** in den Mund.
  当時人々は**その日暮らし**だった

- Er ist bloß noch **Haut** und Knochen.
  彼は**やせて骨と皮ばかり**だ

- Sie fährt leicht aus der **Haut**.　彼女はすぐに**かっとなる**

- Ich möchte nicht in seiner **Haut** stecken.
  私は彼**のような立場に立ちたくない**

- Er ist ein Mensch, der das **Herz** auf dem rechten Fleck hat.　彼は**健全な考えを持った**人だ

- Es ist nicht immer gut, das **Herz** auf der Zunge zu tragen.
  思っていることを隠さずに言うことは必ずしもよいことではない

- Wir sind ein **Herz** und eine Seele.　私たちは**一心同体**だ

- Er hat seine Söhne auf **Herz** und Nieren geprüft.
  彼は息子たちを**徹底的に試した**

- Was haben Sie auf dem **Herzen**?
  あなたは何を**悩んでいる**のですか

- Ich brachte es nicht übers **Herz**, sie zu belügen.
  私は彼女にうそをつく**気にとてもなれなかった**

- Er ist im Examen durchgefallen und hat den **Kopf** verloren.　彼は試験に落ちて**うろたえていた**

- Wir dürfen nicht länger den **Kopf** in den Sand stecken. 私たちはもはや**現実に対して目をつぶる**ことは許されない

- Sie hat ihm ganz schön den **Kopf** verdreht.
  彼女はまったく見事に彼の**心を迷わせて**しまった

2級レベル・からだの名称を比ゆ的に用いた慣用表現

第3章 2級レベル

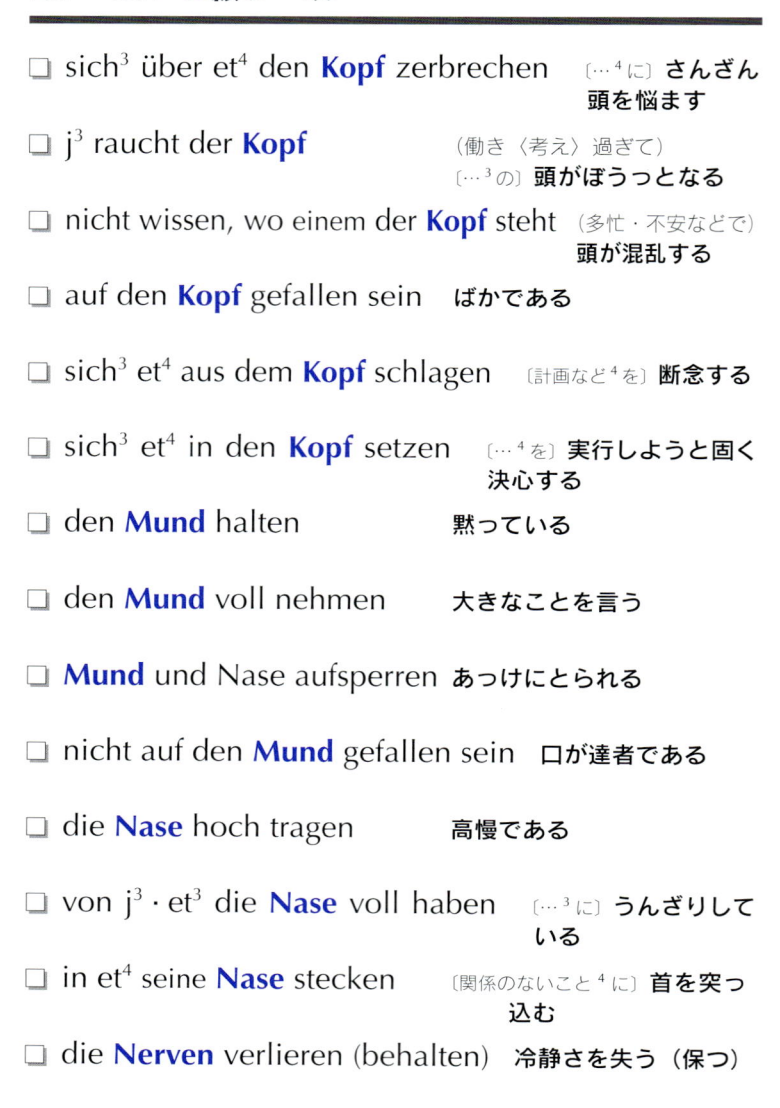

- [ ] sich³ über et⁴ den **Kopf** zerbrechen 〔…⁴に〕**さんざん頭を悩ます**
- [ ] j³ raucht der **Kopf** （働き〈考え〉過ぎて）〔…³の〕**頭がぼうっとなる**
- [ ] nicht wissen, wo einem der **Kopf** steht （多忙・不安などで）**頭が混乱する**
- [ ] auf den **Kopf** gefallen sein　**ばかである**
- [ ] sich³ et⁴ aus dem **Kopf** schlagen 〔計画など⁴を〕**断念する**
- [ ] sich³ et⁴ in den **Kopf** setzen 〔…⁴を〕**実行しようと固く決心する**
- [ ] den **Mund** halten　**黙っている**
- [ ] den **Mund** voll nehmen　**大きなことを言う**
- [ ] **Mund** und Nase aufsperren　**あっけにとられる**
- [ ] nicht auf den **Mund** gefallen sein　**口が達者である**
- [ ] die **Nase** hoch tragen　**高慢である**
- [ ] von j³・et³ die **Nase** voll haben 〔…³に〕**うんざりしている**
- [ ] in et⁴ seine **Nase** stecken 〔関係のないこと⁴に〕**首を突っ込む**
- [ ] die **Nerven** verlieren (behalten)　**冷静さを失う（保つ）**

- ☐ Darüber haben wir uns den **Kopf** zerbrochen.
  そのことに私たちは**さんざん頭を悩ませた**

- ☐ Er arbeitet, bis ihm der **Kopf** raucht.
  彼は**頭がぼうっとなる**ほど仕事をする

- ☐ Ich wusste nicht, wo mir der **Kopf** steht.
  私は**頭が混乱していた**

- ☐ Er ist nicht auf den **Kopf** gefallen.
  彼は決して**ばかではない**

- ☐ Ich musste mir die Reise aus dem **Kopf** schlagen.
  私は旅行を**断念しなければ**ならなかった

- ☐ Er hat sich in den **Kopf** gesetzt, sie zu heiraten.
  彼は彼女と結婚**しようと固く決心した**

- ☐ Halt den **Mund**! **黙れ**

- ☐ Er nimmt gern den **Mund** voll.
  彼は**大きなことを言うのが好きだ**

- ☐ Dabei haben wir **Mund** und Nase aufgesperrt.
  そのとき私たちは**あっけにとられた**

- ☐ Er ist nicht auf den **Mund** gefallen. 彼は**口が達者だ**

- ☐ Er trägt die **Nase** ziemlich hoch. 彼はかなり**高慢だ**

- ☐ Ich habe die **Nase** voll von ihrem blöden Gerede.
  私は彼女のくだらないおしゃべりに**うんざりだ**

- ☐ Er steckt seine **Nase** in alles. 彼は何にでも**首を突っ込む**

- ☐ Einige Passagiere verloren die **Nerven**, als das Schiff zu kentern drohte. 船が転ぷくしそうになった時，何人かの乗客が**冷静さを失った**

第3章 2級レベル

- [ ] j³ auf die **Nerven** fallen/gehen 〔…³を〕いらいらさせる

- [ ] ganz **Ohr** sein 注意深く聞く

- [ ] die **Ohren** spitzen 耳をそばだてる

- [ ] die **Ohren** steifhalten くじけない, へこたれない

- [ ] ein offenes **Ohr** bei j³ finden 〔…³に〕話しを聞いてもらえる

- [ ] noch nicht trocken/noch nass hinter den **Ohren** sein 未熟である, 青二才である

- [ ] sich³ et⁴ hinter die **Ohren** schreiben 〔…⁴を〕肝に銘じて覚えておく

- [ ] in j⁴ bis über die / beide **Ohren** verliebt sein 〔…⁴に〕首ったけである

- [ ] j³ in den **Rücken** fallen 〔…³を〕突然裏切る

- [ ] j³ die kalte **Schulter** zeigen 〔…³を〕冷たくあしらう

- [ ] et⁴ auf die leichte **Schulter** nehmen 〔…⁴を〕軽く考える

- [ ] j³ den **Zahn** ziehen 〔…³の〕夢を打ち砕く

- [ ] die **Zähne** zusammenbeißen 苦痛などに耐える

- [ ] j³ auf den **Zahn** fühlen 〔…³の〕腹を探る

- ☐ Du fällst mir auf die **Nerven**. 　　君は私を**いらいらさせる**

- ☐ Ich bin ganz **Ohr**. 　　私は**注意深く聞く**

- ☐ Sie spitzte die **Ohren**, als am Nebentisch ihr Name fiel. 　彼女は隣のテーブルで自分の名前が出たとき**耳をそばだてた**

- ☐ Halte die **Ohren** steif! 　　**くじけるな**

- ☐ Bei ihm finde ich immer ein offenes **Ohr**. 　私は彼にいつも**話を聞いてもらえる**

- ☐ Er ist noch gar nicht trocken hinter den **Ohren**. 　彼はまったく**青二才だ**

- ☐ Schreib es dir hinter die **Ohren**! 　よく**肝に銘じて覚えておけ**

- ☐ Er ist in dich bis über die **Ohren** verliebt. 　彼は君に**首ったけだ**

- ☐ Warum ist er uns in den **Rücken** gefallen? 　彼はなぜ私たちを**突然裏切った**のか

- ☐ Sie zeigte ihm die kalte **Schulter**. 　彼女は彼を**冷たくあしらった**

- ☐ Du darfst diese Krankheit nicht auf die leichte **Schulter** nehmen. 　君はこの病気を**軽く考えて**はいけない

- ☐ Den **Zahn** werden wir ihm ziehen. 　彼の**甘い期待を**私たちが**打ち砕いて**やろう

- ☐ Beiß die **Zähne** zusammen! 　　**歯を食いしばれ**

- ☐ Fühlen wir ihr einmal auf den **Zahn**? 　一度彼女の**腹を探って**みようか

動物名を比ゆ的に用いた慣用表現

- [ ] ein großer / dicker **Fisch**　　重大犯人

- [ ] das sind kleine **Fische**　　それは取るに足らぬことである

- [ ] weder **Fisch** noch Fleisch sein　中途半端である，どっちつかずである

- [ ] gesund / munter wie ein **Fisch** im Wasser sein
　　　　　　　　　　　　水を得た魚のように元気である

- [ ] zwei **Fliegen** mit einer Klappe schlagen
　　　　　　　　　　　　　　一石二鳥を得る

- [ ] j^4 ärgert / stört die **Fliege** / die **Mücke** an der Wand
　　　　〔…^{4} は〕ささいなことでも腹を立てる

- [ ] ein alter **Hase** sein　　ベテランである

- [ ] da liegt der **Hase** im Pfeffer　そこに問題・難点がある

- [ ] wie **Hund** und Katze leben　犬猿の仲である

- [ ] frieren wie ein junger **Hund**　やたらに寒がる

- [ ] auf den **Hund** kommen　　おちぶれる

- [ ] mit allen **Hunden** gehetzt sein　　海千山千である

- [ ] da liegt der **Hund** begraben　そこが肝心な点である

- Die Polizei hat einen großen **Fisch** geschnappt.
  警察は**大物**を捕まえた
- Für uns waren das kleine **Fische**.
  私たちには**それは取るに足らないこと**だった
- Was du gesagt hast, war weder **Fisch** noch Fleisch.
  君の言ったことは**どっちつかず**だった
- Er ist gesund wie ein **Fisch** im Wasser.
  彼は**水を得た魚のように元気**だ
- Wenn wir dabei auch noch Geld verdienen können, schlagen wir zwei **Fliegen** mit einer Klappe.　その際に金ももうけることができれば，**一石二鳥**だ
- Ihn stört heute die **Fliege** an der Wand.
  彼はきょうは**ささいなことにも腹を立てる**
- Er ist hier ein alter **Hase**.　彼はここではベテランだ
- Wir haben dafür nicht das Geld. Da liegt der **Hase** im Pfeffer.　私たちはそれをする金がない，**それが問題**だ
- Die beiden leben wie **Hund** und Katze.
  その二人は**犬猿の仲**だ
- Sie friert wie ein junger **Hund**.
  彼女は**やたらに寒がっている**
- Seitdem er gestorben ist, ist sein Geschäft total auf den **Hund** gekommen.　彼が死んでから，店はすっかり**おちぶれた**
- Er ist mit allen **Hunden** gehetzt.　彼は**海千山千**だ
- Ich weiß, wo der **Hund** begraben liegt.
  どこが**肝心な点**なのか私は知っている

第3章　2級レベル

- [ ] die **Katze** im Sack kaufen　　吟味せずに買い物をする

- [ ] die **Katze** aus dem Sack lassen　　つい本当のことをしゃべる

- [ ] für die **Katz** sein　　何の役にも立たない

- [ ] das beste **Pferd** im Stall sein　　一番優秀な働き手である

- [ ] arbeiten wie ein **Pferd**　　馬車馬のように働く

- [ ] mit j³ **Pferde** stehlen können　　〔…³となら〕どんなことでも一緒にやれる

- [ ] aufs falsche (richtige) **Pferd** setzen　　状況を誤って（正しく）判断する

- [ ] das schwarze **Schaf** sein　　（グループの）変わり者・異分子である

- ☐ Ich möchte nicht die **Katze** im Sack kaufen.
  私は**吟味して買い物をしたい**

- ☐ Endlich hat der Finanzminister die **Katze** aus dem Sack gelassen.　ついに大蔵大臣は**本当のことをしゃべった**

- ☐ Die Vorbereitungen waren für die **Katz**.
  準備は**何の役にも立たなかった**

- ☐ Nach Meinung seines Chefs ist er das beste **Pferd** im Stall.　上司の意見では彼が**一番優秀だ**

- ☐ Als wir unser Haus gebaut haben, hat mein Mann gearbeitet wie ein **Pferd**.　私たちが家を建てたとき，夫は**馬車馬のように働いた**

- ☐ Mit ihm kann man **Pferde** stehlen.
  彼となら**どんなことでも一緒にやれる**

- ☐ Ich habe aufs richtige **Pferd** gesetzt.
  私の**判断は正しかった**

- ☐ Er ist das schwarze **Schaf** der Familie.
  彼は家族のなかの**変わり者だ**

主な動詞**変化表**

A 不定詞 / 過去 / 過去分詞

- ab|fahren / fuhr... ab / abgefahren
  出発する
- ab|finden / fand ... ab / abgefunden
  従う
- an|fangen / fing ... an / angefangen
  始まる
- an|halten / hielt ... an / angehalten
  （車などを）止める
- an|kommen / kam...an / angekommen
  到着する
- an|nehmen / nahm...an / angenommen
  受け取る
- an|rufen / rief...an / angerufen
  電話する
- an|ziehen / zog...an / angezogen
  身に着ける
- auf|gehen / ging...auf / aufgegangen
  （太陽・月が）昇る
- auf|stehen / stand...auf / aufgestanden
  起きる
- aus|fallen / fiel...aus / ausgefallen
  （授業などが）行われない
- aus|geben / gab...aus / ausgegeben
  （お金を）使う
- aus|gehen / ging...aus / ausgegangen
  （特に夕方デートなどに）出かける
- aus|sehen / sah...aus / ausgesehen
  …のように見える
- aus|sprechen / sprach...aus / ausgesprochen
  発音する
- aus|steigen / stieg...aus / ausgestiegen
  下車する

B

- backen / backte / gebacken
  （パンなどを）焼く
- befehlen / befahl / befohlen
  命令する
- befinden / befand / befunden
  《再》…にある
- beginnen / begann / begonnen
  始まる

不定詞	過去	過去分詞
❏ begreifen 　　理解する	❏ begriff	❏ begriffen
❏ behalten 　　取っておく	❏ behielt	❏ behalten
❏ bekommen 　　もらう	❏ bekam	❏ bekommen
❏ beschließen 　　決める	❏ beschloss	❏ beschlossen
❏ besitzen 　　所有している	❏ besaß	❏ besessen
❏ bestehen 　　(試験などに) 受かる	❏ bestand	❏ bestanden
❏ betragen 　　(…の) 額になる	❏ betrug	❏ betragen
❏ betrügen 　　だます	❏ betrog	❏ betrogen
❏ bieten 　　提供する	❏ bot	❏ geboten
❏ bitten 　　頼む	❏ bat	❏ gebeten
❏ bleiben 　　とどまる	❏ blieb	❏ geblieben
❏ braten 　　(肉などを) 焼く	❏ briet	❏ gebraten
❏ brechen 　　折る	❏ brach	❏ gebrochen
❏ bringen 　　持って行く	❏ brachte	❏ gebracht

D

❏ denken 　　考える	❏ dachte	❏ gedacht
❏ dürfen 　　…してもよい	❏ durfte	❏ dürfen / gedurft

E

❏ ein|laden 　　招待する	❏ lud...ein	❏ eingeladen
❏ ein|nehmen 　　(薬を) 服用する	❏ nahm...ein	❏ eingenommen
❏ ein|schlafen 　　眠り込む	❏ schlief...ein	❏ eingeschlafen
❏ ein|steigen 　　(乗り物などに) 乗る	❏ stieg...ein	❏ eingestiegen
❏ ein|treten 　　(部屋などに) 入る	❏ trat...ein	❏ eingetreten

不定詞	過去	過去分詞
❏ empfangen 　受け取る	❏ empfing	❏ empfangen
❏ empfehlen 　勧める	❏ empfahl	❏ empfohlen
❏ empfinden 　感じる	❏ empfand	❏ empfunden
❏ enthalten 　含む	❏ enthielt	❏ enthalten
❏ entscheiden 　決定する	❏ entschied	❏ entschieden
❏ erfahren 　知る	❏ erfuhr	❏ erfahren
❏ erfinden 　発明する	❏ erfand	❏ erfunden
❏ erhalten 　受け取る	❏ erhielt	❏ erhalten
❏ erkennen 　識別する	❏ erkannte	❏ erkannt
❏ erscheinen 　…に現れる	❏ erschien	❏ erschienen
❏ ertragen 　耐える	❏ ertrug	❏ ertragen
❏ essen 　食べる	❏ aß	❏ gegessen

F

不定詞	過去	過去分詞
❏ fahren 　乗り物で行く	❏ fuhr	❏ gefahren
❏ fallen 　落ちる	❏ fiel	❏ gefallen
❏ fangen 　捕まえる	❏ fing	❏ gefangen
❏ fern sehen 　テレビを見る	❏ sah...fern	❏ ferngesehen
❏ finden 　見つける	❏ fand	❏ gefunden
❏ fliegen 　飛行機で行く	❏ flog	❏ geflogen
❏ fliehen 　逃げる	❏ floh	❏ geflohen
❏ fließen 　流れる	❏ floss	❏ geflossen
❏ fressen 　(動物が)食べる	❏ frass	❏ gefressen
❏ frieren 　凍る	❏ fror	❏ gefroren

不定詞	過去	過去分詞
G		
❏ gebären 産む	❏ gebar	❏ geboren
❏ geben 与える	❏ gab	❏ gegeben
❏ gefallen 気に入る	❏ gefiel	❏ gefallen
❏ gehen 行く	❏ ging	❏ gegangen
❏ gelingen 成功する	❏ gelang	❏ gelungen
❏ gelten 有効である	❏ galt	❏ gegolten
❏ genießen 楽しむ	❏ genoss	❏ genossen
❏ geschehen 起こる	❏ geschah	❏ geschehen
❏ gewinnen 勝つ	❏ gewann	❏ gewonnen
H		
❏ haben 持っている	❏ hatte	❏ gehabt
❏ halten 持っている	❏ hielt	❏ gehalten
❏ hängen 掛かっている	❏ hing	❏ gehangen
❏ heißen …という名前である	❏ hieß	❏ geheißen
❏ helfen 手助けする	❏ half	❏ geholfen
K		
❏ kennen 知っている	❏ kannte	❏ gekannt
❏ klingen 鳴る	❏ klang	❏ geklungen
❏ kommen 来る	❏ kam	❏ gekommen
❏ können …できる	❏ konnte	❏ können / gekonnt
L		
❏ lassen …させる	❏ ließ	❏ gelassen / lassen
❏ laufen 走る	❏ lief	❏ gelaufen
❏ leihen 貸す	❏ lieh	❏ geliehen

不定詞	過去	過去分詞
☐ lesen 読む	☐ las	☐ gelesen
☐ liegen （横にして）置いてある	☐ lag	☐ gelegen
☐ lügen うそをつく	☐ log	☐ gelogen

M

不定詞	過去	過去分詞
☐ messen はかる	☐ maß	☐ gemessen
☐ mit|bringen 持って来る	☐ brachte...mit	☐ mitgebracht
☐ mit|nehmen 持って行く	☐ nahm...mit	☐ mitgenommen
☐ mögen 好きだ	☐ mochte	☐ gemocht
☐ müssen …しなければならない	☐ musste	☐ müssen / gemusst

N

不定詞	過去	過去分詞
☐ nach|schlagen （辞書などで）調べる	☐ schlug...nach	☐ nachgeschlagen
☐ nehmen 取る	☐ nahm	☐ genommen
☐ nennen 名づける	☐ nannte	☐ genannt

R

不定詞	過去	過去分詞
☐ raten 助言する	☐ riet	☐ geraten
☐ rufen 叫ぶ	☐ rief	☐ gerufen

S

不定詞	過去	過去分詞
☐ schaffen 創造する	☐ schuf	☐ geschaffen
☐ scheinen 輝く	☐ schien	☐ geschienen
☐ schlafen 眠る	☐ schlief	☐ geschlafen
☐ schlagen 殴る	☐ schlug	☐ geschlagen
☐ schließen 閉める	☐ schloss	☐ geschlossen
☐ schneiden 切る	☐ schnitt	☐ geschnitten
☐ schreiben 書く	☐ schrieb	☐ geschrieben

不定詞	過去	過去分詞
❏ schreien 　叫ぶ	❏ schrie	❏ geschrien
❏ schweigen 　沈黙する	❏ schwieg	❏ geschwiegen
❏ schwimmen 　泳ぐ	❏ schwamm	❏ geschwommen
❏ sehen 　見る	❏ sah	❏ gesehen
❏ sein 　…である	❏ war	❏ gewesen
❏ senden 　送る	❏ sandte	❏ gesandt
❏ singen 　歌う	❏ sang	❏ gesungen
❏ sinken 　沈む	❏ sank	❏ gesunken
❏ sitzen 　座っている	❏ saß	❏ gesessen
❏ sollen 　…すべきである	❏ sollte	❏ sollen / gesollt
❏ sprechen 　話す	❏ sprach	❏ gesprochen
❏ springen 　跳ぶ	❏ sprang	❏ gesprungen
❏ statt|finden 　(催し物などが) 行われる	❏ fand...statt	❏ stattgefunden
❏ stehen 　立っている	❏ stand	❏ gestanden
❏ stehlen 　盗む	❏ stahl	❏ gestohlen
❏ steigen 　のぼる	❏ stieg	❏ gestiegen
❏ sterben 　死ぬ	❏ starb	❏ gestorben
❏ streiten 　争う	❏ stritt	❏ gestritten

T

不定詞	過去	過去分詞
❏ teil|nehmen 　参加する	❏ nahm...teil	❏ teilgenommen
❏ tragen 　運ぶ	❏ trug	❏ getragen
❏ treffen 　会う	❏ traf	❏ getroffen

不定詞	過去	過去分詞
❏ treten 　歩む	❏ trat	❏ getreten
❏ trinken 　飲む	❏ trank	❏ getrunken
❏ tun 　する	❏ tat	❏ getan

U

不定詞	過去	過去分詞
❏ um |steigen 　乗り換える	❏ stieg...um	❏ umgestiegen
❏ um |ziehen 　引越す	❏ zog...um	❏ umgezogen
❏ unterbrechen 　中断する	❏ unterbrach	❏ unterbrochen
❏ unter |gehen 　（太陽などが）沈む	❏ ging...unter	❏ untergegangen
❏ unterhalten 　楽しく語り合う	❏ unterhielt	❏ unterhalten
❏ unterschreiben 　署名する	❏ unterschrieb	❏ unterschrieben

V

不定詞	過去	過去分詞
❏ verbieten 　禁止する	❏ verbot	❏ verboten
❏ verbringen 　過ごす	❏ verbrachte	❏ verbracht
❏ verderben 　腐る	❏ verdarb	❏ verdorben
❏ vergehen 　過ぎ去る	❏ verging	❏ vergangen
❏ vergessen 　忘れる	❏ vergaß	❏ vergessen
❏ verlassen 　去る	❏ verließ	❏ verlassen
❏ verlieren 　なくす	❏ verlor	❏ verloren
❏ verschwinden 　見えなくなる	❏ verschwand	❏ verschwunden
❏ versprechen 　約束する	❏ versprach	❏ versprochen
❏ verstehen 　理解する	❏ verstand	❏ verstanden
❏ vor |haben 　予定がある	❏ hatte...vor	❏ vorgehabt
❏ vor |kommen 　…のように思われる	❏ kam...vor	❏ vorgekommen

不定詞	過去	過去分詞
❏ vor|schlagen 提案する	❏ schlug...vor	❏ vorgeschlagen

W

不定詞	過去	過去分詞
❏ wachsen 成長する	❏ wuchs	❏ gewachsen
❏ waschen 洗う	❏ wusch	❏ gewaschen
❏ weg|gehen 立ち去る	❏ ging...weg	❏ weggegangen
❏ wenden 向ける（→「裏返す」の意味では規則変化）	❏ wandte	❏ gewandt
❏ werden …になる	❏ wurde	❏ geworden
❏ werfen 投げる	❏ warf	❏ geworfen
❏ wieder|sehen 再会する	❏ sah...wieder	❏ wiedergesehen
❏ wiegen （目方などを）量る	❏ wog	❏ gewogen
❏ wissen 知っている	❏ wusste	❏ gewusst
❏ wollen …したい	❏ wollte	❏ wollen / gewollt

Z

不定詞	過去	過去分詞
❏ zerbrechen 割れる	❏ zerbrach	❏ zerbrochen
❏ ziehen 引く	❏ zog	❏ gezogen
❏ zu|nehmen 増える	❏ nahm...zu	❏ zugenommen
❏ zurück|kommen 帰って来る	❏ kam...zurück	❏ zurückgekommen

INDEX

青太字→超基礎レベル
黒太字→4級レベル
黒細字→3級レベル
★付き数字→2級レベル
※熟語は、そこに含まれる単語で検索してください。

A

- ab 78, 184
- der Abend 38, 201
- das Abendbrot 38, 201
- das Abendessen 38, 201
- aber 78
- ab|fahren 60
- die Abfahrt 38, 199
- ab|hängen 124
- ab|holen 124
- das Abitur 108
- ab|nehmen 124
- abonnieren 124
- ab|reisen 124
- ab|schicken 124
- der Abschied 108, 182
- der Absender 108
- die Absicht 184
- abwärts 150
- abwesend 78, 202
- die Achsel 230*
- achten 124
- die Adresse 10
- ahnen 124
- ähnlich 78
- die Ahnung 108
- der Akt 218*
- die Akte 218*
- der Alkohol 10, 195
- die Allee 38, 198, 212
- allein 150
- allgemein 150
- allmählich 150
- als 150
- als ob 150
- also 78
- alt 24, 202
- der·die Alte 108
- das Alter 108
- (das) Amerika 38, 199
- der Amerikaner 38, 199, 213
- amerikanisch 78, 199
- die Ampel 38, 198
- an 78
- der Anblick 108
- andere 78
- ändern 60
- anders 78
- der Anfang 38
- an|fangen 60
- angeln 60
- der/die Angestellte 38, 193
- die Angst 38, 180
- an|halten 124
- an|kommen 60
- die Ankunft 38, 199
- an|machen 124
- an|melden 124
- an|nehmen 124
- der Anruf 38
- an|rufen 60
- [an]statt 78
- anstrengend 150
- die Antwort 10
- antworten 60
- der Anwalt 38, 194
- anwesend 78, 202
- die Anzeige 108
- an|ziehen 124
- der Anzug 38, 192
- der Apfel 10, 196
- die Apotheke 38, 212
- der Apparat 38, 212
- der Appetit 108
- der April 39, 200, 216
- die Arbeit 10
- arbeiten 18
- der Arbeiter 39
- arbeitslos 150
- der Arbeitsplatz 108
- der Architekt 39, 194
- arm 24, 202
- der Arm 39, 192, 230*
- die Art 108
- der Arzt 39, 194
- der Aschenbecher 39, 195
- atmen 60
- auch 24
- auf 78, 184, 188, 228*
- auf|gehen 124
- auf|hören 124
- auf|machen 60
- aufmerksam 150
- auf|passen 126
- der Aufsatz 108
- auf|stehen 60
- der Auftrag 108
- auf|wachen 126
- aufwärts 150
- das Auge 39, 192, 230*

INDEX

- der Augenblick 108
- der **August**
  39, 200, 216
- **aus** 78
- aus|fallen 126
- der **Ausflug** 39
- der **Ausgang** 39
- aus|geben 126
- **aus|gehen** 60
- das Ausland 108
- aus|machen 126
- **aus|sehen** 60
- außen 150
- **außer** 78
- außerdem 150
- **außerhalb** 80
- die Aussicht 108
- die **Aussprache** 39
- **aus|sprechen** 60
- aus|steigen 126
- die Ausstellung 108
- aus|üben 224*
- auswendig 150
- das **Auto** 10, 198
- die **Autobahn** 39, 198
- der **Autor** 39, 194

B

- der **Bach** 39, 197
- **backen** 60
- der **Bäcker** 10, 193
- die Bäckerei 212
- das **Bad** 39, 195
- baden 126
- der **Bahnhof** 10, 199
- der **Bahnsteig** 39, 199
- **bald** 24
- die **Banane** 10, 196
- der Band 217*
- das Band 217*
- die **Bank** 10, 217*
- die **Bank** 10, 217*
- **bauen** 60
- der **Baum** 10, 196
- der **Beamte** 39, 193

- bedauern 126
- bedeuten 126
- bedeutend 150
- die Bedeutung 109
- beenden 126
- befehlen 126
- begabt 150
- begegnen 126
- **beginnen** 62, 214
- begleiten 126
- begreifen 128
- begreiflich 150
- der Begriff 182
- **begrüßen** 62
- behalten 128
- behandeln 128
- behaupten 128
- beherrschen 128
- **bei** 80
- **beide** 80
- das **Bein** 40, 192, 230*
- beinahe 150
- das **Beispiel** 40
- **bekannt** 80
- der·die **Bekannte** 40
- **bekommen** 18
- **beliebt** 80
- bemerken 128
- beneiden 128
- **benutzen** 62
- beobachten 128
- **bequem** 80
- die Bequemlichkeit 214
- bereit 152
- bereits 152
- der **Berg** 10, 197, 226*
- berichten 128
- der **Beruf** 40, 193, 214
- **berühmt** 80
- beschäftigt 152
- der Bescheid 180
- bescheiden 152
- beschließen 128
- besetzen 128
- besichtigen 128
- **besitzen** 62

- besondere 152
- **besonders** 80, 215
- besorgen 128
- besser 152
- die Besserung 109
- **best** 80
- bestehen 128
- **bestellen** 18
- bestimmt 152
- der Besuch 109
- **besuchen** 18
- der Besucher 109
- betrachten 128
- betragen 130
- betreffen 180
- betrügen 130
- das **Bett** 10, 194
- **bevor** 80
- **bezahlen** 18
- die **Bibliothek** 10, 212
- das **Bier** 10, 195
- bieten 130
- das **Bild** 10
- bilden 130
- **billig** 24, 202
- die **Birne** 40, 196
- **bis** 80
- **bisschen** 80
- **bitte** 24
- die Bitte 109
- bitten 130
- bitter 202
- blass 152
- **blau** 80
- **bleiben** 18
- der **Bleistift** 40
- blicken 130
- **blind** 80
- die **Blume** 40, 196
- der Boden 109
- der·das Bonbon 218*
- das Boot 226*
- böse 152
- die Botschaft 109
- braten 130

INDEX

- brauchen 18
- **braun** 80
- brechen 130
- **breit** 82, 202
- brennen 130
- der **Brief** 11
- die Briefmarke 109
- die **Brille** 11
- **bringen** 18, 224*
- das **Brot** 11, 196
- die Brücke 109
- der **Bruder** 11, 193
- das **Buch** 11
- die Buchhandlung 109
- der Bund 217*
- das Bund 217*
- das **Büro** 11
- der **Bus** 11, 198
- die **Butter** 11, 196

C

- das **Café** 11
- der **CD-Player** 40, 194
- der **Cent** 40
- die Chance 109
- der Charakter 109
- der **Chef** 40
- die **Chemie** 40, 197
- der Christ 109
- der **Computer** 11, 194
- der Cousin 193
- die Cousine 193

D

- **da** 24
- **da** 82
- dabei 152
- dadurch 152
- dafür 152
- dagegen 152
- dahinter 152
- damals 152
- die **Dame** 11
- **damit** 82

- damit 152
- danach 152
- daneben 154
- der Dank 109
- dankbar 154
- **dann** 82
- daran 154
- darauf 154
- daraus 154
- darin 154
- darüber 154
- darum 154
- darunter 154
- **das** 24, 220
- das 154
- **dass** 82
- **dauern** 62
- der Daumen 230*
- davon 154
- dazu 154
- das Deck 218*
- die Decke 218*
- decken 130
- **dein** 82, 221
- **dem** 24, 220
- dem 154
- **den** 24, 220
- den 154
- denen 154
- **denken** 62
- **denn** 82
- dennoch 154
- **der** 24, 220
- der 154
- deren 156
- **des** 24, 220
- **deshalb** 82
- dessen 156
- desto 156
- deswegen 156
- deutlich 156
- **deutsch** 82, 188, 199
- der·die **Deutsche** 40, 199
- (das) **Deutschland** 40, 199

- der **Dezember** 40, 200, 216
- **dich** 24, 220
- dicht 156
- **dick** 24, 202
- **die** 24, 220
- die 156
- der Dieb 109
- der Dienst 109
- der **Dienstag** 11, 200
- **dieser** 82
- **diesmal** 82
- das Ding 109
- **dir** 24, 220
- **direkt** 82
- die Diskussion 110
- **diskutieren** 62
- **doch** 82
- der Dokter 213
- der **Donner** 40, 197
- der **Donnerstag** 11, 200
- **doppelt** 82
- das **Doppelzimmer** 40
- das **Dorf** 40, 198
- **dort** 26
- dorthin 156
- der·das Dotter 218*
- der Draht 226*
- draußen 156
- dringend 156
- drinnen 156
- **du** 26, 220
- **dumm** 26, 202
- **dunkel** 26, 202
- **dünn** 26, 202
- **durch** 82
- durchaus 156
- durcheinander 156
- durch|führen 130
- der Durchschnitt 184
- **dürfen** 62
- der Durst 110
- **durstig** 82, 203
- die **Dusche** 41, 195
- **duschen** 62

- das **Dutzend** 41, 200
- duzen 130
- der **D-Zug** 41, 199

E

- eben 156
- ebenfalls 156
- ebenso 156
- echt 156
- die **Ecke** 41
- egal 158
- ehe 158
- eher 158
- das **Ei** 11, 196
- eigen 158
- eigentlich 82
- eilen 62
- der **Eilzug** 41, 199
- **ein** 26, 220
- einander 158
- der Eindruck 110
- **eine** 26, 220
- **einem** 26, 220
- **einen** 26, 220
- **einer** 26, 220
- **eines** 26, 220
- **einfach** 26, 202
- der Einfluss 110
- einige 84
- ein|kaufen 62
- ein|laden 62
- einmal 84, 184, 188
- ein|nehmen 62
- einsam 84
- ein|schlafen 130
- ein|steigen 130
- die Einstellung 110
- ein|treten 130
- der Eintritt 110
- der Einwohner 110
- das **Einzelzimmer** 41
- einzig 158
- das Eisen 110
- die **Eltern** 41, 193
- empfangen 130, 214

- empfehlen 62
- empfinden 130
- das **Ende** 11, 182
- enden 64
- endlich 64
- eng 158, 202
- (das) **England** 41, 199
- der **Engländer** 41, 199
- englisch 84, 199
- der **Enkel** 41, 193
- entdecken 132, 214
- entfernt 158
- enthalten 132
- entlang 84
- die Entscheidung 110
- entschuldigen 132
- enttäuschen 132
- entweder... oder ~ 84
- **er** 26, 220
- der Erbe 217*
- das Erbe 217*
- erfahren 132
- die Erfahrung 110
- erfinden 132
- der Erfolg 110
- die Erfüllung 180
- erhalten 132
- die Erinnerung 110
- die **Erkältung** 41
- erkennen 132
- die Erkenntnis 110, 214
- **erklären** 64
- erlauben 132
- die Erlaubnis 110
- ernst 158
- erreichen 132
- erscheinen 132
- **erst** 84
- ertragen 132
- der·die **Erwachsene** 41
- erwarten 132
- **erzählen** 64
- die Erzählung 110
- **es** 26, 220

- **essen** 18
- das **Essen** 11, 196
- das Etikett 219*
- die Etikette 219*
- etwa 84
- etwas 84
- **euch** 26, 220
- **euer** 84, 221
- der **Euro** 41
- das Examen 110

F

- die **Fabrik** 41
- das Fach 110
- **fahren** 18
- der **Fahrer** 41
- die **Fahrkarte** 41, 199
- der **Fahrplan** 41, 199
- das **Fahrrad** 42, 198
- der Fall 111, 184
- **fallen** 64, 224*
- **falsch** 26, 202
- die **Familie** 11, 193, 213
- fangen 64
- die Farbe 111
- **faul** 26, 202
- der **Februar** 42, 200, 216
- fehlen 132
- der Fehler 111
- die **Feier** 42
- feiern 64
- das **Feld** 42, 197
- das **Fenster** 12, 195
- die Ferien 111
- **fern** 84, 202
- **fern|sehen** 64
- der **Fernseher** 42, 194
- **fertig** 84, 228*
- fest 158
- **fett** 84
- feucht 158
- das **Feuer** 42
- das Feuerzeug 111

- das Fieber 111
- **der Film** 42
- finanziell 158
- **finden** 64, 224*
- **der Finger** 42, 192, 232*
- die Firma 42
- der Fisch 12, 196, 240*
- die Flasche 42, 195
- der Flaschenöffner 42, 195
- das Fleisch 42, 196
- der Fleischer 42, 193
- fleißig 28, 202
- die Fliege 240*
- fliegen 64
- fliehen 134
- fließen 134
- fließend 84
- das Flugzeug 42, 198
- der Fluss 42, 197
- folgen 134
- folgend 158
- der Fön 111, 194
- fordern 134
- fort 158
- das Foto 12
- fotografieren 64
- die Frage 12, 184
- fragen 18
- (das) Frankreich 42, 199
- französisch 84, 199
- der Franzose 42, 199
- die Frau 43, 193
- das Fräulein 43
- frei 84
- die Freiheit 111
- freilich 158
- der Freitag 12, 200
- die Freizeit 43
- fremd 86
- die Fremdsprache 43, 197
- fressen 134

- die Freude 111
- **der Freund** 12
- **die Freundin** 12
- **freundlich** 28
- der Frieden 111
- frieren 134
- **frisch** 28
- **der Friseur** 43, 193
- froh 158
- fröhlich 160
- **früh** 86, 202
- früher 160
- **der Frühling** 43, 201
- **das Frühstück** 43, 201
- **frühstücken** 64
- **führen** 64
- **der Führerschein** 43
- füllen 134
- **für** 86, 188
- die Furcht 111
- furchtbar 160
- fürchten 134
- **der Fuß** 12, 180, 192, 232*
- **der Fußball** 12

G

- **die Gabel** 43, 195
- **ganz** 28, 186, 228*
- gar 160
- **die Garage** 43, 195
- **der Garten** 12, 195
- **die Gasse** 43, 198
- **der Gast** 12
- gebären 134
- das Gebäude 111
- **geben** 18
- das Gebiet 111
- **das Gebirge** 43, 197
- **geboren** 86
- gebrauchen 134
- gebraucht 160
- die Gebühr 111
- **der Geburtstag** 43

- das Gedächtnis 111
- der Gedanke 111
- das Gedicht 111
- geduldig 160
- gefährlich 160
- **gefallen** 64
- das Gefühl 112
- **gegen** 86
- **die Gegend** 43, 198
- das Gegenteil 112, 184
- **gegenüber** 86
- der Gehalt 217*
- **das Gehalt** 43, 217*
- das Geheimnis 112
- **gehen** 18
- gehorchen 134
- **gehören** 66, 214
- die Geige 112
- gelangen 134
- **gelb** 86
- **das Geld** 12
- die Gelegenheit 112
- gelingen 134
- **gelten** 66
- gemeinsam 160
- **das Gemüse** 12, 196, 214
- **genau** 28
- das Genie 112
- genießen 134, 214
- **genug** 28
- genügen 134
- **das Gepäck** 43
- **gerade** 86
- geradeaus 160
- gering 160
- **gern** 28
- **das Geschäft** 43
- geschehen 134
- das Geschenk 44
- **die Geschichte** 44, 197
- geschickt 160
- **das Geschirr** 44, 195
- geschlossen 160

256 INDEX

INDEX

- der Geschmack 44
- die Geschwister 44, 193
- das Gesicht 44, 192, 232*
- das Gespräch 112
- gestern 86
- **gesund** 28, 203
- die Gesundheit 44
- das Getränk 44, 195
- gewachsen 228*
- das Gewicht 112
- gewinnen 136
- gewöhnlich 160
- **das Glas** 12, 195
- **glauben** 18
- **gleich** 28
- gleichfalls 160
- das Gleis 44, 199
- die Glocke 112
- das Glück 112, 180
- **glücklich** 28
- **das Gold** 12
- golden 86
- **der Gott** 12
- das Gramm 44, 200
- **das Gras** 12, 196
- gratulieren 136
- grau 86
- die Grenze 112
- die Grippe 112
- **groß** 28, 202
- die Großmutter 44, 193
- die Großstadt 44, 198
- der Großvater 44, 193
- grün 86
- der Grund 184
- gründen 136
- die Grundschule 44, 198
- **die Gruppe** 13
- grüßen 66
- günstig 160
- der Gürtel 44, 192
- **gut** 28, 202, 228*
- das Gymnasium

H

- das Haar 44, 184, 192, 232*
- **haben** 18, 224*
- **halb** 86
- der Hals 232*
- **halten** 66
- **die Hand** 13, 192, 232*
- handeln 136
- **hängen** 66
- hart 160, 202
- der Hase 240*
- hassen 136
- hässlich 162
- häufig 162
- die Hauptstadt 45, 198
- **das Haus** 13, 195
- **die Hausaufgaben** 45, 197
- die Hausfrau 45
- die Haut 232*
- das Heft 45
- heftig 162
- die Heimat 112
- **heiraten** 66
- **heiß** 28, 203
- **heißen** 20, 180
- die Heizung 45, 194
- **helfen** 20
- **hell** 86, 202
- das Hemd 45, 192
- her 203
- heraus 162
- der Herbst 45, 201
- herein 215
- der Herr 112
- herrlich 162
- herrschen 136
- das Herz 234*
- **heute** 28
- **hier** 28
- die Hilfe 45
- der Himmel

44, 198

- hin 203
- hinaus 205
- hindern 136
- hinein 205
- die Hinsicht 184
- hinter 86
- das Hobby 112
- **hoch** 28, 203
- die Hochschule 45, 198
- höchstens 162
- die Hochzeit 45
- hoffen 66
- höflich 162
- holen 66
- das Holz 45, 196
- **hören** 20
- die Hose 45, 192
- das Hotel 13
- hübsch 88
- der Hund 13, 196, 240*
- der Hunger 13
- hungrig 88, 203
- der Hut 13, 192
- die Hütte 112

I

- **ich** 28, 220, 228*
- die Idee 112, 212
- ihm 30, 220
- ihn 30, 220
- Ihnen 30, 220
- ihnen 30, 220
- ihr 30, 220
- Ihr 88, 221
- ihr 88, 221
- **immer** 30
- **in** 88
- indem 162
- die Industrie 45
- die Information 45, 212
- der Ingenieur 13, 193

45, 197, 226*

❏ innerhalb 88	❏ kalt 30, 203	❏ kochen 20
❏ die Insel 45, 197	❏ die Kamera 13	❏ der Koffer 113
❏ insgesamt 88	❏ der Kamerad 46	❏ der Kohl 47, 196, 219*
❏ das Institut 113	❏ kämpfen 136	❏ die Kohle 219*
❏ intelligent 162	❏ kaputt 162	❏ der Kollege 47
❏ intensiv 162	❏ die Karte 13	❏ kommen
❏ interessant 88, 203, 212	❏ die Kartoffel 46, 196	20, 224*, 228*
❏ das Interesse 113	❏ der Käse 46, 196	❏ der Komponist 213
❏ international 162	❏ die Kasse 113	❏ können 66, 228*
❏ (das) Italien 45, 199, 213	❏ der Kasten 46	❏ das Konzert 13
❏ der Italiener 46, 199	❏ die Katze 46, 196, 242*	❏ der Kopf 47, 192, 234*
❏ italienisch 88, 199	❏ kaufen 20	❏ die Kopfschmerzen 47
	❏ das Kaufhaus 46	❏ der Körper 47, 192
J	❏ der Kaufmann 46, 193	❏ kosten 66
	❏ kaum 88	❏ kostenlos 90
❏ ja 30	❏ kein 90, 221	❏ die Kraft 113
❏ die Jacke 46, 192	❏ keineswegs 162	❏ krank 30, 203
❏ das Jahr 46, 201	❏ der Keller 47	❏ der·die Kranke 113
❏ das Jahrhundert 214	❏ der Kellner 47, 193	❏ das Krankenhaus 47
❏ das Jahrtausend 214	❏ kennen 20	❏ die Krankenschwester 48, 194
❏ der Januar 46, 200, 216	❏ kennenlernen 136	❏ die Krankheit 48
❏ (das) Japan 46, 199	❏ die Kenntnis 113	❏ die Krawatte 48, 192
❏ der Japaner 46, 199, 213	❏ der Kiefer 217*	❏ der Krebs 113
❏ japanisch 88, 199	❏ die Kiefer 217*	❏ der Kreis 113
❏ jedenfalls 162	❏ das Kilogramm 47, 200	❏ die Kreuzung 48, 198
❏ jeder 88	❏ der Kilometer 47, 200	❏ der Krieg 113
❏ jedoch 88	❏ das Kind 47, 193	❏ die Kritik 226*
❏ jemand 88	❏ der Kindergarten 47, 198	❏ die Küche 48, 195
❏ jener 88	❏ das Kino 13	❏ der Kuchen 48, 196
❏ jetzt 30	❏ der Kiosk 47	❏ der Kugelschreiber 113
❏ der Job 46	❏ die Kirche 47	❏ kühl 90, 203
❏ die Jugend 113	❏ klar 90	❏ der Kühlschrank 48, 194
❏ der Juli 46, 200, 216	❏ klasse 162	❏ die Kultur 113, 213
❏ jung 30, 202	❏ die Klasse 13	❏ der Kunde 48
❏ der Junge 46	❏ das Klavier 13	❏ der Künstler 48, 194
❏ der Juni 46, 200, 216	❏ das Kleid 47, 192	❏ künstlich 203
	❏ die Kleidung 47, 192	❏ kurz 90, 203
K	❏ klein 30, 202	❏ kürzlich 162
	❏ das Klima 47, 197	❏ küssen 68
❏ der Kaffee 13, 195	❏ klingeln 136	
❏ die Kaffeemaschine 113, 194	❏ klingen 66	**L**
	❏ klopfen 66	
	❏ klug 30, 202	

☐ **lachen**	20	
☐ lächeln	136	
☐ der Laden	113	
☐ die Lage	182	
☐ die **Lampe**	48	
☐ das **Land**	48	
☐ **lang**	90, 203	
☐ lange	162	
☐ **langsam**	30, 202	
☐ längst	164	
☐ **langweilig**	90, 203	
☐ der Lärm	113	
☐ **lassen**	68	
☐ **laufen**	68	
☐ **laut**	30, 203	
☐ **leben**	20	
☐ das **Leben**	48	
☐ lebendig	164	
☐ **ledig**	30, 203	
☐ leer	164, 203	
☐ **legen**	68	
☐ **lehren**	68	
☐ der **Lehrer**	13, 194	
☐ die **Lehrerin**	48, 194	
☐ **leicht**	32, 203	
☐ leid	164	
☐ leiden	136	
☐ **leider**	90	
☐ leihen	136	
☐ **leise**	32, 203	
☐ der Leiter	217*	
☐ die Leiter	217*	
☐ die Lektion	113	
☐ **lernen**	20	
☐ **lesen**	20	
☐ letzte	164	
☐ die **Leute**	48	
☐ das **Licht**	48	
☐ **lieb**	90	
☐ die **Liebe**	13	
☐ **lieben**	20	
☐ **lieber**	90	
☐ das **Lied**	48	
☐ **liegen**	68	
☐ die Linie	114	
☐ **link**	32, 203	

☐ der Liter	48, 200	
☐ die Literatur	49, 197	
☐ loben	136	
☐ der **Löffel**	49, 195	
☐ der Lohn	114	
☐ los	164	
☐ die Luft	49, 180	
☐ lügen	138	
☐ die Lust	49	

M

☐ **machen**	68	
☐ das **Mädchen**	14	
☐ mager	90	
☐ der **Mai**	49, 200, 216	
☐ **mal**	90	
☐ das Mal	114, 184	
☐ malen	138	
☐ der **Maler**	49, 194	
☐ man	90	
☐ mancher	90	
☐ manchmal	90	
☐ der Mann	49, 193	
☐ der Mantel	49, 192	
☐ das Märchen	114	
☐ die Mark	49	
☐ der **Markt**	14	
☐ der Marktplatz	49	
☐ der März	49, 200, 216	
☐ die Maschine	212	
☐ die **Mathematik**	14, 197	
☐ die Mauer	114	
☐ die Maus	49	
☐ die **Medizin**	14, 212	
☐ das Meer	49, 197	
☐ **mehr**	32	
☐ mehrere	90	
☐ mein	92, 221	
☐ meinen	138	
☐ die Meinung	114	
☐ meist	164	
☐ meistens	164	
☐ die **Mensa**	49, 198	
☐ der **Mensch**	49	

☐ menschlich	164	
☐ das **Menü**	49	
☐ merken	138	
☐ messen	138	
☐ das **Messer**	49, 195	
☐ der **Meter**	50, 200	
☐ **mich**	32, 220	
☐ die **Miete**	50	
☐ mieten	68	
☐ die **Milch**	14, 195	
☐ das **Mineralwasser**	50, 195	
☐ die **Minute**	50, 201	
☐ **mir**	32, 220	
☐ **mit**	92	
☐ mit|bringen	138	
☐ miteinander	164	
☐ das Mitleid	114	
☐ mit|nehmen	138	
☐ der **Mittag**	50, 201	
☐ das **Mittagessen**	50, 201	
☐ mittags	92	
☐ die Mitte	114	
☐ mit|teilen	138	
☐ das Mittel	114	
☐ der **Mittwoch**	14, 200	
☐ die **Möbel**	50, 194	
☐ möchte	68	
☐ modern	164	
☐ **mögen**	68	
☐ **möglich**	92	
☐ die **Möhre**	50, 196	
☐ der **Moment**	50, 218	
☐ das Moment	218*	
☐ monatlich	164	
☐ der Mond	50, 197, 226*	
☐ der **Montag**	14, 200	
☐ **morgen**	32	
☐ der **Morgen**	50, 201	
☐ **morgens**	32	
☐ das **Motorrad**	50, 198	
☐ die Mücke	240*	
☐ **müde**	32, 203	
☐ der Mund		

50, 192, 236*
- munter 203
- die **Münze** 50
- das **Museum** 50, 213
- die **Musik** 14
- der **Musiker** 50, 194
- **müssen** 68
- der Mut 114
- die **Mutter** 14, 193, 217*

N

- **nach** 92, 188
- der **Nachbar** 50
- nachdem 164, 215
- **nachher** 92
- der **Nachmittag** 51, 201
- **nachmittags** 92
- der Nachname 114
- die Nachricht 114
- nach|schlagen 138
- **nächst** 92
- die **Nacht** 51, 201
- der Nachtisch 114
- **nachts** 92
- nackt 164
- **nahe** 92, 202
- die **Nähe** 51
- der **Name** 14
- nämlich 164
- die Nase 51, 192, 236*
- nass 166
- die Nation 114, 212
- national 212
- **natürlich** 92, 203, 215
- die **Natur** 51, 197, 213
- **neben** 92
- der Neffe 193
- **nehmen** 68, 224*
- **nein** 32
- nennen 138
- der Nerv 236*
- **nett** 32
- **neu** 32, 202
- neuerdings 166
- neugierig 166
- neulich 166
- **nicht** 32
- **nicht ..., sondern ~** 92
- **nicht nur ..., sondern auch** 94
- die Nichte 193
- **nichts** 94
- **nie** 94
- niedrig 166, 203
- **niemals** 94
- **niemand** 94
- **noch** 32, 188
- der **Norden** 51, 201
- normal 166
- nötig 166
- notwendig 166
- der **November** 51, 200, 216
- die **Nudeln** 51, 196
- die Nummer 114
- **nun** 94
- **nur** 94
- **nutzen** 68
- nützlich 166

O

- **ob** 94
- oben 166, 203
- der **Ober** 51, 193
- das **Obst** 51, 196
- obwohl 166, 215
- **oder** 94
- **offen** 94
- öffentlich 166
- **öffnen** 68
- **oft** 32
- **ohne** 94
- das **Ohr** 51, 192, 238*
- der **Oktober** 51, 200, 216
- das Öl 114
- die **Oma** 51, 193
- der **Onkel** 51, 193
- der **Opa** 51, 193
- operieren 138
- das Opfer 114
- die Ordnung 180, 182
- original 212
- der Ort 115
- der **Osten** 51, 201
- (das) Ostern 115
- (das) **Österreich** 51, 199
- der **Österreicher** 52, 199
- **österreichisch** 199

P

- **paar** 94
- **packen** 70
- das **Päckchen** 52
- das Paket 115
- das **Papier** 52
- der **Park** 14
- **parken** 20
- die **Party** 14
- der **Pass** 52
- der Passagier 115
- **passen** 70
- passieren 138
- der Patient 115, 212
- die **Pause** 52, 197
- die **Person** 52
- das Personal 115
- persönlich 166
- die **Pfanne** 52, 195
- der **Pfarrer** 52, 193
- der **Pfennig** 52
- das **Pferd** 52, 196, 242*
- (das) Pfingsten 115
- die **Pflanze** 52, 196
- pflegen 138
- die **Pflicht** 52
- das **Pfund** 52, 200

- der **Philosoph** 52, 194
- die Philosophie 115
- die **Physik** 52, 197
- das Plakat 115
- der **Plan** 52
- der **Platz** 14, 182
- **plötzlich** 94
- die Politik 115
- die **Polizei** 14, 212
- der **Polizist** 52, 193, 213
- die **Post** 14
- das **Postamt** 53
- die **Postkarte** 53
- praktisch 166
- der Preis 115, 186
- **preiswert** 94
- prima 166
- privat 166
- **pro** 94
- **probieren** 70
- das Problem 115, 182
- der **Professor** 53, 194, 213
- das Programm 115
- das **Prozent** 53, 200
- **prüfen** 70
- die Prüfung 115
- das Publikum 115
- der **Pullover** 53, 192
- der Punkt 115
- **pünktlich** 94
- die Puppe 115
- **putzen** 70

Q

- die Qual 116
- quälen 138
- die Qualität 116, 212
- der Quatsch 116
- die Quelle 116
- quer 166

R

- das Rad 116
- das **Radio** 14, 194
- rasieren 138
- die Rast 116
- der Rat 116
- raten 138
- das **Rathaus** 53
- **rauchen** 20
- der Raum 116
- realistisch 168
- **rechnen** 70
- die **Rechnung** 53
- **recht** 32, 203
- das **Recht** 53, 186
- rechtzeitig 168
- die Rede 116, 182
- **reden** 70
- das **Regal** 53, 194
- die Regel 116
- regelmäßig 168
- der **Regen** 53, 197
- der **Regenschirm** 53
- **regnen** 20
- **reich** 94, 202
- reif 168
- die Reihe 116, 182, 186
- reinigen 140
- die **Reise** 53
- **reisen** 70
- die Religion 116
- die Reparatur 213
- reparieren 140
- **reservieren** 70
- das **Restaurant** 14, 212
- **richtig** 34, 202
- die **Richtung** 53
- der Ring 116
- der **Rock** 53, 192
- roh 168
- die Rolle 116, 184
- der Roman 116
- die **Rose** 15, 196
- **rot** 96
- der Rücken 238*
- **rufen** 70
- die Ruhe 116
- **ruhig** 96, 203
- der Ruhm 116
- rund 168

S

- der Saal 117
- die Sache 117
- die Sackgasse 226*
- der **Saft** 53, 195
- **sagen** 20
- der **Salat** 53, 196
- das **Salz** 53, 196
- **sammeln** 70
- der **Samstag** 15, 200
- **satt** 34, 203
- sauber 168, 203
- sauer 168
- **schade** 96
- schaden 140
- das Schaf 242*
- schaffen 140
- der **Schalter** 54
- scharf 168
- schätzen 140
- scheinen 140
- **schenken** 70
- der Scherz 117
- **schicken** 70
- das Schicksal 117
- das **Schiff** 54, 198
- der Schild 218*
- das Schild 218*
- der Schirm 117
- **schlafen** 20
- **schlagen** 70
- **schlank** 96
- **schlecht** 34, 202
- schließen 140
- schließlich 168
- **schlimm** 96
- der **Schlüssel** 54

- schmal 96, 202
- schmecken 72
- die Schmerzen 117
- schmutzig 96, 203
- der Schnee 54, 197
- schneiden 72
- schneien 72
- schnell 34, 202
- der Schnellzug 54, 199
- das Schnitzel 54, 196
- schon 34
- schön 34
- der Schrank 54, 194
- schreiben 72
- schreien 140
- die Schrift 54
- der Schriftsteller 54, 194
- der Schritt 117
- der Schuh 54, 192
- die Schuld 117
- die Schule 15, 198
- der Schüler 117
- die Schülerin 117
- die Schulter 54, 192, 238*
- schütteln 140
- schützen 140
- schwach 96, 203
- schwarz 96, 228*
- schweigen 72
- der Schweiß 117
- die Schweiz 54, 199
- der Schweizer 54, 199
- schweizerisch 199
- schwer 96, 203
- die Schwester 15, 193
- schwierig 96, 202
- die Schwierigkeit 117
- das Schwimmbad 54
- schwimmen 22
- der See 54, 197, 218*
- die See 54, 197, 218*
- die Seele 117
- sehen 22
- die Sehenswürdigkeit 117
- sehr 34
- die Seife 117
- das Seil 117
- sein 22
- sein 96, 221
- seit 96
- seitdem 168
- die Seite 117
- die Sekunde 54, 201
- selbst 96
- selbstverständlich 168
- selten 96
- das Semester 55, 197
- das Seminar 118
- senden 140
- der September 55, 200, 216
- der Sessel 55, 194
- sich 96
- sich⁴ ab|finden 124
- sich⁴ ärgern 124
- sich⁴ äußern 126
- sich⁴ beeilen 126
- sich⁴ befinden 126
- sich⁴ begnügen 126
- sich⁴ bemühen 128
- sich⁴ beschäftigen 62
- sich⁴ entscheiden 132
- sich⁴ entwickeln 132
- sich⁴ erholen 64
- sich⁴ erinnern 64, 214
- sich⁴ erkälten 132
- sich⁴ freuen 64
- sich⁴ fühlen 64
- sich⁴ fürchten 134
- sich⁴ gewöhnen 136
- sich⁴ interessieren 66, 213
- sich⁴ setzen 72
- sich⁴ treffen 74
- sich⁴ unterhalten 74
- sich⁴ verloben 144
- sich⁴ wundern 76
- sicher 98
- Sie 34, 220
- sie 34, 220
- das Silber 118
- silbern 98
- der·das Silvester 118
- singen 22
- sinken 140
- der Sinn 118
- die Sitte 118
- sitzen 72
- so 98, 228*
- so ... wie ~ 98
- so ..., dass ~ 168
- so dass 168
- sobald 168, 215
- das Sofa 15, 194
- sofort 98, 215
- sogar 168, 215
- der Sohn 55, 193
- solange 168
- solcher 98
- der Soldat 118, 212
- sollen 72
- der Sommer 55, 201
- sondern 92, 94
- der Sonnabend 15, 200
- die Sonne 55, 197
- der Sonntag 15, 200
- sonst 98
- sorgen 140
- soviel 170
- sowieso 215
- sowohl ..., als [auch] ~ 170
- die Spannung 118
- sparen 140
- der Spaß 55
- spät 98, 202
- später 98
- spazieren gehen 72

INDEX

- der **Spaziergang** 55
- die Speise 118
- die **Speisekarte** 55
- der **Spiegel** 55, 194
- das **Spiel** 55, 182
- **spielen** 22
- das Spielzeug 118
- der **Sport** 15
- die **Sprache** 15
- der Sprachkurs 118
- **sprechen** 22
- springen 140
- spüren 140
- der Staat 118
- die **Stadt** 55, 198
- der **Stadtplan** 55
- **stammen** 72
- **stark** 34, 203
- statt|finden 142
- der Staub 118
- der Staubsauger 118, 194
- staunen 142
- **stehen** 72, 228*
- stehlen 142
- **steigen** 72
- der **Stein** 55
- die Stelle 118
- **stellen** 72
- sterben 142
- das Sterben 182
- der **Stern** 55, 197
- stets 170
- die Steuer 118, 218*
- das Steuer 118, 218*
- der Stich 182
- **still** 98, 203
- die Stimme 118
- **stimmen** 72
- stören 142
- der Stock 119
- der Stoff 119
- stolz 170
- die Strafe 119
- die **Straße** 55, 198
- die **Straßenbahn**

55, 198
- der **Strauß** 217*
- streben 142
- streiten 142
- **streng** 98
- das **Stück** 56, 186
- der Student 119, 212
- das **Studentenheim** 56, 198
- die Studentin 119
- **studieren** 22, 213
- das Studium 119
- die Stufe 119
- der **Stuhl** 56, 194
- die **Stunde** 56, 201
- der **Sturm** 56, 197
- stürzen 142
- **suchen** 74
- der **Süden** 56, 201
- die Summe 119
- der **Supermarkt** 56
- die **Suppe** 15, 196
- **süß** 98, 202

T

- das Tablett 219*
- die Tablette 119, 219*
- die Tafel 119
- der **Tag** 56, 201
- täglich 170
- die Tankstelle 119
- die **Tante** 56, 193
- **tanzen** 74
- die **Tasche** 56
- das Taschengeld 119
- die **Tasse** 56, 195
- die Tat 119, 186
- tatsächlich 170
- tauschen 142
- das **Taxi** 15, 198
- der **Tee** 15, 195
- der **Teil** 56, 218*
- das·der Teil 218*
- das Teil 186
- das Teil 218*

- teilen 142
- teil|nehmen 142
- der Teilnehmer 119
- das **Telefon** 15
- **telefonieren** 22, 213
- die **Telefonnummer** 56
- die **Telefonzelle** 56
- der **Teller** 56, 195
- die **Temperatur** 56, 197
- das **Tennis** 15
- der **Teppich** 56, 194
- **teuer** 34, 202
- der Text 119
- das **Theater** 57
- das Thema 119
- die Theorie 119
- **tief** 98
- das **Tier** 57, 196
- der **Tisch** 57, 194
- töten 142
- die **Tochter** 57, 193
- der Tod 120
- die **Toilette** 15, 195, 213
- toll 170
- die **Tomate** 15, 196
- der **Topf** 57, 195
- der Tor 218*
- das Tor 120, 218*
- **tot** 98
- total 215
- der **Tourist** 57, 213
- die Träne 120
- **tragen** 74
- die **Traube** 57, 196
- **trauen** 74
- der Trauer 120
- der Traum 120
- **traurig** 98
- **treffen** 74
- trennen 142
- die **Treppe** 57, 195
- **treten** 74
- **trinken** 22

- das Trinkgeld 120
- trocken 170
- **trotz** 98
- **trotzdem** 98
- tüchtig 170
- das Tuch 217*
- **tun** 74, 180
- **die Tür** 57, 195
- der **Turm** 57
- die Tüte 120
- der Typ 219*
- die Type 219*

U

- **die U-Bahn** 57, 198
- **üben** 74
- **über** 100
- überall 170
- überhaupt 170, 215
- überlegen 142
- übermorgen 170
- übernachten 142
- überqueren 142
- überraschen 142
- überrascht 170, 215
- übersetzen 144
- die Übersetzung 214
- überzeugen 144
- übrig 170
- übrigens 170
- **die Übung** 57
- **die Uhr** 15
- **um** 100
- der Umgang 120
- **die Umgebung** 57, 198, 214
- umsonst 170, 215
- umständlich 172
- um|steigen 144
- um|ziehen 144
- der Umweg 120
- die Umwelt 120
- unbedingt 172
- **und** 100
- der Unfall 120
- **ungefähr** 100
- ungeheuer 172
- unglaublich 172
- das Unglück 120
- unhöflich 172
- die Uniform 120
- **die Universität** 16, 198, 212
- unmöglich 172
- **uns** 34, 220
- **unser** 100, 221
- der Unsinn 120
- **unten** 100, 203
- **unter** 100
- unterbrechen 144
- unter|gehen 144
- die Unterhaltung 214
- das Unternehmen 214
- der **Unterricht** 57, 197
- **unterrichten** 22
- der Unterschied 120
- unterschreiben 144
- untersuchen 144
- unterwegs 172, 215
- **der Urlaub** 57
- die Ursache 120

V

- **die Vase** 57, 194
- der **Vater** 16, 193
- die Verabredung 120, 180
- verbieten 144
- das Verbrechen 121
- **verbringen** 74
- verderben 144
- verdienen 144
- der Verdienst 218*
- das Verdienst 218*
- die Vergangenheit 121
- vergehen 144
- **vergessen** 22, 214
- vergesslich 172
- das Vergnügen 121
- verheiratet 172, 203
- **verkaufen** 74
- der Verkäufer 214
- der **Verkehr** 57
- das Verkehrsmittel 121
- der Verlag 121
- verlassen 144
- verlassen 172
- verletzen 144
- verlieren 144
- vermuten 146
- die Vernunft 121
- **verpassen** 74
- verreisen 146
- die Versammlung 121
- versäumen 146
- verschieden 172
- verschwinden 146
- die Verspätung 121, 180
- versprechen 146
- **verstehen** 22
- der Versuch 121
- versuchen 146
- der·die **Verwandte** 58, 193
- verwechseln 146
- **viel** 34, 203
- **vielleicht** 100, 215
- vielmehr 172
- **violett** 100
- der **Vogel** 58, 196
- das Volk 121
- **voll** 100, 203
- vollkommen 172
- **von** 100
- **vor** 100, 184
- vorbei 172
- vor|bereiten 146
- der Vorfall 121
- vorgestern 172
- vor|haben 146
- der **Vorhang** 58, 194
- vorher 174
- vor|kommen 146
- **die Vorlesung** 58, 197
- der **Vormittag** 58, 201

☐ der Vorname 121
☐ der Vorschlag 121, 182
☐ vor|schlagen 146
☐ die Vorsicht 121
☐ **die Vorstadt** 58, 198
☐ vor|stellen 146
☐ der Vorteil 121
☐ der Vortrag 121
☐ vorwärts 174
☐ der Vorwurf 121

W

☐ wach 174
☐ **wachsen** 74
☐ die Waffe 122
☐ wagen 146
☐ **der Wagen** 58, 198
☐ wählen 146
☐ **wahr** 102
☐ die Wahrheit 122
☐ **während** 102
☐ während 174
☐ **wahrscheinlich** 102
☐ **der Wald** 58, 197
☐ **die Wand** 58
☐ wandern 146
☐ die Wanderung 122
☐ **wann** 102
☐ die Ware 122
☐ **warm** 34, 203
☐ **warten** 22
☐ **warum** 102
☐ **was** 102
☐ die Wäsche 58
☐ **waschen** 74
☐ die Waschmaschine 58, 194
☐ **das Wasser** 58, 195, 226*
☐ **weder ..., noch ~** 102
☐ **wechseln** 74
☐ wecken 146
☐ der Wecker 122

☐ weg 174
☐ **der Weg** 58, 186, 198
☐ **wegen** 102
☐ weg|gehen 148
☐ wehen 148
☐ weh|tun 148
☐ weich 174, 202
☐ (das) Weihnachten 122
☐ **weil** 102
☐ **der Wein** 16, 195
☐ **weinen** 22
☐ die Weise 186
☐ **weiß** 102, 228*
☐ **weit** 102
☐ weiter 174
☐ **welcher** 102
☐ **die Welt** 16, 182
☐ **wem** 102
☐ **wen** 102
☐ wenden 148
☐ **wenig** 102, 203
☐ wenigstens 174
☐ **wenn** 102
☐ **wer** 104
☐ **werden** 22
☐ **werfen** 74
☐ das Werk 122
☐ der Wert 122
☐ **weshalb** 104
☐ **wessen** 104
☐ **der Westen** 58, 201
☐ die Wette 122
☐ **das Wetter** 16, 197
☐ **wichtig** 34
☐ **wie** 104
☐ wieder 174, 186, 228*
☐ wiederholen 148
☐ **das Wiedersehen** 58
☐ wieder|sehen 148
☐ wiegen 148
☐ **die Wiese** 58, 197
☐ **wie viel** 104
☐ wild 174
☐ **der Wind** 16, 197, 228*
☐ winken 148

☐ **der Winter** 58, 201
☐ **wir** 34, 220
☐ **wirklich** 34
☐ die Wirtschaft 122
☐ **wissen** 76
☐ die Wissenschaft 122
☐ die Witwe 122
☐ der Witz 122
☐ **wo** 104
☐ **die Woche** 59, 201
☐ wofür 174
☐ **woher** 104
☐ **wohin** 104
☐ **wohl** 104
☐ **wohnen** 22
☐ die Wohngemeinschaft 122
☐ **die Wohnung** 59, 195
☐ **die Wolke** 59, 197, 228*
☐ **wollen** 76
☐ womit 174
☐ worauf 174
☐ **das Wort** 59
☐ **das Wörterbuch** 59
☐ worüber 174
☐ worum 174
☐ wovon 174
☐ wozu 176
☐ das Wunder 122
☐ **der Wunsch** 59
☐ **wünschen** 76
☐ **die Wurst** 59, 196

Z

☐ **zahlen** 22
☐ **zählen** 76
☐ der Zahn 238*
☐ die Zähne 238*
☐ zart 176
☐ **zeigen** 76
☐ **die Zeit** 16, 188
☐ **die Zeitschrift** 59
☐ **die Zeitung** 59
☐ der Zentimeter

	59, 200	
❏ das Zentrum 122, 213	❏ zornig 176	❏ **zurück** **104**
❏ zerbrechen 148	❏ **zu** **104, 184**	❏ zurück|kehren 148
❏ zerstören 148, 214	❏ zu ..., als dass ~ 176	❏ zurück|kommen 148
❏ das Zeugnis 122	❏ der **Zucker** **59, 196**	❏ **zusammen** **104, 215**
	❏ zuerst 176, 215	❏ der Zuschauer 123
❏ **ziehen** **76**	❏ der Zufall 186	❏ **zu viel** **104, 215**
❏ das Ziel 123	❏ zufällig 176	❏ zuvor 176
❏ ziemlich 176	❏ **zufrieden** **104, 215**	❏ zuweilen 176
❏ die **Zigarette** **59, 213**	❏ der **Zug** **16, 199**	❏ **zwar ..., aber / doch**
❏ das **Zimmer** **16, 195**	❏ zugleich 176, 215	**/ allein ~** **104**
❏ zirka 176	❏ zu|hören 148	❏ der Zweifel 186
❏ die **Zitrone** **59, 196**	❏ die Zukunft 123, 186	❏ zweifeln 148
❏ zittern 148	❏ zuletzt 176	❏ die **Zwiebel** **59, 196**
❏ der Zoll 123	❏ **zu|machen** **76**	❏ **zwischen** **104**
❏ der Zoo 123	❏ zu|nehmen 148	

数詞

0	null				
1	eins	11	elf	21	einundzwanzig
2	zwei	12	zwölf	20 zwanzig	22 zweiundzwanzig
3	drei	13	dreizehn	30 dreißig	23 dreiundzwanzig
4	vier	14	vierzehn	40 vierzig	24 vierundzwanzig
5	fünf	15	fünfzehn	50 fünfzig	25 fünfundzwanzig
6	sechs	16	sechzehn	60 sechzig	26 sechsundzwanzig
7	sieben	17	siebzehn	70 siebzig	27 siebenundzwanzig
8	acht	18	achtzehn	80 achtzig	28 achtundzwanzig
9	neun	19	neunzehn	90 neunzig	29 neunundzwanzig
10	zehn				

100	(ein)hundert	1 000	(ein)tausend
200	zweihundert	4 000	viertausend
10 000	zehntausend	50 000	fünfzigtausend
100 000	hunderttausend	600 000	sechshunderttausend

1997　(ein)tausendneunhundertsiebenundneunzig

☞年号の場合は

1997　neunzehnhundertsiebenundneunzig

2009　zweitausendneun

著 者
─────────────

在間　進
　東京外国語大学名誉教授

亀ヶ谷昌秀
　慶應義塾大学理工学部講師

新・独検合格　単語＋熟語（プラス）1800

2010 年 4 月 25 日　初版発行
2024 年 11 月 25 日　35版発行

著　者　在　間　　　進
　　　　亀　ヶ　谷　昌　秀
発行者　柏　倉　健　介
印刷所　幸和印刷株式会社

発行所　株式会社　郁 文 堂

〒113-0033 東京都文京区本郷5-30-21
Tel. 03-3814-5571　振替 00170-9-452287

落丁・乱丁本はお取り替えいたします。　　Printed in Japan
ISBN 978-4-261-07350-8

本書のコピー，スキャン，デジタル化等の無断複製は著作権法上での例外を除き禁じられています。本書を代行業者等の第三者に依頼してスキャンやデジタル化することは，たとえ個人や家庭内での利用であっても著作権法上一切認められておりません。

好評 ドイツ語参考書

文法解説書

リファレンス・ドイツ語
—ドイツ語文法の「すべて」がわかる—

独検対応

在間 進 著　2色刷・A5変型判
308頁・本体1,800円＋税

★初級 - 中級ドイツ語学習者のための最強文法事典
★2色で見やすく、わかりやすく詳細な解説

好評 単語集

新・独検合格 単語＋熟語 1800

独検対応

在間　進／亀ヶ谷昌秀　共著
音声付・2色刷・A5変型判
272頁・本体2,300円＋税

★超基礎（5級）～4・3・2級レベルに対応
★シンプルで覚えやすい例文と見やすいレイアウト

独検合格シリーズ

★最新の過去問題を分析し、対策をアドバイス
★音声で聞き取り対策もしっかり行います

在間　進
亀ヶ谷昌秀　共著

5～2級 全て音声付・2色刷・A5判

独検合格4週間 neu《5級》	160頁	別冊解答集付	本体1,900円＋税
独検合格4週間 neu《4級》	162頁	別冊解答集付	本体2,200円＋税
独検合格4週間 neu《3級》	233頁	別冊解答集付	本体2,300円＋税
独検合格4週間　　《2級》	181頁	別冊解答集付	本体2,300円＋税

独学に最適の学習書

CD付
独学でもよくわかるやさしくくわしいドイツ語
改訂版

清水　薫／石原竹彦　共著
CD付・ホームページから音声無料ダウンロード
2色刷・B5判・184頁・本体2,400円＋税

★完全書き込み式ドイツ語トレーニングブック
★文法説明と練習問題が見開きで完結
★使いやすい別冊解答

新・独検合格 単語＋熟語 １８００《拡大判》
３・２級用　追加語彙 705 語

頻度データに基づく追加語彙 705 語を、レベルに応じて
２つのブロックに分け、品詞別にリスト化しました。
余裕があれば、これらの単語も確認しておきましょう。

<u>第１ブロック　３級・２級用　255 語</u>
　　　名詞　　　127 語 ·························· 2
　　　動詞　　　64 語 ···························· 6
　　　その他　　64 語 ···························· 8

<u>第２ブロック　２級用　450 語</u>
　　　名詞　　　228 語 ·························· 10
　　　動詞　　　96 語 ···························· 17
　　　その他　　126 語 ·························· 20

在間　進
亀ヶ谷昌秀

郁文堂

第1ブロック　3級・2級用　255語

名詞　127語

□ □	Angebot	中性	（商品の）供給	□ □
□ □	Anwendung	女性	使用；応用	□ □
□ □	Artikel	男性	商品；記事	□ □
□ □	Aufgabe	女性	任務，課題	□ □
□ □	Ausbildung	女性	職業教育，養成	□ □
□ □	Ausdruck	男性	表現	□ □
□ □	Aussage	女性	供述	□ □
□ □	Bedingung	女性	条件	□ □
□ □	Beitrag	男性	貢献	□ □
□ □	Bereich	男性	領域，範囲	□ □
□ □	Betrieb	男性	企業，会社	□ □
□ □	Bevölkerung	女性	住民	□ □
□ □	Bewegung	女性	動き，運動	□ □
□ □	Beziehung	女性	関係；コネ	□ □
□ □	Blick	男性	まなざし，視線	□ □
□ □	Bürger	男性	市民	□ □
□ □	Disco	女性	ディスコ	□ □
□ □	Dom	男性	大聖堂	□ □
□ □	Druck	男性	圧力；印刷	□ □
□ □	Ebene	女性	平地	□ □
□ □	Eingang	男性	入り口	□ □
□ □	Einheit	女性	統一	□ □
□ □	Einsatz	男性	（機械などの）投入	□ □
□ □	Eis	中性	氷；アイスクリーム	□ □
□ □	Entschuldigung	女性	許し	□ □
□ □	Erde	女性	土；地球	□ □
□ □	Ergebnis	中性	結果	□ □
□ □	Europa	中性	ヨーロッパ	□ □
□ □	Flughafen	男性	空港	□ □
□ □	Folge	女性	結果	□ □

☐ ☐	Form	女性	形	☐ ☐	
☐ ☐	Forschung	女性	研究	☐ ☐	
☐ ☐	Funktion	女性	機能	☐ ☐	
☐ ☐	Gefahr	女性	危険	☐ ☐	
☐ ☐	Gegensatz	男性	対立	☐ ☐	
☐ ☐	Gegenstand	男性	物体	☐ ☐	
☐ ☐	Gerät	中性	器具	☐ ☐	
☐ ☐	Gesellschaft	女性	社会	☐ ☐	
☐ ☐	Gesetz	中性	法律	☐ ☐	
☐ ☐	Größe	女性	大きさ	☐ ☐	
☐ ☐	Großeltern	複数	祖父母	☐ ☐	
☐ ☐	Grundlage	女性	基礎	☐ ☐	
☐ ☐	Hälfte	女性	半分	☐ ☐	
☐ ☐	Haltestelle	女性	停留所	☐ ☐	
☐ ☐	Handtuch	中性	タオル	☐ ☐	
☐ ☐	Hauptbahnhof	男性	中央駅	☐ ☐	
☐ ☐	Haushalt	男性	家事	☐ ☐	
☐ ☐	Hinweis	男性	指摘	☐ ☐	
☐ ☐	Höhe	女性	高さ	☐ ☐	
☐ ☐	Inhalt	男性	中身，内容	☐ ☐	
☐ ☐	Jugendliche	形容詞変化	青少年	☐ ☐	
☐ ☐	Kampf	男性	戦い	☐ ☐	
☐ ☐	Kapitel	中性	章	☐ ☐	
☐ ☐	Kellnerin	女性	ウエートレス	☐ ☐	
☐ ☐	Kontakt	男性	コンタクト，接触	☐ ☐	
☐ ☐	Konto	中性	口座	☐ ☐	
☐ ☐	Konzept	中性	コンセプト，構想	☐ ☐	
☐ ☐	Kosten	複数	費用	☐ ☐	
☐ ☐	Kreditkarte	女性	クレジットカード	☐ ☐	
☐ ☐	Kunst	女性	芸術	☐ ☐	
☐ ☐	Kurs	男性	コース；講習	☐ ☐	
☐ ☐	Lebensmittel	複数	食料品	☐ ☐	
☐ ☐	Leistung	女性	業績；成績	☐ ☐	

☐ ☐	Liste	女性	リスト	☐ ☐
☐ ☐	Lösung	女性	解決；解答	☐ ☐
☐ ☐	Macht	女性	権力	☐ ☐
☐ ☐	Magen	男性	胃	☐ ☐
☐ ☐	Maßnahme	女性	処置，措置	☐ ☐
☐ ☐	Medikament	中性	薬	☐ ☐
☐ ☐	Menge	女性	量	☐ ☐
☐ ☐	Methode	女性	方法	☐ ☐
☐ ☐	Mitarbeiter	男性	一緒に仕事をする人	☐ ☐
☐ ☐	Mitglied	中性	メンバー，会員	☐ ☐
☐ ☐	Modell	中性	モデル，手本	☐ ☐
☐ ☐	Möglichkeit	女性	可能性	☐ ☐
☐ ☐	Moment	男性	一瞬	☐ ☐
☐ ☐	Monat	男性	月	☐ ☐
☐ ☐	Netz	中性	網，ネット	☐ ☐
☐ ☐	Orange	女性	オレンジ	☐ ☐
☐ ☐	Organisation	女性	組織	☐ ☐
☐ ☐	Paar	中性	カップル；一組	☐ ☐
☐ ☐	Partei	女性	党	☐ ☐
☐ ☐	Politiker	男性	政治家	☐ ☐
☐ ☐	Position	女性	地位，ポスト	☐ ☐
☐ ☐	Präsident	男性	大統領；会長，議長	☐ ☐
☐ ☐	Praxis	女性	実践	☐ ☐
☐ ☐	Prinzip	中性	原理	☐ ☐
☐ ☐	Produkt	中性	製品	☐ ☐
☐ ☐	Projekt	中性	プロジェクト，企画	☐ ☐
☐ ☐	Prozess	男性	過程；訴訟	☐ ☐
☐ ☐	Rahmen	男性	枠	☐ ☐
☐ ☐	Reaktion	女性	反応	☐ ☐
☐ ☐	Regierung	女性	政府	☐ ☐
☐ ☐	Reis	男性	米	☐ ☐
☐ ☐	Reisebüro	中性	旅行代理店	☐ ☐
☐ ☐	Rind	中性	牛	☐ ☐

☐ ☐	Risiko	中性	リスク，危険	☐ ☐
☐ ☐	Satz	男性	文	☐ ☐
☐ ☐	Schluss	男性	終わり	☐ ☐
☐ ☐	Schwein	中性	豚	☐ ☐
☐ ☐	Sicherheit	女性	安全	☐ ☐
☐ ☐	Situation	女性	状況	☐ ☐
☐ ☐	Struktur	女性	構造	☐ ☐
☐ ☐	System	中性	システム，体系	☐ ☐
☐ ☐	Tanz	男性	ダンス	☐ ☐
☐ ☐	Tätigkeit	女性	活動；仕事	☐ ☐
☐ ☐	Technik	女性	テクニック，技術	☐ ☐
☐ ☐	Teil	男性	部分	☐ ☐
☐ ☐	Titel	男性	タイトル，題名	☐ ☐
☐ ☐	Umstände	複数	めんどう	☐ ☐
☐ ☐	Verein	男性	協会	☐ ☐
☐ ☐	Verfahren	中性	方法	☐ ☐
☐ ☐	Verhältnis	中性	割合	☐ ☐
☐ ☐	Verkäuferin	女性	女店員	☐ ☐
☐ ☐	Vermieter	男性	家主	☐ ☐
☐ ☐	Vertrag	男性	契約	☐ ☐
☐ ☐	Voraussetzung	女性	前提	☐ ☐
☐ ☐	Vorstellung	女性	紹介	☐ ☐
☐ ☐	Wahl	女性	選択	☐ ☐
☐ ☐	Werbung	女性	宣伝	☐ ☐
☐ ☐	Wirklichkeit	女性	現実	☐ ☐
☐ ☐	Wirkung	女性	効き目	☐ ☐
☐ ☐	Wochenende	中性	ウイークエンド，週末	☐ ☐
☐ ☐	Wohnzimmer	中性	居間	☐ ☐
☐ ☐	Zahl	女性	数，数字	☐ ☐
☐ ☐	Zusammenhang	男性	関連	☐ ☐
☐ ☐	Zustand	男性	状態	☐ ☐

動詞　64語

- □ □ ab|lehnen　　　　　　　　　　　　（要求などを）断る，拒否する　□ □
- □ □ an|bieten　（手助けなどを）申し出る；(飲み物などを）勧める　□ □
- □ □ an|sehen　　　　　　　　　　　　　　　　（じっくり）見る　□ □
- □ □ an|wenden　　　　　　　　（権力・方法などを）使う，用いる　□ □
- □ □ auf|geben　　　　（計画など）あきらめる，放棄する，断念する　□ □
- □ □ auf|nehmen　　　　　　　　（病人などを）受け入れる，収容する　□ □
- □ □ aus|drücken　　　　　　　　　　　　　（感情などを）表現する　□ □
- □ □ aus|reichen　　　　　　　　　（資金・知識などが）十分である　□ □
- □ □ beschreiben　　　　　　　　　　　　　　（状況などを）描写する　□ □
- □ □ bestimmen　　　　　　　　　　　（権限をもって）定める，決める　□ □
- □ □ bewegen　　　　　　　　　（手足などを）動かす；(sich⁴) 動く　□ □
- □ □ bezeichnen　　　　　　　　　　　　　（番号などの）印を付ける　□ □
- □ □ binden　　　　　　（リボンなどを）結ぶ；(手などを）縛る　□ □
- □ □ dar|stellen　　　　　　　　　　　　　　（図などで）示す，描く　□ □
- □ □ drehen　　　　　　　　（車輪・鍵などを）回す；(sich⁴) 回る　□ □
- □ □ drücken　　　　　　　　　　　（ボタンなどを）押す，押しつける　□ □
- □ □ ein|setzen　　　　　　　　　　　　　　（機械などを）投入する　□ □
- □ □ entsprechen　　　　　　（…に）対応する，(期待などに）沿う　□ □
- □ □ entstehen　　　　　　　　　　　　　　　（損害などが）生じる　□ □
- □ □ ergeben (sich⁴)　　　　　　　　　　　　（問題などが）生じる　□ □
- □ □ erleben　　　　　　　　　　（驚きなどを）体験する，経験する　□ □
- □ □ fassen　　　　　　　　　　　　　　　　　（綱などを）つかむ　□ □
- □ □ fest|stellen　　　　　　　　　　　（事情・理由などを）確認する　□ □
- □ □ greifen　　　　　　　　　　　　　　　　　　（握って）つかむ　□ □
- □ □ korrigieren　　　　　　　　　　　　　　（誤りなどを）訂正する　□ □
- □ □ kriegen　　　＜口語＞（お金などを）もらう；手に入れる　□ □
- □ □ kritisieren　　　　　　　　　　　（計画・決定などを）批判する　□ □
- □ □ leid|tun　　　　　　　　　　　　　　　　（…を）残念に思う　□ □
- □ □ lohnen (sich⁴)　　　　　　　　　　　　　（…する）価値がある　□ □
- □ □ lösen　　　　　　　　　　　　　　　　（問題などを）解決する　□ □
- □ □ nach|denken　　　　（可能性などについて）じっくり考える　□ □

☐	☐	planen	(旅行などを）計画する	☐	☐
☐	☐	regieren	(国などを）統治する	☐	☐
☐	☐	reichen	(…まで）達する，届く	☐	☐
☐	☐	reißen	(紙などを）引き裂く	☐	☐
☐	☐	retten	(危険などから）救う	☐	☐
☐	☐	riechen	(…の）匂いがする	☐	☐
☐	☐	schauen	(鏡などを）見る	☐	☐
☐	☐	schießen	(銃などで）撃つ；(弓で）射る	☐	☐
☐	☐	senken	(価格などを）下げる	☐	☐
☐	☐	stecken	(鍵などを）差し込む；差し込まれている	☐	☐
☐	☐	stoßen	(人を）突き飛ばす；(ナイフなどを）突き差す	☐	☐
☐	☐	träumen	(独検合格などの）夢を見る	☐	☐
☐	☐	übernehmen	(官職・任務などを）引き継ぐ	☐	☐
☐	☐	überweisen	(お金などを）振替で送金する	☐	☐
☐	☐	unterscheiden	(…から）区別する	☐	☐
☐	☐	verabschieden (sich^4)	(…に）別れを告げる	☐	☐
☐	☐	verändern	(状況・人生などを）変える；(sich^4) 変わる	☐	☐
☐	☐	verbessern	(状況などを）より良くする；(sich^4) より良くなる	☐	☐
☐	☐	verbinden	(人・地域などを）結ぶ；電話でつなぐ	☐	☐
☐	☐	vereinbaren	(期日などを）取り決める	☐	☐
☐	☐	vergleichen	(値段などを）比べる，比較する	☐	☐
☐	☐	verlangen	(お金・説明などを）要求する	☐	☐
☐	☐	verlängern	(期間などを）長くする，延長する	☐	☐
☐	☐	verlassen	(会場などから）立ち去る；(sich^4) 頼りにする	☐	☐
☐	☐	vermieten	(住居などを）貸す	☐	☐
☐	☐	veröffentlichen	(印刷物などによって）公表する	☐	☐
☐	☐	verschieben	(出発などを）延期する	☐	☐
☐	☐	verwenden	(手段・材料などを）用いる，使う	☐	☐
☐	☐	verzichten	(権利などを）放棄する，断念する	☐	☐
☐	☐	wirken	(薬などが）効き目がある；(…のように）見える	☐	☐
☐	☐	zeichnen	(漫画などを）線で描く	☐	☐
☐	☐	zu|nehmen	(体重などが）増える	☐	☐
☐	☐	zwingen	(あることを）強いる，無理やりさせる	☐	☐

その他　64語

□ □	abends	副詞	晩に，夕方に □ □
□ □	alle	冠詞類	すべての □ □
□ □	allerdings	副詞	ただし；もちろん □ □
□ □	anders	副詞	(…と) 違って □ □
□ □	aufgrund	前置詞	(…に) 基づいて □ □
□ □	ausgezeichnet	形容詞	非常に優れた，抜群の □ □
□ □	bar	形容詞	現金の □ □
□ □	beispielsweise	副詞	たとえば □ □
□ □	beziehungsweise	副詞	または，もしくは □ □
□ □	bisher	副詞	これまで，今まで □ □
□ □	bloß	副詞	(…) だけ □ □
□ □	danke	(省略表現)	ありがとう □ □
□ □	dritt	序数	3番目の □ □
□ □	einzeln	形容詞	個々の；いくつかの □ □
□ □	entscheidend	形容詞	決定的な，重大な □ □
□ □	erst	序数	1番目の，最初の □ □
□ □	fast	副詞	ほとんど，おおよそ □ □
□ □	geeignet	形容詞	(…に) 適した □ □
□ □	gewiss	形容詞	ある，ある種の；確かな，確実な □ □
□ □	gleichzeitig	形容詞	同時の □ □
□ □	grundsätzlich	形容詞	原則的な □ □
□ □	gültig	形容詞	有効な □ □
□ □	herzlich	形容詞	心からの □ □
□ □	hoffentlich	副詞	(…だ) とよいのだが □ □
□ □	innere	形容詞	中の □ □
□ □	insbesondere	副詞	特に □ □
□ □	inzwischen	副詞	そうこうするうちに □ □
□ □	irgendwie	副詞	なんとかして □ □
□ □	irgendwo	副詞	どこかで，どこかに □ □
□ □	je	接続詞	<比較級と> (…であれば) あるほど □ □
□ □	jeweils	副詞	そのつど，その度に □ □

☐ ☐	knapp	形容詞	かろうじて足りる	☐ ☐
☐ ☐	kompliziert	形容詞	複雑な	☐ ☐
☐ ☐	mindestens	副詞	少なくとも，せめて	☐ ☐
☐ ☐	möglichst	副詞	できるだけ	☐ ☐
☐ ☐	nächste	形容詞	次の	☐ ☐
☐ ☐	nochmal	副詞	もう一度	☐ ☐
☐ ☐	perfekt	形容詞	完璧な	☐ ☐
☐ ☐	politisch	形容詞	政治の，政治的な	☐ ☐
☐ ☐	positiv	形容詞	肯定的な	☐ ☐
☐ ☐	rein	形容詞	純粋な	☐ ☐
☐ ☐	relativ	形容詞	比較的	☐ ☐
☐ ☐	sodass	接続詞	その結果，そのために	☐ ☐
☐ ☐	sozial	形容詞	社会の	☐ ☐
☐ ☐	spannend	形容詞	(映画などが) はらはらする	☐ ☐
☐ ☐	spätestens	副詞	遅くとも	☐ ☐
☐ ☐	speziell	形容詞	特別な，特殊な	☐ ☐
☐ ☐	ständig	形容詞	絶え間のない，ひっきりなしの	☐ ☐
☐ ☐	sympathisch	形容詞	好感のもてる，感じのよい	☐ ☐
☐ ☐	technisch	形容詞	技術の，技術的な	☐ ☐
☐ ☐	unterschiedlich	形容詞	違った，いろいろな	☐ ☐
☐ ☐	viert	序数	4番目の	☐ ☐
☐ ☐	völlig	副詞	完全に	☐ ☐
☐ ☐	vorhanden	形容詞	(手元に) ある	☐ ☐
☐ ☐	vorsichtig	形容詞	用心深い	☐ ☐
☐ ☐	wieso	副詞	なぜ，どうして	☐ ☐
☐ ☐	wissenschaftlich	形容詞	科学の，学問の	☐ ☐
☐ ☐	wunderbar	形容詞	すばらしい	☐ ☐
☐ ☐	z. B.	(略語)	たとえば	☐ ☐
☐ ☐	zuerst	副詞	最初に	☐ ☐
☐ ☐	zumindest	副詞	少なくとも	☐ ☐
☐ ☐	zunächst	副詞	まずはじめに	☐ ☐
☐ ☐	zusätzlich	副詞	さらに	☐ ☐
☐ ☐	zweit	序数	2番目の	☐ ☐

第2ブロック　2級用　458語

名詞　228語

☐ ☐ Abgeordnete	形容詞変化	議員	☐ ☐
☐ ☐ Abstand	男性	隔たり，間隔	☐ ☐
☐ ☐ Abteilung	女性	部門	☐ ☐
☐ ☐ Achtung	女性	注意	☐ ☐
☐ ☐ Aktiengesellschaft	女性	株式会社	☐ ☐
☐ ☐ Aktion	女性	特売；特価品	☐ ☐
☐ ☐ Alltag	男性	日常	☐ ☐
☐ ☐ Alternative	女性	別の可能性	☐ ☐
☐ ☐ Amt	中性	公職，官職	☐ ☐
☐ ☐ Analyse	女性	分析	☐ ☐
☐ ☐ Änderung	女性	変更，修正	☐ ☐
☐ ☐ Angeklagte	形容詞変化	被告人	☐ ☐
☐ ☐ Angriff	男性	攻撃	☐ ☐
☐ ☐ Anlass	男性	きっかけ	☐ ☐
☐ ☐ Anmeldung	女性	届出	☐ ☐
☐ ☐ Anschluss	男性	接続	☐ ☐
☐ ☐ Antrag	男性	申請	☐ ☐
☐ ☐ Arbeitgeber	男性	雇用主	☐ ☐
☐ ☐ Arbeitnehmer	男性	被雇用者	☐ ☐
☐ ☐ Ärger	男性	怒り	☐ ☐
☐ ☐ Armee	女性	軍隊	☐ ☐
☐ ☐ Ärztin	女性	女医	☐ ☐
☐ ☐ Asien	中性	アジア	☐ ☐
☐ ☐ Aufenthalt	男性	滞在；停車	☐ ☐
☐ ☐ Aufnahme	女性	受け入れ；録音	☐ ☐
☐ ☐ Auskunft	女性	（駅などの）案内所	☐ ☐
☐ ☐ Ausländer	男性	外国人	☐ ☐
☐ ☐ Ausnahme	女性	例外	☐ ☐
☐ ☐ Ausweis	男性	証明書	☐ ☐
☐ ☐ Automat	男性	自動販売機	☐ ☐

☐ ☐	Bahn	女性	鉄道	☐ ☐
☐ ☐	Balkon	男性	バルコニー	☐ ☐
☐ ☐	Ball	男性	ボール	☐ ☐
☐ ☐	Basis	女性	基盤, 基礎	☐ ☐
☐ ☐	Bau	男性	建築, 建設	☐ ☐
☐ ☐	Bauch	男性	腹	☐ ☐
☐ ☐	Bauer	男性	農夫, 農民	☐ ☐
☐ ☐	Beamtin	女性	女性公務員	☐ ☐
☐ ☐	Bedürfnis	中性	欲求；需要	☐ ☐
☐ ☐	Behandlung	女性	取り扱い	☐ ☐
☐ ☐	Behörde	女性	役所	☐ ☐
☐ ☐	Benzin	中性	ガソリン	☐ ☐
☐ ☐	Bericht	男性	報告	☐ ☐
☐ ☐	Beschäftigte	形容詞変化	従業員	☐ ☐
☐ ☐	Bestimmung	女性	規則, 規程	☐ ☐
☐ ☐	Betrag	男性	金額	☐ ☐
☐ ☐	Beweis	男性	証拠	☐ ☐
☐ ☐	Bewerbung	女性	応募	☐ ☐
☐ ☐	Blatt	中性	（木の）葉	☐ ☐
☐ ☐	Blut	中性	血	☐ ☐
☐ ☐	Bogen	男性	弓	☐ ☐
☐ ☐	Brust	女性	胸	☐ ☐
☐ ☐	Bühne	女性	舞台	☐ ☐
☐ ☐	Bürgermeister	男性	市長	☐ ☐
☐ ☐	Dach	中性	屋根	☐ ☐
☐ ☐	Darstellung	女性	叙述, 描写	☐ ☐
☐ ☐	Daten	複数	データ, 資料	☐ ☐
☐ ☐	Datum	中性	日付	☐ ☐
☐ ☐	Definition	女性	定義	☐ ☐
☐ ☐	Demokratie	女性	民主主義	☐ ☐
☐ ☐	Direktor	男性	（所長などの）長	☐ ☐
☐ ☐	Dose	女性	（円形の）容器	☐ ☐
☐ ☐	Drittel	中性	3分の1	☐ ☐

☐ ☐	Ehe	女性		結婚	☐ ☐
☐ ☐	Ehefrau	女性		妻	☐ ☐
☐ ☐	Ehemann	男性		夫	☐ ☐
☐ ☐	Eigenschaft	女性		特性	☐ ☐
☐ ☐	Einkommen	中性		収入	☐ ☐
☐ ☐	Einladung	女性		招待	☐ ☐
☐ ☐	Element	中性		要素	☐ ☐
☐ ☐	Empfänger	男性		受取人	☐ ☐
☐ ☐	Energie	女性		エネルギー	☐ ☐
☐ ☐	Erdgeschoss	中性		1階	☐ ☐
☐ ☐	Ereignis	中性		出来事	☐ ☐
☐ ☐	Erklärung	女性		説明	☐ ☐
☐ ☐	Erziehung	女性		教育	☐ ☐
☐ ☐	Experte	男性		専門家	☐ ☐
☐ ☐	Fähigkeit	女性		能力	☐ ☐
☐ ☐	Fahrzeug	中性		乗り物	☐ ☐
☐ ☐	Feiertag	男性		休日	☐ ☐
☐ ☐	Fernsehen	中性		テレビ	☐ ☐
☐ ☐	Fest	中性		祝祭	☐ ☐
☐ ☐	Feuerwehr	女性		消防隊	☐ ☐
☐ ☐	Flüchtling	男性		難民	☐ ☐
☐ ☐	Formular	中性		用紙	☐ ☐
☐ ☐	Forscher	男性		研究者	☐ ☐
☐ ☐	Fortschritt	男性		進歩	☐ ☐
☐ ☐	Frühjahr	中性		春	☐ ☐
☐ ☐	Führung	女性		案内	☐ ☐
☐ ☐	Gang	男性		歩くこと；廊下	☐ ☐
☐ ☐	Gas	中性		ガス	☐ ☐
☐ ☐	Gegenwart	女性		現在	☐ ☐
☐ ☐	Gegner	男性		敵	☐ ☐
☐ ☐	Geist	男性		精神	☐ ☐
☐ ☐	Generation	女性		世代	☐ ☐
☐ ☐	Gericht	中性		料理；裁判所	☐ ☐

☐ ☐	Geschwindigkeit	女性	速度	☐ ☐	
☐ ☐	Gewalt	女性	暴力	☐ ☐	
☐ ☐	Gewerkschaft	女性	労働組合	☐ ☐	
☐ ☐	Gewinn	男性	利益	☐ ☐	
☐ ☐	Glückwunsch	男性	祝いの言葉	☐ ☐	
☐ ☐	Göttin	女性	女神	☐ ☐	
☐ ☐	Grad	男性	度	☐ ☐	
☐ ☐	Gruß	男性	あいさつ	☐ ☐	
☐ ☐	Halle	女性	ホール, 会館	☐ ☐	
☐ ☐	Handel	男性	商業	☐ ☐	
☐ ☐	Herd	男性	レンジ	☐ ☐	
☐ ☐	Hintergrund	男性	背景	☐ ☐	
☐ ☐	Hof	男性	中庭	☐ ☐	
☐ ☐	Hoffnung	女性	希望	☐ ☐	
☐ ☐	Institution	女性	(公共) 機関	☐ ☐	
☐ ☐	Instrument	中性	器具	☐ ☐	
☐ ☐	Jahreszeit	女性	季節	☐ ☐	
☐ ☐	Journalist	男性	ジャーナリスト	☐ ☐	
☐ ☐	Jude	男性	ユダヤ人	☐ ☐	
☐ ☐	Kandidat	男性	候補者	☐ ☐	
☐ ☐	Kette	女性	鎖, チェーン	☐ ☐	
☐ ☐	Kilo	中性	キログラム	☐ ☐	
☐ ☐	Koalition	女性	連立	☐ ☐	
☐ ☐	Kommunikation	女性	コミュニケーション	☐ ☐	
☐ ☐	Konferenz	女性	会議	☐ ☐	
☐ ☐	Konflikt	男性	争い, 衝突	☐ ☐	
☐ ☐	König	男性	王	☐ ☐	
☐ ☐	Königin	女性	女王	☐ ☐	
☐ ☐	Konkurrenz	女性	競争	☐ ☐	
☐ ☐	Kontrolle	女性	コントロール, 検査	☐ ☐	
☐ ☐	Krise	女性	危機	☐ ☐	
☐ ☐	Kriterium	中性	基準	☐ ☐	
☐ ☐	Lager	中性	倉庫	☐ ☐	

☐ ☐	Landschaft	女性	風景, 風土	☐ ☐
☐ ☐	Landwirtschaft	女性	農業	☐ ☐
☐ ☐	Leid	中性	心の苦しみ	☐ ☐
☐ ☐	Leiter	女性	はしご	☐ ☐
☐ ☐	Leiter	男性	指導者	☐ ☐
☐ ☐	Loch	中性	穴	☐ ☐
☐ ☐	Lokal	中性	飲食店	☐ ☐
☐ ☐	Mangel	男性	欠乏	☐ ☐
☐ ☐	Mannschaft	女性	チーム	☐ ☐
☐ ☐	Masse	女性	大衆	☐ ☐
☐ ☐	Medium	中性	伝達手段	☐ ☐
☐ ☐	Mehrheit	女性	多数	☐ ☐
☐ ☐	Meister	男性	(職人) マイスター	☐ ☐
☐ ☐	Merkmal	中性	特徴	☐ ☐
☐ ☐	Messe	女性	見本市；ミサ	☐ ☐
☐ ☐	Metall	中性	金属	☐ ☐
☐ ☐	Milliarde	女性	10億	☐ ☐
☐ ☐	Million	女性	100万	☐ ☐
☐ ☐	Minister	男性	大臣	☐ ☐
☐ ☐	Mitteilung	女性	通知	☐ ☐
☐ ☐	Mode	女性	流行	☐ ☐
☐ ☐	Mühe	女性	苦労, 骨折り	☐ ☐
☐ ☐	Nachteil	男性	不利益	☐ ☐
☐ ☐	Note	女性	評点；楽譜	☐ ☐
☐ ☐	Öffentlichkeit	女性	世間	☐ ☐
☐ ☐	Parlament	中性	議会, 国会	☐ ☐
☐ ☐	Partner	男性	パートナー	☐ ☐
☐ ☐	Perspektive	女性	視点	☐ ☐
☐ ☐	Phänomen	中性	現象	☐ ☐
☐ ☐	Presse	女性	ジャーナリズム	☐ ☐
☐ ☐	Produktion	女性	生産	☐ ☐
☐ ☐	Prospekt	男性	パンフレット	☐ ☐
☐ ☐	Rand	男性	縁 (ふち), へり	☐ ☐

☐ ☐	Realität	女性	現実	☐ ☐
☐ ☐	Reifen	男性	タイヤ	☐ ☐
☐ ☐	Republik	女性	共和国	☐ ☐
☐ ☐	Rest	男性	残り,余り	☐ ☐
☐ ☐	Rezept	中性	処方箋(せん)	☐ ☐
☐ ☐	Richter	男性	裁判官	☐ ☐
☐ ☐	Schaden	男性	損害	☐ ☐
☐ ☐	Schatten	男性	影	☐ ☐
☐ ☐	Schauspieler	男性	役者,俳優	☐ ☐
☐ ☐	Schloss	中性	城;錠	☐ ☐
☐ ☐	Schmerz	男性	痛み	☐ ☐
☐ ☐	Schutz	男性	保護	☐ ☐
☐ ☐	See	女性	海	☐ ☐
☐ ☐	See	男性	湖	☐ ☐
☐ ☐	Sekretär	男性	秘書	☐ ☐
☐ ☐	Sendung	女性	放送	☐ ☐
☐ ☐	Sieg	男性	勝利	☐ ☐
☐ ☐	Sitzung	女性	会議	☐ ☐
☐ ☐	Sorge	女性	心配	☐ ☐
☐ ☐	Spieler	男性	プレーヤー,選手	☐ ☐
☐ ☐	Spitze	女性	(とがった)先端	☐ ☐
☐ ☐	Sprecher	男性	アナウンサー	☐ ☐
☐ ☐	Spur	女性	足跡	☐ ☐
☐ ☐	Stimmung	女性	気分,雰囲気	☐ ☐
☐ ☐	Strecke	女性	区間,路線	☐ ☐
☐ ☐	Streit	男性	争い	☐ ☐
☐ ☐	Strom	男性	電気;大河	☐ ☐
☐ ☐	Symbol	中性	シンボル,象徴	☐ ☐
☐ ☐	Szene	女性	シーン,場面	☐ ☐
☐ ☐	Tatsache	女性	事実	☐ ☐
☐ ☐	Termin	男性	期日;予約	☐ ☐
☐ ☐	Terror	男性	テロ	☐ ☐
☐ ☐	Test	男性	テスト	☐ ☐

☐ ☐	Ton	男性	音	☐ ☐
☐ ☐	Tor	中性	門；ゴール	☐ ☐
☐ ☐	Tradition	女性	伝統	☐ ☐
☐ ☐	Umfang	男性	分量	☐ ☐
☐ ☐	Unterschrift	女性	サイン，署名	☐ ☐
☐ ☐	Urteil	中性	判決	☐ ☐
☐ ☐	Veranstaltung	女性	イベント，催し物	☐ ☐
☐ ☐	Verantwortung	女性	責任	☐ ☐
☐ ☐	Verdacht	男性	嫌疑	☐ ☐
☐ ☐	Verfassung	女性	憲法	☐ ☐
☐ ☐	Verhalten	中性	態度	☐ ☐
☐ ☐	Verhandlung	女性	交渉	☐ ☐
☐ ☐	Verletzung	女性	けが	☐ ☐
☐ ☐	Verlust	男性	損失	☐ ☐
☐ ☐	Versicherung	女性	保険	☐ ☐
☐ ☐	Verständnis	中性	理解	☐ ☐
☐ ☐	Vertrauen	中性	信頼	☐ ☐
☐ ☐	Verwaltung	女性	管理	☐ ☐
☐ ☐	Viertel	中性	4分の1	☐ ☐
☐ ☐	Vorbereitung	女性	準備	☐ ☐
☐ ☐	Vorsitzende	形容詞変化	議長	☐ ☐
☐ ☐	Wechsel	男性	交代	☐ ☐
☐ ☐	Welle	女性	波	☐ ☐
☐ ☐	Weltkrieg	男性	世界大戦	☐ ☐
☐ ☐	Weltmeisterschaft	女性	世界選手権	☐ ☐
☐ ☐	Werkzeug	中性	道具	☐ ☐
☐ ☐	Wettbewerb	男性	コンクール，コンテスト	☐ ☐
☐ ☐	Widerstand	男性	抵抗	☐ ☐
☐ ☐	Zeichen	中性	印，合図	☐ ☐
☐ ☐	Zettel	男性	メモ用紙	☐ ☐
☐ ☐	Zusammenhang	男性	関連	☐ ☐
☐ ☐	Zustimmung	女性	賛成	☐ ☐
☐ ☐	Zweck	男性	目的	☐ ☐

動詞　96語

☐ ☐ ab|laufen	（期間が）終わる，有効期限が切れる	☐ ☐
☐ ☐ akzeptieren	（条件などを）受け入れる	☐ ☐
☐ ☐ an|erkennen	（功績などを）認める，高く評価する	☐ ☐
☐ ☐ an|kündigen	（催し物などを）予告する	☐ ☐
☐ ☐ an|sprechen	（人に）話しかける	☐ ☐
☐ ☐ an|ziehen	（服などを）着る；履く	☐ ☐
☐ ☐ auf|fallen	目立つ，人目を引く	☐ ☐
☐ ☐ auf|fordern	（退陣などを）要求する	☐ ☐
☐ ☐ auf|räumen	（部屋などを）掃除をする	☐ ☐
☐ ☐ auf|treten	（問題などが予期せずに）生じる	☐ ☐
☐ ☐ aus|füllen	（用紙などに）記入する	☐ ☐
☐ ☐ aus|schließen	（可能性などを）除外する，締め出す	☐ ☐
☐ ☐ aus|ziehen	（服などを）脱ぐ	☐ ☐
☐ ☐ beachten	（規則などを）守る	☐ ☐
☐ ☐ bedienen	（客などに）給仕をする	☐ ☐
☐ ☐ beeinflussen	（考え方・物事などに）影響を及ぼす	☐ ☐
☐ ☐ begrenzen	（数・量などを）制限する，限定する	☐ ☐
☐ ☐ begründen	（…を）根拠づける	☐ ☐
☐ ☐ berücksichtigen	（要望などを）考慮する	☐ ☐
☐ ☐ beschränken	（数・量などを）制限する，限定する	☐ ☐
☐ ☐ beschweren (sich^4)	（騒音などに）苦情を言う	☐ ☐
☐ ☐ bestätigen	（推測などを）正しいと認める	☐ ☐
☐ ☐ beteiligen (sich^4)	（プロジェクトなどに）参加する	☐ ☐
☐ ☐ betonen	（意義・重要性などを）強調する	☐ ☐
☐ ☐ beweisen	（無実・能力などを）証明する	☐ ☐
☐ ☐ beziehen (sich^4)	（…に）関連する	☐ ☐
☐ ☐ definieren	（概念などを）定義する	☐ ☐
☐ ☐ dienen	役に立つ	☐ ☐
☐ ☐ drängen	（…するように）せき立てる	☐ ☐
☐ ☐ drohen	（言葉などで）脅す	☐ ☐
☐ ☐ drucken	（チラシなどを）印刷をする	☐ ☐

☐	☐	durch|setzen	（計画などを）抵抗を排して実現する	☐	☐
☐	☐	ein|fallen	（言い訳などが）思いつく	☐	☐
☐	☐	ein|führen	（制度などを）導入する	☐	☐
☐	☐	ein|schränken	（権利・自由などを）制限する，制約する	☐	☐
☐	☐	entfernen	（ポスター・汚れなどを）取り除く	☐	☐
☐	☐	erfolgen	（あることの結果として）生じる，実現する	☐	☐
☐	☐	erfordern	（努力・忍耐などを）必要とする	☐	☐
☐	☐	erfüllen	（要求・期待などを）満たす	☐	☐
☐	☐	ergänzen	（商品などの）不足分を補う，補充する	☐	☐
☐	☐	erhöhen	（価格などを）上げる；(sich[4]) 上がる	☐	☐
☐	☐	erledigen	（案件・課題などを）処理する，片づける	☐	☐
☐	☐	erleichtern	（仕事などを）容易にする；気持ちを楽にする	☐	☐
☐	☐	ermitteln	（原因などを）突きとめる	☐	☐
☐	☐	ermöglichen	（…を）可能にする	☐	☐
☐	☐	eröffnen	（店などを）開店する；(口座を) 開く	☐	☐
☐	☐	erschrecken	（人が）驚く；(物事が) 驚かす	☐	☐
☐	☐	ersetzen	（壊れたものなどを）取り替える	☐	☐
☐	☐	erwähnen	（可能性などに）言及する	☐	☐
☐	☐	erweitern	（施設などを）広くする，拡張する	☐	☐
☐	☐	existieren	（問題などが）ある，存在する	☐	☐
☐	☐	fördern	（発展などを）促進する，（文化などを）振興する	☐	☐
☐	☐	formulieren	（条件などを）わかりやすくまとめる	☐	☐
☐	☐	fort|setzen	（仕事などを）続行する	☐	☐
☐	☐	geraten	（渋滞などに）巻き込まれる，陥る	☐	☐
☐	☐	heben	（手などを）上げる，（箱などを）持ち上げる	☐	☐
☐	☐	her|stellen	（関係・秩序などを）作りあげる	☐	☐
☐	☐	informieren	（…に）情報を伝える；(sich[4]) 情報を得る	☐	☐
☐	☐	kontrollieren	（書類などを）チェックする，検査する	☐	☐
☐	☐	konzentrieren (sich[4])	（仕事・任務などに）集中する	☐	☐
☐	☐	kümmern (sich[4])	（うまく行くよう）気を配る，世話をする	☐	☐
☐	☐	landen	（飛行機などが）着陸する	☐	☐
☐	☐	lauten	（…が）書かれている	☐	☐
☐	☐	leisten	（目指したことを）成し遂げる	☐	☐

☐	☐	leiten	（グループなどを）率いる，（会議などの）司会をする	☐	☐
☐	☐	leuchten	（ランプなどが）光る；照らす	☐	☐
☐	☐	liefern	（商品などを）配達する	☐	☐
☐	☐	melden	（警察などに）通報する；（ニュースなどを）報道する	☐	☐
☐	☐	organisieren	（催しなどの準備を）組織する	☐	☐
☐	☐	produzieren	（製品などを）生産する，製造する	☐	☐
☐	☐	reagieren	（提案・批判などに）反応する	☐	☐
☐	☐	realisieren	（夢・プロジェクトなどを）実現する	☐	☐
☐	☐	reduzieren	（費用・人員などを）減らす，削減する	☐	☐
☐	☐	scheitern	（交渉・計画などが）失敗する	☐	☐
☐	☐	schieben	（ショッピングカートなどを）押して動かす	☐	☐
☐	☐	streichen	（バターなどを）塗る；（頭などを）なでる	☐	☐
☐	☐	übernehmen	（任務・責任などを）引き受ける	☐	☐
☐	☐	überprüfen	（内容などを）チェックする；点検する	☐	☐
☐	☐	um|gehen	（噂などが）広まる；（渋滞などを）避けて通る	☐	☐
☐	☐	unterscheiden	（種類などを）区別する	☐	☐
☐	☐	unterstützen	（要求・計画などを）支持する	☐	☐
☐	☐	verbreiten	（噂・恐怖などを）広める；(sich[4]) 広まる	☐	☐
☐	☐	verfolgen	（物事の推移などを）注意深く見守る	☐	☐
☐	☐	vergleichen	（価格・申し出などを）比べる，比較する	☐	☐
☐	☐	verhindern	（災害・戦争などを）防ぐ	☐	☐
☐	☐	vermeiden	（争い・誤解などを）避ける	☐	☐
☐	☐	versichern	（支持などを）確約する；(…に)保険をかける	☐	☐
☐	☐	verstärken	（協力・関与などを）強化する	☐	☐
☐	☐	verteilen	（ビラなどを）配る；（贈り物などを）分け与える	☐	☐
☐	☐	vertrauen	（約束などを）信用する，信頼する	☐	☐
☐	☐	verursachen	（事故・損害などを）引き起こす	☐	☐
☐	☐	verwenden	（手段・表現などを）用いる，使う	☐	☐
☐	☐	wahr|nehmen	（機会などを）利用する；（責任などを）負う	☐	☐
☐	☐	warnen	（…に）警告する	☐	☐
☐	☐	zu|lassen	（例外・訴えなどを）認める，認可する	☐	☐
☐	☐	zusammen|fassen	（結果などを）まとめる，要約する	☐	☐

その他 126語

☐ ☐	abhängig	形容詞	独立していない；(…に) 左右される ☐ ☐
☐ ☐	absolut	形容詞	絶対の，絶対的な ☐ ☐
☐ ☐	aktiv	形容詞	積極的な，能動的な ☐ ☐
☐ ☐	aktuell	形容詞	今日的な ☐ ☐
☐ ☐	allzu	副詞	あまりにも，極端に ☐ ☐
☐ ☐	andererseits	副詞	他方では ☐ ☐
☐ ☐	angeblich	形容詞	自称の ☐ ☐
☐ ☐	angenehm	形容詞	気持ちのいい，快適な ☐ ☐
☐ ☐	angesichts	前置詞	(…を) 目の前にして ☐ ☐
☐ ☐	anschließend	副詞	引き続いて ☐ ☐
☐ ☐	ausschließlich	前置詞	(…を) 除いて ☐ ☐
☐ ☐	äußerst	副詞	きわめて ☐ ☐
☐ ☐	automatisch	形容詞	オートマチックの ☐ ☐
☐ ☐	betroffen	形容詞	困惑した，狼狽した ☐ ☐
☐ ☐	bewusst	形容詞	意識した，意識的な ☐ ☐
☐ ☐	biologisch	形容詞	生物学の ☐ ☐
☐ ☐	bislang	副詞	今まで ☐ ☐
☐ ☐	bunt	形容詞	色とりどりの，カラフルな ☐ ☐
☐ ☐	bzw.	(略語)	または，もしくは ☐ ☐
☐ ☐	damalig	形容詞	当時の ☐ ☐
☐ ☐	davor	副詞	その前に ☐ ☐
☐ ☐	drüben	副詞	向こう側に ☐ ☐
☐ ☐	durchschnittlich	形容詞	平均の ☐ ☐
☐ ☐	ehemalig	形容詞	かつての，以前の ☐ ☐
☐ ☐	eilig	形容詞	急を要する ☐ ☐
☐ ☐	eindeutig	形容詞	明確な，明白な ☐ ☐
☐ ☐	einerseits	副詞	一方では ☐ ☐
☐ ☐	einst	副詞	かつて，以前 ☐ ☐
☐ ☐	elektrisch	形容詞	電気の ☐ ☐
☐ ☐	elektronisch	形容詞	電子工学の ☐ ☐
☐ ☐	endgültig	形容詞	最終的な ☐ ☐

☐ ☐	erfolgreich	形容詞	成功した；首尾よく	☐ ☐
☐ ☐	erforderlich	形容詞	必要な	☐ ☐
☐ ☐	erheblich	形容詞	かなりの，相当な	☐ ☐
☐ ☐	erneut	形容詞	新たな	☐ ☐
☐ ☐	erstmals	副詞	初めて	☐ ☐
☐ ☐	eventuell	副詞	場合によっては，ことによると	☐ ☐
☐ ☐	extrem	形容詞	極端な，極度の	☐ ☐
☐ ☐	falls	接続詞	もし (…) ならば	☐ ☐
☐ ☐	fein	形容詞	上質の，品のよい	☐ ☐
☐ ☐	freiwillig	形容詞	自由意志の，自発的な	☐ ☐
☐ ☐	gemäß	前置詞	(…に) 従った	☐ ☐
☐ ☐	gesamte	冠詞類	すべての	☐ ☐
☐ ☐	hauptsächlich	副詞	主に	☐ ☐
☐ ☐	heilig	形容詞	聖なる	☐ ☐
☐ ☐	heutig	形容詞	きょうの	☐ ☐
☐ ☐	heutzutage	副詞	近頃	☐ ☐
☐ ☐	hierher	副詞	こちらへ	☐ ☐
☐ ☐	hinten	副詞	後ろに	☐ ☐
☐ ☐	ideal	形容詞	理想的な	☐ ☐
☐ ☐	immerhin	副詞	とにかく	☐ ☐
☐ ☐	individuell	形容詞	個人の	☐ ☐
☐ ☐	innen	副詞	中で	☐ ☐
☐ ☐	insofern	副詞	その限りでは	☐ ☐
☐ ☐	irgendwann	副詞	いつかある時	☐ ☐
☐ ☐	jeweilige	形容詞	そのときどきの	☐ ☐
☐ ☐	klassisch	形容詞	古典期の	☐ ☐
☐ ☐	komisch	形容詞	おかしな	☐ ☐
☐ ☐	konkret	形容詞	具象的な	☐ ☐
☐ ☐	körperlich	形容詞	肉体の，身体の	☐ ☐
☐ ☐	kräftig	形容詞	力のこもった，力強い	☐ ☐
☐ ☐	kulturell	形容詞	文化の	☐ ☐
☐ ☐	lediglich	副詞	単に，(…) だけ	☐ ☐
☐ ☐	links	副詞	左に，左側に	☐ ☐

☐ ☐ lustig	形容詞	ゆかいな	☐ ☐
☐ ☐ mächtig	形容詞	(建造物などが) 巨大な	☐ ☐
☐ ☐ medizinisch	形容詞	医学の	☐ ☐
☐ ☐ militärisch	形容詞	軍の, 軍事上の	☐ ☐
☐ ☐ mithilfe	前置詞	(…の) 助けで, (…を) 使って	☐ ☐
☐ ☐ mitten	副詞	真ん中に	☐ ☐
☐ ☐ mittlerweile	副詞	そうこうするうちに, その間に	☐ ☐
☐ ☐ möglicherweise	副詞	ことによると, 場合によっては	☐ ☐
☐ ☐ mündlich	形容詞	口頭の	☐ ☐
☐ ☐ negativ	形容詞	否定的な	☐ ☐
☐ ☐ nirgends	副詞	どこにも (…) ない	☐ ☐
☐ ☐ normalerweise	副詞	ふつう, 通常	☐ ☐
☐ ☐ obere	形容詞	上の	☐ ☐
☐ ☐ offensichtlich	形容詞	明らかな, 明白な	☐ ☐
☐ ☐ offiziell	形容詞	公的な, 公式の	☐ ☐
☐ ☐ ökonomisch	形容詞	経済の, 経済上の	☐ ☐
☐ ☐ per	前置詞	(…に) よって	☐ ☐
☐ ☐ rasch	形容詞	すばやい	☐ ☐
☐ ☐ rechts	副詞	右に, 右側に	☐ ☐
☐ ☐ regional	形容詞	地方の	☐ ☐
☐ ☐ riesig	形容詞	巨大な	☐ ☐
☐ ☐ rückwärts	副詞	後方へ	☐ ☐
☐ ☐ sämtliche	冠詞類	すべての	☐ ☐
☐ ☐ schief	形容詞	傾いた	☐ ☐
☐ ☐ schrecklich	形容詞	恐ろしい	☐ ☐
☐ ☐ schriftlich	形容詞	筆記の	☐ ☐
☐ ☐ selber	副詞	自分で	☐ ☐
☐ ☐ selbstständig	形容詞	自立した	☐ ☐
☐ ☐ sichtbar	形容詞	目に見える	☐ ☐
☐ ☐ sinnvoll	形容詞	意義のある, 有意義な	☐ ☐
☐ ☐ sogenannt	形容詞	いわゆる	☐ ☐
☐ ☐ sozusagen	副詞	いわば, 言ってみれば	☐ ☐
☐ ☐ spezifisch	形容詞	特有の, 独特の	☐ ☐

☐ ☐	sportlich	形容詞		スポーツの	☐ ☐
☐ ☐	staatlich	形容詞		国の，国有の	☐ ☐
☐ ☐	teilweise	副詞		部分的に	☐ ☐
☐ ☐	theoretisch	形容詞		理論の，理論的な	☐ ☐
☐ ☐	typisch	形容詞		典型的な	☐ ☐
☐ ☐	überwiegend	副詞		大方，たいてい	☐ ☐
☐ ☐	üblich	形容詞		よくある，通常の	☐ ☐
☐ ☐	umgekehrt	形容詞		逆の	☐ ☐
☐ ☐	unabhängig	形容詞	独立している；(…に) 左右されない		☐ ☐
☐ ☐	unbekannt	形容詞		知られていない，無名の	☐ ☐
☐ ☐	unmittelbar	形容詞		直接の	☐ ☐
☐ ☐	ursprünglich	形容詞		もともとの	☐ ☐
☐ ☐	vermutlich	副詞		おそらく，多分	☐ ☐
☐ ☐	verwandt	形容詞		親戚の	☐ ☐
☐ ☐	vollständig	形容詞		全部そろっている，完全な	☐ ☐
☐ ☐	vormittags	副詞		午前に	☐ ☐
☐ ☐	vorn	副詞		前に	☐ ☐
☐ ☐	vornehm	形容詞		上品な	☐ ☐
☐ ☐	weitgehend	形容詞		広範囲にわたる	☐ ☐
☐ ☐	weltweit	形容詞		世界中におよぶ，世界的な	☐ ☐
☐ ☐	wesentlich	形容詞		本質的な	☐ ☐
☐ ☐	willkommen	形容詞		歓迎したい，歓迎の	☐ ☐
☐ ☐	wirtschaftlich	形容詞		経済の，経済上の	☐ ☐
☐ ☐	zahlreich	形容詞		多数の	☐ ☐
☐ ☐	zeitlich	形容詞		時間の，時間上の	☐ ☐
☐ ☐	zentral	形容詞		中心部の	☐ ☐
☐ ☐	zurzeit	副詞		現在，目下のところ	☐ ☐
☐ ☐	zuständig	形容詞	(…に対して) 権限を持つ，担当の		☐ ☐
☐ ☐	zweimal	副詞		2回，2度	☐ ☐

本書をご利用いただきありがとうございます。合格を祈念します。

在間進／亀ヶ谷昌秀